기사 속 윤리

언론이 놓친 것

— 2024 —

| 한국신문윤리위원회 |

Korea Press Ethics Commission

박영사

머리말

　언론은 그 시대와 사회를 비추어주는 거울입니다. 정보를 전달하고 여론을 형성하는 매개체입니다. 이것이 언론의 자유를 헌법상 기본권으로 보장하는 중요한 이유입니다. 그러나 그 역할이 막중한 만큼 윤리적 책임이 뒤따릅니다.

　한국신문윤리위원회는 1961년 언론윤리에 관한 유일한 자율기구로 출범한 이래, 63년이라는 긴 역사와 전통을 가지고 있습니다. 언론이 품위와 책임감을 유지하며 사회에 기여할 수 있도록 기사와 광고를 심의하고, 이를 통해 언론이 나아가야 할 방향을 제시하고 있습니다.

　제가 지난해 4월 한국신문윤리위원회 위원장으로 위촉되었습니다. 매달 한 번씩 열리는 회의에는 수많은 심의안건이 올라왔습니다. 오보나 선정적 보도에서 시작해서 개인의 명예, 사생활 또는 초상권을 침해하는 보도가 계속 반복되고 있습니다. 다른 언론사의 기사를 그대로 베끼는 기사나 아무런 출처 표시 없이 사진을 무단으로 게재하는 경우도 많습니다. 자살이나 마약에 관한 보도처럼 그 의도와는 달리 우리 사회에 부정적 영향을 끼치는 보도도 적지 않습니다. 비속어나 차별적 표현도 부지불식간에 남용되고 있습니다. 신문윤리강령을 비롯한 관련 기준을 위반하였다는 이유로 제재를 하는 건수가 매달 100건이 넘습니다. 위원회의 심의결정이 계속 쌓여가고 있습니다만, 그 실효성에 의문이 제기될 수밖에 없는 상황입니다. 이러한 상황을 개선하여 언론이 품격을 유지하고 신뢰를 회복하기 위해서는 위원회의 심의결과를 좀 더 널리 알리고 공론화할 필요성을 절감하게 되었습니다.

　이번에 발간하는 책자는 제목처럼 '기사 속 윤리, 언론이 놓친 것'을 담고 있습니다. 한국신문윤리위원회가 매달 「신문윤리」라는 소식지를 통해 소개한 주요 심의 결과물 가운데 의미 있는 내용을 간추려보았습니다. 특히 우리나라 신문윤리의 현황을 쉽게 파악할 수 있도록 2020년부터 2024년까지 5년 동안 심의한 내용을 주제별로 일목요연하게 정리하였습니다.

　이 책자에는 한국신문윤리위원회의 지속적인 노력과 그 과정에서 제기된 다양한 고민이 담겨 있습니다. 그런 만큼 언론인과 언론계 종사자에게 품격 있는 저널리즘을 실천할 수 있는 기준과 통찰을 제공할 수 있기를 기대합니다. 또한 언론인을 꿈꾸는 학생들이 언론보도의 중요성과 함께 언론의 윤리적 의무와 실천 방안을 인식하는 길잡이로 활용할 수 있기를 바랍니다. 정보의 홍수 속에서 언론보도를 비판적 시각으로 읽어낼 수 있는 안목을 키우는 데에도 조금이나마 도움이 되었으면 합니다.

　이 책자를 펴내기까지 많은 분들의 도움을 받았습니다. 먼저 내용을 정리하고 편집을 하는 데 애

써주신 한국신문윤리위원회의 여러 위원님을 비롯한 관계자 여러분께 감사드립니다. 인격권 침해의 우려가 있는 등 부적절하다고 판단되는 경우에는 표현을 수정·삭제하거나 사진에 모자이크 처리를 한 곳이 상당수 있습니다. 까다로운 편집을 맡아 보기 좋게 책자를 만들어준 박영사 편집부에도 고마운 마음을 전합니다.

    한국신문윤리위원회는 앞으로도 언론이 신뢰받는 저널리즘을 실현하는 데 기여하고 언론의 사회적 책임을 되새기며 독자들이 건전한 정보 소비를 할 수 있도록 윤리적 지침을 마련하는 데 최선을 다하고자 합니다.

2024년 11월

김재형
한국신문윤리위원회 위원장

차례

제1장   언론의 공정성

제1절   선정 보도

제2절 편파 보도

제3절 사실 확인 소홀히 하거나 반론 기회 주지 않은 보도

제4절 의견과 사실 혼동

제5절 부적절한 제목

제6절 선거여론조사보도준칙 위반

제2장   인격권의 보호

제1절   명예훼손과 사생활 침해

제2절   초상권

제3절   기타

제3장   언론의 공공성

제1절   자살·자해

제2절 마약·흡연·음주

제3절 잔혹한 범행 또는 폭력

제4절 혐오·차별

제4장 저작권 보호

제1절 표절

제2절 사진의 출처 표시 누락

제5장 비속어 사용

제6장 광고

제7장 한국신문윤리위원회 세미나·신문윤리교육

부록

제 1 장
언론의 공정성

제1절
선정 보도

1. '성폭행 의혹' 자극적 내용 앞세운 온라인 신문 무더기 제재

김건모사건 관련 낯 뜨거운 내용 담긴
고소인측 공식입장 여과 없이 전달 등
상업주의 함몰 클릭수 높이기에 급급
조선닷컴 '경고' 뉴스1 등 8곳 '주의'

성범죄와 관련, 온라인신문의 선정적 보도 행태가 위험수위를 넘고 있다.

최근 김건모 성폭력 의혹이 연이어 터져 나와 세간의 관심을 모았지만 관련 보도는 범죄 여부와 고발 자체보다 자극적인 내용에 초점이 맞춰져 황색 저널리즘에서 벗어나지 못했다.

고소대리인인 변호사는 피해 여성의 내밀한 부분까지 폭로하고, 언론은 사실관계를 확인하려는 노력을 보이지 않고 받아쓰기에만 급급했다. 성인이 보기에도 민망한 내용이 그대로 실렸고, 제목에 성폭력이 연상되는 문구를 그대로 옮겨놓은 경우도 나타났다.

언론은 성폭력·성희롱 사건의 가해 방법을 자세하게 묘사하는 것을 지양해야 하고, 특히 피해자를 '성적 행위의 대상'으로 인식하게 할 수 있는 선정적 묘사를 하지 않아야 함에도 이를 준수하지 않았다. 결국 클릭을 유도해 수익을 올리려는 상업주의에서 벗어나지 못했다는 비판을 받았다.

한국신문윤리위원회는 제938차 회의에서 조선닷컴 2019년 12월 9일 자 「강용석, 김건모 성폭행 혐의 고소 "피해자 의사 반해 강제 성행위" [공식입장]」 제목의 기사에 대해 '경고', 스포츠동아 12월 10일 자(캡처시각) 「"김건모 강제로 입안에…" 적나라한 폭로…」라는 제목에 대해 '주의' 조처했다.

또 뉴스1 12월 17일 자 「"제모 확인한다며 신체 만지려 해" 김건모, 성추행 의혹 추가 주장」 제목의 기사 외 서울신문, 세계일보, 스포츠경향, 일간스포츠, 헤럴드경제, 머니투데이 등 같은 내용을 다룬 6개 온라인신문 기사에 대해 각각 '주의' 결정을 내렸다. 제재 이유는 모두 신문윤리실천요강 제3조

「보도준칙」 ④(선정보도의 금지), 제13조 「어린이 보호」 ④(유해환경으로부터의 어린이 보호) 위반이다.

조선닷컴 기사는 변호사 강용석씨가 의뢰인을 대신해 가수 김건모씨를 성폭행 혐의로 고소한다는 내용이다. OSEN 기사를 전재한 조선닷컴은 강용석 측이 발표한 공식입장 내용 전문을 실었는데 언론 매체에서 다루기엔 부적절한, 지나치게 선정적인 대목까지 여과 없이 내보냈다.

즉 바지를 내리고 피해자에게 구강성교 해달라고 요구했다거나, 미니스커트 속에 손을 넣어 팬티를 강제로 벗긴 후 성폭행을 했다는 등 다른 신문에선 '중략' 처리한 낯 뜨거운 구절까지 그대로 게재했다. 심지어 성교 시간이나 성기 내에 사정했다는 내용까지 자세하게 다뤘다. 통상 판결문·고소장을 인용하더라도 표현을 절제해 보도해야 함에도 이 기사는 그런 점을 간과한 것이다.

스포츠동아는 같은 내용을 보도하면서 포털 뉴스스탠드에 「"김건모 강제로 입안에…" 적나라한 폭로…」라고 선정적인 제목을 달았다. 기사 본문에는 구강성교와 관련된 내용이 없는데도 이처럼 음란한 내용의 표제를 붙인 것은 사실에 충실한 보도라기보다는 독자의 클릭 유도만을 위한 선정적인 제목이라는 지적이다.

뉴스1 등 7개 매체의 기사는 한 유튜버가 3년 전 김건모씨에게 성추행을 당했다고 주장한 여성 A씨와의 인터뷰를 공개한 내용이다.

기사는 A씨의 인터뷰를 전하면서 "김건모가 성폭행을 했다는 유흥업소에서 일했는데, 마담이 '제모가 돼 있으면 안 된다. 제모해도 안 했다고 해'고 하더라'고 주장했다"는 등 당시 상황을 자세하게 기술했다.

특히 제모, 왁싱을 운운하며 한 자연인이 가진 성적 취향을 기사에 언급하는 것도 적절치 않은데, 이 매체들은 여종업원이 룸에 들어가자 김씨가 제모 여부를 확인해야겠다며 "밑에를 만져봐야겠다",

"밑을 만져봐야겠다"고 하는 등 신체 부위를 보다 구체적으로 적시했다. 대다수 매체가 '밑'이라는 표현을 삼가고 신체 또는 특정 부위라고 적거나 아무런 언급 없이 "만지려 했다"고 기술한 데 비해 지나치게 선정적이다. 이 중에는 성기 크기까지 언급한 사례도 있었다.

신문윤리위는 "사회적 공기여야 할 언론이 개인의 명예를 훼손할 수 있는 내용까지 지나치게 상세하게 전달한 보도 행위는 국민의 알 권리를 충족시키기 위함보다 자극적인 폭로 내용에 기대어 클릭 수를 높이려 한다는 비판을 피하기 어렵다"고 밝혔다.

〈신문윤리, 제243호 1면(2020. 1.)〉

2. 스타강사 성희롱 게시물 거르지 않고 선정적 제목까지

국민일보 · 파이낸셜뉴스 · 아시아경제
성희롱 문구 담긴 캡처물 게재 '주의'
"쌤을 갖고 싶어요" 자극적 제목도

당사자가 SNS에 공개했다 하더라도 그 내용을 잘 살펴본 뒤 문제 있는 표현을 걸러내거나 정제해 보도해야 한다는 결정이 나왔다.

한국신문윤리위원회는 제939차 회의를 열고 국민일보 1월 2일 자 「"쌤을 갖고 싶어요" 스타강사 이다지가 공개한 성희롱 DM」 기사의 게시물, 파이낸셜뉴스 1월 2일 자 「"선생님과 자고 싶어요" 스타강사 이다지, 성희롱 메시지 폭로」 기사의 게시물, 아시아경제 1월 7일 자 「"이런 짓 하는게 재밌냐" 이다지, 성희롱 메시지에 분노」 기사의 게시물에 대해 각각 '주의' 조처했다.

신문은 유명 인터넷교육강사가 수강생으로부터 받은 성희롱 메시지를 자신의 SNS(인스타그램)에 공개했다고 보도하면서 해당 메시지를 캡처해 그대로 실었다.

"다지쌤과 격렬히 하고 싶어요. 공부를요" "다지쌤을 만족시켜드리고 싶어요. 만점 성적표로요" "다지쌤을 갖고 싶어요" 등의 내용이다.

신문은 기사에 인용할 때 '넣고 싶어요' 등 선정 수위가 높은 문구를 배제했으나 막상 캡처물에는 블러처리 등을 통해 노골적인 성희롱 문구를 가리는 노력을 하지 않았다. 때문에 기사 본문보다 뚜렷하게 선정적 내용이 전달됐다. 스타 강사의 피해를 고발하는 형식이지만 「쌤을 갖고 싶어요」(국민일보), 「선생님과 자고 싶어요」(파이낸셜뉴스) 등과 같이 부연설명 없이 선정적으로 제목을 달기도 했다.

신문윤리위는 "사제간의 성관계를 연상케 하는 것은 사회윤리에도 어긋날뿐더러 상대방의 성적 수치심을 일으키고 있음에도 이를 가볍게 다루는 것은 2차 가해나 다름없다"면서 "이는 신문윤리실천요강 제3조 「보도준칙」 ④(선정보도의 금지), 제13조 「어린이 보호」 ④(유해환경으로부터의 어린이 보호)를 위반한 것이다"고 밝혔다.

〈신문윤리, 제244호 3면(2020. 2.)〉

3. 성인방송 낮 뜨거운 부부관계 발언 여과 없이 '지상중계'

어린이·청소년에 시청 허용 안된
성인 프로그램 내용 그대로 전달
스포츠조선 선정적 보도에 '경고'

　어린이·청소년들에게 시청이 허용되지 않은 성인방송 내용을 거르지 않고 그대로 보도한 신문사에 엄중한 제재가 내려졌다.
　한국신문윤리위원회는 제947차 회의를 열고 스포츠조선 10월 6일 자 「'애로부부' 이광섭♥이송이, "부부관계→ 중요부위 까질 정도"vs"상전처럼 받기만"[SC리뷰]」 기사와 제목에 대해 '경고' 결정을 내렸다.
　스포츠조선은 [SC리뷰]라는 타이틀을 달고 성인들을 대상으로 한 종편프로그램 방송 내용을 중계방송하듯 시시콜콜 소개했다. 이 프로그램은 출연자가 침실에서 부부간에 일어났거나 일어날 법한 사연들을 털어놓는 포맷으로, 시청하기 위해서는 성인인증을 해야 한다.

　그럼에도 이 기사는 부부간의 성관계를 구체적으로 묘사하는 등 낯뜨거운 대화 내용을 아무런 여과 없이 그대로 전달했다. "중요 부위가 여러 번 까졌었다"는 남편의 발언과, "발정난 미친 여자처럼 혼자서 했네" 등 부인의 솔직한 입담도 [리뷰]라는 명목하에 그대로 옮겼다.
　신문윤리위는 "성인들 간의 거리낌 없는 대화 내용을 아무런 여과장치 없이 그대로 활자화해 전달하는 것은 모든 연령층이 쉽게 접근할 수 있는 온라인 신문 특성상 선정적 보도행태라는 지적을 피할 수 없다"면서 "이는 사회적 공기로서의 언론의 책임을 다했다고 볼 수 없으므로 신문윤리강령 제2조 「언론의 책임」, 신문윤리실천요강 제3조 「보도준칙」 ④(선정보도의 금지),제13조 「어린이 보호」 ④(유해환경으로부터의 어린이 보호)를 위반했다"고 밝혔다.

〈신문윤리, 제252호 3면(2020. 11.)〉

4. '전자파 성욕' '자위행위' 등 조두순 선정적 보도 '경고'

세계일보 등 5개 매체 온라인제목
청소부 전언 사실 확인 없이 보도
"출소하면 응징" 중앙 기사엔 '주의'

　아동 성범죄자 조두순의 출소를 앞두고 확인되지 않은 사실을 보도하거나, 일부 유튜버 등의 일탈행위를 비판 없이 소개하는 등 사회적 불안감을 조장하며 선정적으로 접근한 온라인보도에 대해 제재가 내려졌다.
　한국신문윤리위원회는 제949차 회의에서 세계일보 2020년 12월 6일 자 「감방 동기가 본 '68세' 조두순 "1시간 푸시업 1,000개에 자위행위"…'성욕

과잉' 우려도」 기사의 제목과, 이와 비슷한 제목을 단 스포츠서울, 스포츠경향, 스포츠월드, 머니투데이 등 모두 5개 매체 기사의 제목에 대해 각각 '경고' 결정을 내렸다.
　또 중앙일보 12월 8일 자 「격투기 선수 "조두순 가만 안둬, 출소날 간다"…응징론 커져」 제목의 기사에 대해서는 '주의' 조처했다.
　세계일보 등은 조두순의 출소를 앞두고 한 종편에서 방영한 프로그램을 인용해 조두순이 여전히 성욕이 왕성하고 체력적으로 단련돼 있다는 내용을 보도했다.
　'푸시업 1,000개' '전자파 성욕' 등 조두순의 신체능력과 성적 이상행동에 초점을 맞춰 선정적으

로 접근했고 '자위행위'라는 표현을 기사는 물론 제목에서까지 밝혔다. 온라인 매체 대부분이 이 내용을 다뤘지만 제재를 받은 매체 외에는 적어도 제목에 이러한 자극적인 표현을 올리지 않았다. 언론은 이와 유사한 상황에서 통상 '자위'라고 직접 설명하지 않고 '음란'으로 에둘러 표현해 왔다.

조두순이 68세의 고령임에도 동년배보다 월등한 체력, 성욕 과잉이 특이하다는 점에서 보도할 만한 사안이라고 판단할 수도 있다. 그러나 사실관계가 명확하게 밝혀지지 않은 상황에서 '전자파로 자위행위'라고 단정한 것은 문제가 있다는 지적이다. "'조두순이 1시간에 푸시업을 1,000개 했고, CCTV나 TV에서 발생하는 전자파 때문에 성적인 느낌을 받아 자위행위를 했다'는 내용은 신빙성이 떨어진다"는 이유에서다. 비록 방송에 나온 내용이기는 하나, 해당 내용을 증언한 교도소 동기가 직접 목격한 것이 아니고 사동 청소부에게 전해 들었기 때문이다.

한편 중앙일보는 조두순이 형기를 마치고 출소를 나흘 앞둔 상태에서 온라인 커뮤니티와 유튜브 등에서 사적 보복을 가하겠다는 내용의 콘텐츠가 잇따르자 교정당국이 긴장의 끈을 놓지 못하고 있다는 소식을 다뤘다.

특히 이종격투기 선수 ○○○씨의 인터뷰 사진을 곁들여 "○씨가 자신의 유튜브를 통해 조두순이 출소하는 날 그를 찾아가겠다며 '가만두지 않겠다'고 말했다" 면서 "응징을 부추기는 댓글도 가득하다"고 덧붙였다.

신문윤리위는 세계일보 등의 보도에 대해 "조두순의 출소가 국민적 관심사이긴 하나, 극악무도한 성범죄자의 교도소 내 이상행동을 '자위행위'라는 구체적인 표현까지 제목에 올리며 이용자에게 전달할 당위성은 찾아보기 힘들다. 그것은 피해자와 그 가족, 성범죄를 우려하는 모든 국민에게 상처를 들추고 두려움과 불쾌감을 주는 가학적 표현이라고 할 수 있기 때문이다"고 설명했다.

신문윤리위는 이어 "이러한 제목은 단지 클릭수 증대를 위해 자극적 제목을 다는 선정주의 보도라는 지적에서 벗어나기 어려우므로 신문윤리실천요강 제3조 「보도준칙」 전문 및 ④(선정보도의 금지)를 위반한 것"이라고 제재 이유를 밝혔다.

중앙일보 보도에 대해서는 "형기를 마친 중범죄자에 대한 사회적 공분을 필요 이상으로 부각하는 것은 인근 주민들의 불안감을 더욱 조장하는 역효과가 나타날 수 있음에도, 기사는 '사회적 린치'에 대한 현상만을 전할 뿐 그 행위에 대한 비판적 시각이 결여됐다는 지적에서 벗어나기 힘들다"고 설명했다.

신문윤리위는 "언론은 사회적으로 민감한 이슈를 보도할 때 정확한 사실 전달과 함께 시민의 안전을 위협할 수 있는 요소가 없는지 살펴보아야 하는데 이런 점이 다소 미흡했다"면서 "이는 신문윤리실천요강 제1조 「언론의 책임」 ③(사회적 책임)을 위반하는 것이다"고 밝혔다.

〈신문윤리, 제254호 1면(2021. 1.)〉

5. '페티시 운운' 판사 칼럼 비판 기사에 선정적 '페티시 사진'

한경닷컴, 논란이 된 내용 지적하며
엉뚱한 페티시 연출사진 게재 '주의'

한경닷컴 보도사진

현직 판사의 칼럼을 비판한 기사에 논란이 된 내용의 연출사진을 사진설명 없이 그대로 실어 선정성을 야기한 보도에 대해 제재가 내려졌다.

한국신문윤리위원회는 제949차 회의에서 한경닷컴 2020년 12월 15일 자 「현직 판사가 재판 통해 깨달은 페티쉬? "긴 생머리·하얀 얼굴"」 기사의 사진에 대해 '주의' 조처했다.

이 기사는 김 모 ○○지법 판사가 법률신문에 게재한 칼럼에서 소년부 재판을 통해 만난 어린 소녀들을 통해 자신의 페티시(성적 감정을 일으키는 대상물. 기사에는 페티쉬로 표기했으나 외래어표기법상 페티시가 맞음)를 깨달았다는 내용이 논란이 되고 있다고 전했다.

김 판사는 도입부에서 "칠흑 같은 긴 생머리, 폐병이라도 걸린 듯 하얀 얼굴과 붉고 작은 입술, 불면 날아갈 듯 가녀린 몸. …나이가 들어도 이상형은 잘 변하지 않는다. 아직도 생각만 해도 가슴이

설렌다"고 쓴 뒤 "긴 생머리에 하얀 얼굴은 내 페티쉬일 뿐이라는 것을 비로소 알았다"고 소회를 전했다.

칼럼의 요지는 '소년 재판을 하다보면 법정에서 어린 친구들을 만나게 되는데 다들 예쁘고 좋지만 줄여입은 교복, 짙은 화장과 염색한 머리 등 스타일이 거슬린다. 긴 생머리에 화장하지 않은 하얀 얼굴이 좋지만, 뭐라 할 수 없는 자신들의 스타일이므로 안타깝다'면서 '재판은 옳고 그른 것을 가릴 뿐 좋은 것을 강요하는 곳이 아니다. 강요된 좋음은 강요하는 자의 숨겨진 페티쉬일 뿐이다'라는 내용이다.

기사는 이어 "소년재판부 판사님이 소년재판을 받는 미성년자들의 외모에 대해 평가하고 있는 것 자체가 부적절해 보인다" "페티쉬 운운하는 거 보면 미성년자들을 성적으로 바라보며 얘기했다는 거고 그게 잘못된 행동이라는 것쯤은 알아야 하는 거 아닌가" "말하고자 하신 바가 이해 안 가는 것은 아니나, 그에 이르는 글 전개가 몹시 부적절하다"는 네티즌의 비판을 실었다.

이같이 논란이 된 칼럼을 다룬 기사에 함께 실린 사진은 불필요한 오해를 살만하다. 한 여성이 화장하는 모습을 담고 있는데, 앳된 표정이며 교복을 입고 있는 점으로 미뤄 여고생으로 인식할 가능성이 높다. 긴 생머리에 하얀 얼굴, 입술을 붉게 칠하는 모습 등이 칼럼에서 밝힌 판사가 느꼈다는 바로 그 페티시를 연상케 할 정도다.

신문윤리위는 "칼럼 내용이 부적절했다고 지적하는 기사에 엉뚱하게 논란이 된 내용의 인물을 재현한 듯한 사진을 게재하는 것은 기사의 취지에서 벗어난 선정적인 접근이라는 비판을 받을 수 있다"고 말했다.

신문윤리위는 이어 "한경닷컴은 사진을 사용한 후 '게티이미지'라는 출처만 밝혔는데, 이는 '보도사진은 기사의 실체적 내용과 직접적으로 관련을 가져야 하며, 부득이한 경우 기사와 간접적 관련이 있는 사진을 사용할 수 있되 그 사실을 밝혀야 한다'고 규정한 신문윤리실천요강 제10조 「편집지

침」⑥(관계사진 게재)를 위반한 것이다"고 제재
이유를 밝혔다.

6. '아들 · 딸 판다' ··· 패륜적 매물 내용 구체적 소개에 '경고'

여아 성상품화 · 남아 장기 판매 등
이데일리, 끔찍한 표현 그대로 게재
명의도용 허위매물 밝혀졌는데 방치

중고매매사이트에 아들·딸을 판다는 패륜적 내용의 매물이 올랐다고 사실 확인 없이 보도하고, 다른 사람의 명의가 도용된 허위매물로 밝혀진 뒤에도 방치한 신문사에 제재가 내려졌다. 한국신문윤리위원회는 제950차 회의에서 이데일리 1월 3일자 「'아들·딸 판다' 중고나라 패륜 게시물 논란」 기사의 게시물에 대해 '경고' 결정을 내렸다.

이데일리는 중고물품 직거래사이트 '중고나라'에 올라온 아들·딸 판매 글 논란을 보도하면서, 관련 사진으로 해당 사이트를 캡처한 사진을 게재했다.

아이들 얼굴 사진은 모자이크 처리했지만, 캡처 장면에는 패륜적 내용을 그대로 노출했다. '기가 막히게 ○○○○' 등 여아를 성적 대상화한 표현과 남아의 장기를 '분해'해 판다는 반사회적이고 끔찍한 표현이 담겨 있다. 다른 매체들은 두 아이의 사진을 보이지 않게 처리한 것은 물론이고 게시글의 문제적 내용 역시 보이지 않게 하거나, 아예 게시물을 싣지 않았다.

이데일리는 또 보도 당일 오후 6시경 해당 글이 부모가 아닌, 부모를 협박했던 타인이 명의를 도용해 게재했다는 사실이 드러났음에도 이를 수정하지 않았다. 대다수 매체는 해당 기사를 고치거나 새 기사를 출고하는 방식으로, 적어도 부모가 한 행동은 아니라는 것을 명확히 했다.

신문윤리위는 "입에 담기에도 어려운 표현이 제작상의 부주의로 드러났음에도, 사후관리를 소홀히 해 그대로 방치한 이데일리의 보도는 성인지 감수성이 미흡하고 언론의 책임을 다하지 못했다는 비판을 받을 수 있다"면서 "이는 신문윤리실천요강 제3조 「보도준칙」, ④(선정보도의 금지), 제13조 「어린이 보호」, ④(유해환경으로부터의 어린이 보호)를 위반했다"고 밝혔다.

7. 성폭행 아빠 항소심 기사에 "딸도 좋아했다" 패륜 제목

가해자 패륜적 발언 거르지않고 뽑아
서울·세계·아시아경제 보도에 '주의'

딸을 성폭행한 의붓아버지의 항소심 판결을 보도하면서 상식에 벗어난 가해자의 패륜적 발언을 거르지 않고 제목에 올린 신문사에 제재가 내려졌다.

한국신문윤리위원회는 제951차 회의에서 서울신문 2월 1일 자 「"딸도 좋아했다"…의붓딸 86차례 성폭행한 아빠의 변명」 기사의 제목, 세계일보 2월 1일 자 「2년간 10대 딸 86차례 성폭행한 새아빠…"딸도 좋아했다" 주장」 기사의 제목, 아시아경제 2월 1일 자 「10대 딸 86차례 성폭행한 새아빠 "딸도 좋아했다" 주장」 기사의 제목에 대해 각각 '주의' 조처했다.

서울신문 등 3개 매체는 미성년자인 딸을 86차례 성폭행 및 추행한 의붓아버지가 자수한 사실이 양형에 반영되지 않아 형량이 무겁다며 제기한 항소심 판결내용을 보도했다.

항소심 재판부는 "자수가 형량의 감경에 반영되지 않은 것은 위법하거나 부당하다고 볼 수 없고 피해자에게 책임을 전가하는 비정상적인 태도를 보였기 때문에 원심(징역 10년)을 유지한다"고 밝혔다.

재판부의 이러한 취지에 따라 상당수의 신문은 의붓아버지의 인면수심 성폭행에 초점을 맞춰 제목을 달았다. 그러나 위 3개 신문은 변명으로 일관하며 피해자에게 책임을 전가한 계부의 터무니없는 주장을 제목에 언급하면서 "딸이 좋아했다"고 적시했다. 일부 매체가 「…"피해자도 좋아서" 주장」, 「…"항상 동의했다" 변명」 등으로 표현한 것과는 뉘앙스에 큰 차이가 난다. '딸'이라는 표현 대신 '피해자'라고 적거나 주체(피해자)를 언급하지 않고 "항상 동의했다"는 변명만 제목으로 삼은 것에서 성범죄 미성년 피해자에 대한 배려와 보호를 엿볼 수 있기 때문이다.

신문윤리위는 "성범죄 보도에 있어서 피해자에게 문제가 있거나 피해자도 좋아했다는 식의 내용은 2차 가해가 될 수 있다. 제목으로 올리는 경우엔 더욱 그러하다. 이는 성폭행에 대한 이해가 부족하고, 피해자의 상처를 헤아리고 심경에 공감하지 못하고 있다는 비판을 받을 수 있다"면서 "이는 신문윤리실천요강 제3조 「보도준칙」 ④(선정보도의 금지)를 위반하는 것이다"고 밝혔다.

〈신문윤리, 제256호 3면(2021. 3.)〉

8. 노출 심한 해외 여배우 사진 출처 없이 대량 게재 '경고'

스포츠조선 '디바' 카테고리 편집
저작권 보호 소홀·선정 보도 제재

해외 유명 여배우나 모델의 선정적인 포즈, 과도한 노출을 담은 사진을 출처 표기 없이 특정 카테고리에 대량으로 게재한 신문사가 제재를 받았다.

한국신문윤리위원회는 제959차 회의에서 스포츠조선 11월 18일(캡처시각) 「켈시 스메비, 화이트 초미니 비키니로 풍만 볼륨감 과시」 기사의 사진 등 〈디바〉 카테고리 편집에 대해 '경고' 결정을 내렸다.

스포츠조선은 〈디바〉 카테고리에 국내외 셀러브리티의 비키니 사진을 화보로 싣고 우측에는 〈TOP10〉이란 컷 아래 순위까지 매겨 이용자의 시선을 끌고 있다.

스포츠조선 〈디바〉 카테고리 화면(편집자
모자이크 처리)

게재된 사진은 대부분 선정적이고 도발적인 포
즈에, 신체 노출이 심해 성인이 보기에도 민망한
장면이 들어있다. 기사 한 건에 보통 10장 내외 사
진이 들어 있다. 뉴스라고 할 내용은 없고 간단한
사진설명뿐이다.

그런데 게재한 사진에는 일부 국내 셀러브리티
를 제외하고는 하나같이 출처가 표시돼 있지 않다.

일부 사진은 패션회사 홈페이지에, 일부 사진은 국
내외 SNS에 보이기도 한다. 스포츠조선이 이 사진
을 계약에 의해서 공급받은 것인지, 전재가 허용된
사이트에서 퍼온 것인지 알 수 없다. 그러나 분명
한 것은 모든 창작물은 저작권이 존재하고, 그것은
보도에 활용하려면 저작권자의 허락을 받고 출처
를 밝혀야 한다. 이는 신문윤리실천요강에 명시돼
있다.

또 〈디바〉의 사진이 검색되는 일부 해외사이트
는 '해당 이미지는 18세 미만의 경우 부모의 지도
하에 관람해야 한다'고 권고하고 있다.

신문윤리위는 "스포츠조선의 이 같은 제작 태도
는 저작물을 정당하게 인용했다고 보기 어려우며,
노출이 심한 사진을 미성년자들도 볼 수 있게 한
만큼 사회적 공기로서의 언론의 책임을 소홀히 했
다는 비판을 받을 수 있다"고 지적했다.

신문윤리위는 "이는 신문윤리강령 제2조 「언론
의 책임」, 신문윤리실천요강 제3조 「보도준칙」 ⑥
(선정보도 금지), 제13조 「청소년과 어린이 보호」
③(유해환경으로부터의 보호), 제8조 「저작물의 전
재와 인용」, ④(사진, 영상 등의 저작권 보호)를 위
반한 것이다"고 밝혔다.

〈신문윤리, 제264호 3면(2021. 12.)〉

9. 여성 연예인 노출 사진 대량 게재 일간스포츠 '공개경고'

결정문 · 제재 이유 홈페이지 공개해야
청소년 · 어린이도 제한없이 볼 수 있는
음란물 수준의 사진 수십장씩 실어
7~8년전 기사 지금까지 지속적 노출

'크러쉬♥' 조이, 과감히 단추 푼 노출 패션…점프슈트

배우 제니퍼 로렌스의 노출 장면을 볼 수 있도록 눈에
띄게 편집한 일간스포츠 홈페이지.

홈페이지 곳곳에 섬네일 사진을 눈에 띄게 배치, 이용자들이 국내외 여성 연예인의 신체 노출 사진을 아무런 제한 없이 볼 수 있도록 선정적인 편집을 한 온라인신문사에 엄중한 제재가 내려졌다.

한국신문윤리위원회는 제962차 회의에서 일간스포츠 온라인판 2월 9일(캡처시각) 「마일리 사이러스, 이번에는 알몸 태닝 셀카…'또 사고쳤다'」 제목의 기사를 비롯해 선정적 사진을 대량 게재한 12건의 기사에 대해 '공개경고' 결정을 내리고 결정 주문 및 이유 요지를 자사 홈페이지에 게재하도록 했다. 신문윤리위는 또 윤리위의 심의를 받는 전 신문사에 이 결정을 통보하고 각사 지면 또는 홈페이지에 보도하도록 했다. 신문윤리위의 제재 수위는 주의, 경고, 공개경고, 정정, 사과, 관련자에 대한 경고 순으로 높아진다.

제재 이유는 신문윤리강령 제2조 「언론의 책임」, 신문윤리실천요강 제3조 「보도준칙」 ⑥(선정보도 금지), 제10조 「편집지침」 ⑧(이용자의 권리보호), 제13조 「청소년과 어린이 보호」 ③(유해환경으로부터의 보호) 위반이다

일간스포츠는 홈페이지 여러 곳에 섬네일 사진

구역을 설정하고, 특정 사진을 누르면 국내외 여성 연예인의 노출 사진을 대량 게재한 기사로 연결되도록 했다. 사진 대부분은 가슴이나 팬티가 드러나거나 도발적 자세를 취하고 있는 음란물 수준의 노출 장면인데도 모자이크 처리가 제대로 안돼 신체 특정부위가 보이는 등 선정성이 심각하다.

「마일리 사이러스의 알몸 태닝 셀카」 기사에는 미국의 유명 가수이자 배우인 사이러스가 가슴에 스티커를 붙인 채 알몸으로 누워있는 모습과 상의 탈의 장면 7장, 무대 위에서 자신의 주요 부위를 만지는 시늉을 하거나 목욕하는 모습 등 무려 20여장의 사진이 게재됐다. 「케이블 女아나, 인터넷 방송서 치마 속 보여주며」 기사는 방송 중 짧은 치마 속 팬티가 노출된 여성 아나운서의 사진 수십장을 게재했다. 심지어 길에서 넘어져 팬티가 노출된 장면도 여러 장 실었다.

이 외에도 모델 한나 데이비스의 팬티가 드러난 장면, 배우 제니퍼 로렌스의 가슴 노출, 배우 알리시아 아덴의 팬티 노출, 모델 크리시 타이겐의 하반신 및 가슴 노출 등 포르노를 방불케 하는 사진들이 대량 게재됐다. 하반신이나 가슴 노출의 경우 모자이크 처리를 했지만 형식적인 선에서 그쳐 음란성이 완화됐다고 볼 수 없다.

더욱 심각한 문제는 이 기사들이 대부분 7~8년 전에 작성된 것임에도 현재 홈페이지에 수시로 노출되고 있다는 점이다. 조회수를 노리고 음란물 수준의 사진을 지속적으로 게재하기 때문으로 여겨진다.

문제의 기사들은 극도의 선정성 때문에 대부분 포털 뉴스에서도 검색조차 되지 않는다. 극히 일부만이 '뉴스' 카테고리가 아닌 '블로그' '카페'에서 노출될 뿐이어서 우려가 크다.

심지어 일간스포츠 홈페이지에서 '누드'를 키워드로 검색할 경우 수백건이 뜨는데, 신체 특정 부위가 그대로 드러나거나 팬티가 정면에서 보이는 등 극히 선정적인 사진들이 다수 포함돼 있다. 이는 '홈페이지 운영자는 청소년이 유해물에 노출되지 않도록 유의해야 한다'는 신문윤리실천요강에

크게 벗어난다.

신문윤리위는 "성욕을 자극, 도발하고 이용자에게 수치심과 불쾌감을 주는 사진을 장기간 방치하고, 나아가 수시로 눈에 띄게 노출하는 편집행위는 청소년과 어린이들의 정서를 크게 해치는 동시에 신문의 품위를 훼손하고 사회적 공기로서의 언론의 책임을 외면했다는 비판을 받을 수 있다"고 밝혔다.

〈신문윤리, 제267호 1면(2022. 3.)〉

10. 강아지 차에 매달고 질주 영상 · 사진 실은 25개 매체 제재

동물학대 장면 적나라하게 보도
이데일리 등 4곳 영상보도 '경고'
뉴시스 등 21곳 사진 게재 '주의'

동물보호법은 동물을 잔인하게 학대하는 행위를 촬영한 사진 또는 영상물을 보도하는 것을 금지하고 있다. 다만, 동물보호 의식을 고양시키기 위한 목적의 보도는 예외적으로 허용하고 있다. 그러나 대부분의 언론은 동물보호를 내세워 학대 기사를 자극적으로 다루고 있다. 실제 4월 한 달 동안 무려 25개 매체가 혐오감을 불러일으키는 내용의 선정보도로 제재를 받았다.

한국신문윤리위원회는 964차 회의에서 4월 8일을 전후해 차에 매달려 끌려다니는 강아지 기사를 다루면서 관련 영상을 보도한 이데일리, 조선닷컴, 동아닷컴, 뉴스1에 대하여 각각 '경고'했다. 이들 매체가 신문윤리실천요강 제3조 「보도준칙」 ⑥(선정보도 금지), 제13조 「청소년과 어린이 보호」 ③(유해환경으로부터의 보호)를 위반했기 때문이다. 신문윤리위는 또 이 사건 영상을 캡처한 사진을 게재한 뉴시스 등 4개 매체에 대해서도 같은 조항 위반으로 '주의' 조처했다.

이데일리 등 4개 매체는 강아지를 차량에 매단 채 도로를 질주한, 동물 학대 사건을 다루면서 목격자가 촬영한 영상을 실었다. 영상 속 강아지는 차량 뒤편에 묶인 채 질질 끌려가고 있고, 차가 지나간 자리에는 핏자국이 나 있다. 영상은 강아지가 자동차의 속도를 따라잡지 못해 이리저리 뒤집히며 뒹구는 잔혹한 장면을 그대로 보여줬다.

뉴시스 등 4개 매체는 학대장면의 영상을 캡처한 사진들을 게재했다. 이 사진들은 승용차가 개를 목줄에 매단 채 끌려가는 장면과 개가 도로에 쓸려 흘린 선명한 핏자국의 영상을 캡처한 것으로 모자이크 처리 없이 고통스러운 상황을 보여줬다.

신문윤리위는 같은 조항을 적용해 동물학대 사진을 쓴 부산일보 등 17개 매체에 대해서도 '주의' 결정을 내렸다.

이들 매체는 4월 13일을 전후해 제주 유채꽃밭서 입·발 꽁꽁 묶인 채로 발견된 강아지 기사를 보도하면서 발견 당시의 사진을 실었다. 당시 강아지는 입에 테이프가 붙여져 있고 앞다리 2개가 뒤로 꺾인 채 결박당한 상태였다. 이들 매체는 이 학대 사진을 모자이크 처리 없이 그대로 썼다. 사진을 보면 테이프와 노끈이 어떻게 동물을 고문하고, 학대할 수 있는지를 적나라하게 보여주고 있다.

신문윤리위는 "잔혹한 동물 학대 장면을 고발하기 위한 것이라 하더라도 끔찍한 장면이 반복적으로 재생되는 영상을 그대로 노출하거나 잔혹한 사진 게재는 지나치게 선정적이라는 지적을 피하기 어렵다"며 "이 같은 편집 행위는 독자들에게 충격과 불쾌감을 주고 어린이 · 청소년 정서에 부정적인 영향을 끼칠 우려가 있다"고 지적했다.

〈신문윤리, 제269호 3면(2022. 5.)〉

11. 선정적 '튀는 제목'으로 2차 피해 …13개 매체 '주의'

"개가 8살 아이 잡아먹고 있었다"
'부적절관계로 난소낭종파열' '알몸'
중앙·국제뉴스 등 제목에 독자 항의

"개가 8살 아이를 잡아먹고 있었다."

일부 매체가 뽑은 제목이다. 동물의 왕국에서나 있을 법한 상황을 묘사한 이런 제목은 독자에게 충격을 주고, 피해자에겐 2차 피해의 고통을 준다.

극적인 상황을 '튀는 제목'으로 다뤄 제재를 받는 사례가 줄지 않고 있다. 사건 자체가 자극적일 수밖에 없는 범죄사건에서 선정적인 제목이 많은 이유다.

한국신문윤리위원회는 제967차 회의에서 울산의 한 아파트 단지에서 8살 아이가 목줄 없이 돌아다니던 개에 목과 팔다리를 물리는 사건을 7월 17일 온라인으로 보도한 중앙일보, 서울신문, 아시아경제 기사의 제목에 대하여 각각 '주의' 조처했다. 이들 매체가 신문윤리실천요강 제3조 「보도준칙」 ⑥(선정보도 금지)를 위반했기 때문이다.

이들 매체는 이 기사 제목을 "개가 8살 아이 잡아먹고 있었다" "8살 아이 목 자근자근 씹었다"고 달았다. 개를 쫓아버린 택배기사와 피해 아동의 상처를 설명한 아버지의 발언을 그대로 제목에 옮긴 것이다. 이 제목은 야생에서 포식자가 먹잇감인 피식자의 고기를 먹는 것을 연상시켜 독자에게 심한 충격과 혐오감을 주는 내용이다. 피해 아동과 가족에게도 끔찍한 상황을 떠오르게 하는 제목이다.

신문윤리위는 또 7월 26일 자 기사에서 사건 당사자의 병명을 제목에 단 금강일보, 국제뉴스, 전국매일신문에 대해서도 선정보도와 범죄보도와 인권존중 조항을 적용해 '주의' 결정했다. 이들 매체가 지적을 받은 제목은 '난소낭종파열'이다. 일례로 국제뉴스는 「난소낭종파열, 고등학생 제자와 기간제 교사의 부적절한 관계」라고 제목을 달았다. '난소낭종파열'이 여교사와 고교제자의 성관계에서 비롯된 것으로 묘사한 제목이다. 청소년을 대상으로 한 성범죄 사건을 다루면서 사실관계가 분명하게 드러나지 않는 내용을 제목에 단 것은 선정적인 보도라는 지적을 면키 어렵다. 게다가 해당 교사는 사립 남자고 기간제 교사로 보도돼 병명 공개로 인권이 침해당할 우려도 있다.

7월 15일 인하대 여대생 성폭력 사망사건 보도와 관련, '옷 벗겨진 상태로' '알몸' '나체' 등의 제목을 단 뉴시스 등 7개 언론사에 대해서는 선정보도 금지 위반으로 '주의' 조처했다.

신문윤리위는 "비록 기사는 사건의 성격과 발생을 알리려는 의도에서 발견 당시의 상황을 기술했다 하더라도 제목을 '알몸' '나체'로 표현하는 것은 독자의 호기심을 겨냥한 것"이라고 지적했다. 한편 이 보도는 "선정적이고 성차별적 표현을 제목에 사용했다"며 독자와 시민단체의 반발을 샀다.

〈신문윤리, 제272호 3면(2022. 9.)〉

12. 대학축제 음란 내용 현수막 · 여성비하 메뉴판 여과 없이 보도

'오빠, 쌀 것 같아' '오뎅탕 돌려먹기'
여성 성적 도구 삼은 표현 · 사진 실은
뉴시스 · 중앙일보 등 13개매체 '주의'

대전의 한 대학교 축제 주점에 내걸린 선정적인 문구의 현수막과 메뉴판. 13개 매체는 이 사진을 싣거나 문구를 기사 제목에 달아 보도했다.

대전지역 한 대학교 축제에서 입에 담지 못할 음란한 내용의 현수막과 메뉴판이 걸렸다. "자고있는 김치전 몰래 먹기" "그녀의 두툼한 제육볶음" "오뎅탕 돌려먹기" 등등. 그 내용은 여성을 성적인 도구로 삼고, 남성의 성적 공격성과 폭력성을 드러내고 있다. 저속하고 음란한 표현이 버젓이 대학 축제장

먹거리 메뉴판과 현수막에 등장한 것이다. 그런데 상당수 언론이 이런 어처구니없는 현상을 고발하면서 문제의 문구를 그대로 사용했다. 모자이크 처리 없이 현수막과 메뉴판 사진을 게재하고, 낯 뜨거운 표현을 제목에 넣어 뉴스로 내보낸 것이다.

한국신문윤리위원회는 제969차 회의에서 9월 22일과 24일 사이 대전지역의 한 대학교 축제에 걸린 현수막과 메뉴판에 관한 기사를 SNS 등을 인용해 보도한 뉴스1, 뉴시스, 조선닷컴 등 13개 언론사의 기사에 대해 신문윤리실천요강 제3조 「보도준칙」 ⑥(선정보도 금지), 제13조 「청소년과 어린이보호」 ③(유해환경으로부터의 보호) 위반으로 각각 '주의' 조처했다. 이들 매체는 선정적인 메뉴판의 내용을 제목에 싣거나 사진으로 보도했다.

이들 매체의 기사들은 음란한 내용의 메뉴판과 현수막을 만든 학생들에 대한 징계 절차가 진행될 것이라며 이를 비판하고 있다.

그러나 매체들은 문제의 현수막과 메뉴판을 그대로 보도했다. 학내 주점의 현수막은 "오빠, 쌀 것 같아"라는 자극적인 내용이고, 가격과 메뉴를 안내하는 메뉴판은 성관계 등을 연상시키는 중의적인 문구로 채워졌다. "[국산]그녀의 두툼한 제육볶음", "[애니]오뎅탕 돌려먹기", "[서양]자고있는 김치전 몰래 먹기"로 채워진 메뉴판 사진은 모자이크 처리 없이 노출됐다.

특히 중앙일보와 뉴스1, 서울신문, 이데일리 등은 "오빠(여기) 쌀 것 같아", "쌀 것 같아, 따먹는 음료" "그녀의 두툼한 제육"을 제목으로 달았다. 성관계를 암시하거나 여성 비하적인 표현을 제목에 사용한 것이다.

이 문구들은 여성에 대한 남성의 성적 폭력을 미화하는 여성혐오 표현이다. 이들 매체는 이 표현을 비판하기 위해 사진을 싣고 제목을 달았을 것으로 보인다. 그러나 음란한 표현을 여과 없이 그대로 사용함으로써 여성독자에게 성적 수치심이나 혐오감을 불러일으켰다는 지적을 면키 어렵다.

대학 축제는 청소년들의 관심을 끌 수 있는 행사다. 때문에 이들 매체의 보도는 청소년과 어린이에게도 상당한 악영향을 줄 수 있다.

〈신문윤리, 제274호 3면(2022. 11.)〉

13. '의붓딸 과도한 스킨십' TV 영상 캡처 실은 16개 매체 제재

재혼아내 딸 엉덩이 만지는 장면 등
순간 포착 사진, 영상보다 더 자극적
아주경제 등 선정적 보도 '주의'

TV가 방영한 영상을 캡처해 보도한 사진이 무더기로 제재를 받았다. 사진의 강렬한 메시지가 독자를 자극한 탓이다. 이는 사진과 영상의 특성을 보여주는 대표적인 사례여서 주목된다. 때때로 사진이 영상보다 더 자극적일 수 있다. 영상은 음향, 스토리, 동작 등 모든 것을 제공하기 때문에 시청자들의 상상력을 제한한다. 그러나 한 컷의 사진은 그 순간만을 포착해 맥락을 보여주지 않는다. 때문에 독자들은 상상력을 동원해 해당 사진을 해석한다. TV에서 스쳐 지나가는 선정적인 장면이 사진으로 노출되면 그 선정성은 더 짙어질 수 있다.

이 사진은 일부 매체가 MBC 방송화면 캡처해 보도한 것이다. 16개 매체는 '결혼지옥' 영상에서 자극적인 장면을 캡처한 사진을 실어 '주의'를 받았다(편집자 모자이크 처리).

한국신문윤리위원회는 제971차 회의에서 2022년 12월 20일과 23일 사이에 MBC 방송의 솔루션 프로그램인 '오은영 리포트-결혼지옥'의 문제점을 다루면서 해당 영상을 캡처한 사진을 실은 아주경제 등 16개 매체의 기사 사진에 대해 신문윤리실천요강 제3조 「보도준칙」, ⑥(선정보도 금지), 제13조 「청소년과 어린이 보호」, ③(유해환경으로부터의 보호) 위반으로 각각 '주의' 조치했다.

위 기사들은 해당 프로그램이 양육관 차이로 갈등하는 부부의 사연을 전하면서 초혼인 남편이 재혼인 아내의 딸에게 과한 스킨십을 하는 장면을 방영해 논란이라는 내용이다. 해당 프로그램은 남편이 의붓딸을 가랑이 사이에 끼고 안고 있는 모습, 배 위에 올려놓고 엉덩이를 만지는 모습, 엉덩이에 손으로 주사(똥침)를 놓는 모습 등을 영상에 담았다. 그러면서 '계속해서 엉덩이를 쿡쿡 찔렀는데' '삼촌 싫어요'라는 자막을 달았다. 해당 프로그램은 이런 이유로 시청자들로부터 '성추행 방송'이라는 항의를 받았으며, 결국 방송사와 오은영씨가 사과하기도 했다.

기사들은 방송 내용과 시청자 반응, MBC측 반응과 사과, 전여옥 전 의원의 프로그램에 대한 비판, 경찰 수사 착수 등 일련의 전개 과정을 전하면서 자막 달린 캡처 사진들을 게재했다. 게재한 사진들은 의붓딸을 과도하게 껴안는 장면을 담고 있다. TV에서 방영한 영상을 그대로 캡처한 것이지만 그 메시지가 강렬하고 자극적이어서 독자에게 불필요한 상상력을 부추기고 있다.

신문윤리위는 "이 사진들은 지나치게 자극적인 스킨십을 보여주고 있다"며 "성추행 당한 경험이 있는 어린이와 청소년에게는 제2의 피해를 줄 수 있고, 일반 독자들에게 혐오감과 불쾌감을 불러일으킬 수 있는 내용"이라고 제재 이유를 밝혔다.

〈신문윤리, 제276호 3면(2023. 1.)〉

14. '한문철TV' 나온 끔찍한 교통사고 영상 그대로 노출 무더기 제재

종합편성채널서 방영한 사고 장면
뉴스1 · 이데일리 여과 없이 보도 '경고'
작년 11월~올해 2월 14개사 '주의'

끔찍한 교통사고 영상이 온라인뉴스로 노출돼 제재를 받는 사례가 늘고 있다. 이들 영상은 대부분 교통전문 변호사가 운영하는 유튜브 채널 '한문철TV'가 소개한 것으로 종합편성채널에도 방영됐다. 방송 매체가 다룬 영상을 제재하는 것은 한국신문윤리위원회가 어린이와 청소년들의 눈높이로 선정성을 엄격하게 심의하기 때문이다. 이에 따라 신문윤리강령 준수를 서약한 언론매체들은 방송매체 영상을 게재할 경우 모자이크 처리 등을 통해 충격적인 내용을 감출 필요가 있다.

한국신문윤리위원회는 제973차 회의에서 한 사람이 두 차례 연거푸 교통사고를 당한 사건을 보도한 뉴스1과 이데일리의 2월 13일 자 기사의 영상에 대해 신문윤리실천요강 제3조 「보도준칙」 ⑥(선정보도 금지) 위반으로 각각 '경고'했다.

두 매체는 같은 장소에서 1차 인명사고 상황을 모르고 2차 사고를 낸 운전자가 치열한 법정 공방 끝에 무죄를 선고받았다는 내용을 보도하면서 '한문철TV' 영상을 실었다. 해당 영상은 2020년 11월 16일 서울 광진구의 한 도로에서 여성 피해자가 끔찍한 사고를 당하는 모습을 담고 있다. 피해자는 세워진 트럭 옆을 지나다 백미러에 얼굴을 부딪쳐 도로에 넘어졌고, 이를 인식하지 못한 우회전 차량에 치였다. 이때 차량은 장애물을 건너듯 피해자를 덜컹거리며 깔고 넘어갔다. 같은 방향에서 온 두 번째 차량도 정신을 잃고 쓰러져 있는 피해자 위로 지나갔다. 이 과정에서 피해자가 차 밑에서 깔려 구르는 모습 등이 담겼다.

앞서 뉴스1과 매경닷컴, 세계일보는 지난해 11월 5일 자에 깜깜한 새벽 3차선서 기어가는 노인이 교통사고를 당한 사건을 보도하면서 관련 영상을 실어 같은 내용으로 '주의'를 받았다.

이들 매체가 게재한 '한문철TV' 영상은 어두운 새벽에 도로 위를 기어가는 노인을 치는 장면을 담고 있다. 차량 운전자는 뒤늦게 노인을 발견하고 급정거를 시도했지만 결국 노인을 들이받았다. 영상은 사고 직후 노인이 튕겨져 나뒹구는 모습을 그대로 보여줬다.

신문윤리위는 "이들 영상의 사고장면은 너무 적나라해 독자에게 큰 충격을 안겨줄 수 있다"고 지적했다. 비록 영상이 교통사고 위험성을 고발하고 있으나 반복적으로 사고장면을 보여줌으로서 피해자와 가족에게 2차 피해를 줄 수 있기 때문이다.

'한문철TV' 영상은 지난해 11월 이후 매달 신문윤리위 회의 안건으로 올라와 제재를 받고 있다. 지난해 11월과 12월 사이 10개사가, 올들어 1월과 2월 사이 4개사가 각각 '주의' 처분을 받았다.

매체들이 이들 영상을 다루고 있는 것은 독자들의 관심사항인 교통사고로 발생한 민·형사적인 문제와 해법을 '한문철TV'가 제시하고 있기 때문이다. 그러나 모자이크 처리 등 보완을 제대로 하지 않고 그대로 영상을 노출해 제재를 받았다.

〈신문윤리, 제278호 2면(2023. 3.)〉

15. 홍콩 토막살인 상세 보도…뉴스1 등 8개 매체 '주의'

'머리 솥에서 발견' 제목부터 선정적
범행도구 · 방법 · 사건현장 구체 기술

'분쇄기와 톱,' '냉장고에서 시신 일부 발견' '머리 갈비뼈 솥에서 발견' '임신한 어머니 구타, 아버지 죽여 심장 먹어'

일부 매체의 기사 제목이다. 기사 내용은 더 구체적이다. 범행도구와 수법, 사건현장, 가해자의 범죄 이력 등을 자세히 다루고 있다. 기사 클릭을 염두에 둔, 독자의 호기심을 겨냥했기 때문이다. 이로 인해 청소년들은 끔찍한 사건에 노출되고 있다. 심지어 모방범죄도 우려된다.

한국신문윤리위원회는 제974차 회의에서 2월 26일과 28일 사이 홍콩에서 벌어진 이른바 '토막살인사건'을 보도한 뉴스1 등 8개 매체의 기사에 대해 신문윤리실천요강 제3조 「보도준칙」 ⑥(선정보도 금지) 위반으로 각각 '주의' 결정했다.

이들 매체의 기사는 홍콩에서 유명 여성 모델인 애비 최의 신체가 절단된 채 발견돼 시댁 식구들이 살인 혐의로 수사받고 있다는 내용이다.

기사들은 토막살인 현장을 생생하게 묘사하고 있다.

"냉장고에서 최씨(여성)의 다리 등 일부 시신이 (담긴 냄비가) 발견", "고기 분쇄기(와 전기톱) 전기톱 등 인체를 절단하는 데 사용된 도구도 발견", "머리와 몸통(또는 손) 등 나머지를 찾고 있다" 등이다. 아울러 일부 매체는 '머리, 솥에서 발견' 등 끔찍한 사건 내용을 제목에 달았다.

신문윤리위는 이날 뉴시스가 3월 7일 보도한 「100명 넘게 살해 브라질 연쇄살인범 총맞고 목잘려 피살」 기사와 제목에 대해서도 같은 내용으로 '주의' 조처했다.

이 기사는 100명이 넘는 사람을 죽였다고 주장하는 브라질의 악명 높은 연쇄살인범이 총에 맞은 뒤 잔인하게 살해된 사건을 다루고 있다.

외신을 인용한 이 기사는 '투우사 페드리누'라는 별명으로 불리는 68세의 남성이 상파울루주의 한 친척 집 앞 도로에서 총격을 받은 뒤 잔혹하게 살해됐다고 전했다. 기사에는 칼로 '목이 잘렸다'는 표현이 4차례 언급됐다. 또 그의 범죄이력을 소개하면서 '임신한 어머니를 발로 차 어머니의 머리가 기형이 됐다' '아버지를 죽이고 심장을 씹어먹었다'는 잔혹한 범행을 여과 없이 묘사했다.

또 작은 제목을 「14살때 첫 살인…이후 임신 어머니 구타 부친 죽여 심장먹어」라고 달았다. 제목에 잔인한 살해 방법과 범행을 구체적으로 묘사한 셈이다.

신문윤리위는 "독자의 호기심을 겨냥한 것으로 선정보도가 늘고 있다"며 "이러한 보도는 언론의 신뢰를 훼손할 수 있다"고 지적했다.

〈신문윤리, 제279호 3면(2023. 4.)〉

16. '남현희 · 전청조 진실공방' 사실 확인 없이 선정적 속보 경쟁

온라인 매체들 조회수만 노리고
은밀한 사생활까지 자극적 보도
30개매체 43건 기사 · 제목 '주의

　전 펜싱 국가대표 남현희와 재혼 상대였던 전청조씨와의 공방을 보도하면서 개인의 민감한 사생활을 자극적이고 적나라하게 다룬 온라인 매체들이 무더기로 제재를 받았다.

　사기 전과, 성별 논란 등 전청조씨의 각종 의혹이 불거지면서 두 사람 간에 진실공방이 이어졌고 이 과정에서 매체들은 사실 확인 없이 일방적 주장을 그대로 전달해 독자들에게 혼란만 안겨주었다. 속보경쟁에 몰입된 언론은 은밀한 사생활 영역까지 무차별적으로 다뤄 오직 조회수를 노린 선정적 보도라는 비판을 받았다.

　한국신문윤리위원회는 12월 제981차 회의에서 세계일보 10월 27일 온라인판 「'성전환 남성' 전청조 남현희와 성관계 고민했나…트랜스젠더 남성 만나 방법 질문」 제목의 기사 등 30개 매체 43건의 기사 및 제목에 대해 신문윤리실천요강 제3조 「보도준칙」 ⑥(선정보도 금지), 제10조 「편집지침」 ①(제목의 원칙) 위반으로 '주의' 조처했다.

◆ '성전환 남성' 전청조 남현희와 성관계 고민했나…트랜스젠더 남성 만나 방법 질문(세계일보 10월 27일)

　세계일보는 전청조씨가 트랜스젠더 남성을 만나 상담한 '트랜스젠더들의 은밀한 성생활'에 초점을 맞춰 보도했다. 기사는 트랜스젠더들이 사용하는 기구를 언급하면서 "실제와 비슷해 진짜인지 가짜인지 구별이 어렵다"고 기술했다.

　기사는 또 "여성이 남성으로 성전환할 때 음경을 만들어주는 수술도 하는데, 이 수술을 받아도 발기는 이뤄지지 않는다. 정자를 생성하는 것도 불가능하다"고 전했다. 이어 "성전환 후 여성과의 성관계를 원하면 트랜스젠더들이 사용하는 기구를 이용하거나 음경보형물 수술을 해야 한다. 음경보형물 수술은 발기부전 환자에게 수술하는 방법과 같은 원리로 진행된다"며 구체적인 성행위 방법과 보형물 수술을 안내했다. '발기와 보형물' '음경 수술' 등을 적시하며 트랜스젠더의 성관계가 어떻게 가능한지에 대해 자세하게 기술한 것이다.

◆ "전청조와 데이팅 앱서 만나 월미도 모텔 가…여자였고 정말 예뻤다"(뉴스1 11월 7일) 외 4건

　뉴스1 등 5개 매체는 전청조씨와 7년전 데이팅 앱에서 만나 함께 모텔로 갔다고 주장한 남성의 이야기를 전하고 있다. 이들 매체는 유튜브 채널 '카라큘라 탐정사무소'가 이 남성과 전화 인터뷰한 내용을 간추려 보도했다.

　뉴스1은 남성과의 인터뷰에서 "한 번 했던 게 너무 좋아서 한 번 더 (하고 싶었다)"고 밝혔다면서 "사랑을 나눌 때 내가 해달라는 거 다 해줬다"라며 모텔에서 있었던 낮 뜨거운 사생활을 보도했다. 이어 "전씨는 몸에 문신은 하나도 없었고 그 당시에는 여자였다"며 "어차피 한 번 만나서 잘 사이여서 다독여 주면서 그냥 만난 것"이라고 덧붙였다.

　헤럴드경제도 「…잠자리 한 남성의 진술」이란

제목을 달고 "모텔에서 잠자리를 했다. 그때는 분명히 여자였다"고 기술했다.

세계일보, 머니투데이, 이데일리도 "내가 생각하기엔 지금도 여자일 거다. 남자 성기를 단다는 걸 이해하지 못하겠다"라는 남성의 말을 기사에 담았다.

이 같은 기사 내용은 범죄 의혹과는 무관한 전씨의 사생활로 관음적인 시선으로 다뤄졌다는 지적을 받을 수 있다.

◆ "전청조, 성관계할 때 남자" 주장한 남현희 "고환 이식했다더라"(서울경제 10월 30일) 외 9건

서울경제 등 10개 언론사는 남현희가 CBS '김현정의 뉴스쇼'와 인터뷰한 내용을 전했다. 남현희는 이 인터뷰에서 전씨와의 첫 만남 과정, 전씨의 사기 시도와 성전환 사실, 전씨와의 사이에서 임신을 한 것으로 생각하게 된 이유, 전씨를 재벌 3세로 믿을 수밖에 없었던 이유 등을 설명했다.

이들 매체는 이를 보도하면서 남현희가 성전환자인 전씨와의 관계에서 임신한 걸로 착각한 부분에 초점을 맞춰 제목을 붙였다. '성관계'와 '고환 이식'을 기사 제목에 나란히 올려 매우 자극적으로 보도했다.

실제 총 47분에 달하는 남현희와의 인터뷰에서 '고환'이란 단어는 김현정 사회자의 입에서 나온 두 마디가 전부다.

비록 '고환 이식' 여부가 쟁점 사항이라 하더라도 성관계와 연결지어 이를 제목에 적시한 것은 독자의 호기심을 겨냥한 것으로 부적절한 보도 태도라는 지적을 면키 어렵다. 특히 어린이와 청소년들에게 부정적인 영향을 미칠 수 있다.

남현희 극단적 심경 제목에 그대로 노출

◆ 제가 죽을까요? 그래야 끝날까요?" 남현희 심경 토로"(국민일보 11월 8일)외 25건

국민일보 등 26개 매체는 남현희가 자신의 인스타그램에 전청조와의 공범의혹을 부인하며 자신이 극단적인 상황에 처했음을 밝힌 글을 인용해 그대로 제목에 달았다. 「"제가 죽을까요?

그래야 끝날까요?" 남현희 심경 토로」, 「"내가 죽어야만 끝날까"」 등이다.

남현희는 "사기꾼보다 못한 취급을 받으니 더 이상 살아갈 이유가 없다. 정말 제가 죽어야 이 사건이 끝나는 것이냐'고 토로했다. 그는 또 "공범이 아니라고 하는데 믿어주지 않는다. 사실 요즘의 저는 정말 너무 힘들다"고 했다.

이들 매체는 남현희가 극한상황에 내몰린 심경을 표현한 것이나 일부 독자들은 그의 주장을 그대로 받아들여 자살을 문제의 해결수단으로 인식할 수 있다. 게다가 유명인이 사회에 미치는 파급력이 크다는 점을 감안하면 당시 극한 상황에 처한 심경을 제목에 다는 것은 독자의 알권리보다는 호기심을 겨냥한 보도라는 지적을 면키 어렵다.

신문윤리위는 "이러한 제목 달기는 남씨 본인과 가족은 물론, 독자에게도 부정적인 영향을 미칠 수 있다"고 밝혔다.

◆ 「남현희 뜻밖의 고백 "전청조와 성관계했는데 신체가…"」, 「전청조와 결혼 약속한 30대男 반전 폭로 "남현희와…"」(파이낸셜뉴스 11월 3일)

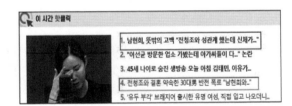

파이낸셜뉴스는 남현희가 CBS라디오 '김현정의 뉴스쇼'와 인터뷰한 내용과 전청조씨가 남현희와 교제 중 또 다른 남성에게는 '여자'로 접근해 결혼하자며 사기를 쳤다는 고소장이 접수됐다는 소식을 각각 다뤘다.

남현희는 이 인터뷰에서 전씨와의 성관계 당시의 상황을 설명하면서 "전씨가 (신체를) 보여준 것이 아니"거나 자신이 "실제로 (수술한 신체를) 보지는 않았다"고 밝혔다.

그러나 이 매체의 〈이 시간 핫클릭〉 인덱스의 제

목은 「남현희, 뜻밖의 고백 "전청조와 성관계했는데 신체가…"」로, 마치 남현희가 성전환한 것으로 알려진 전청조의 신체를 본 것처럼 암시했다. 기사에는 남현희가 전씨의 '신체를 본 적이 없다'고 했다.

또 다른 기사는 한 30대 남성이 데이트앱을 통해 전씨를 '여성'으로 알고 만난 후 전씨가 결혼하자는 말에 수천만 원의 돈을 줘 혼인 사기를 당했다는 내용이다. 이 남성은 남현희와 전혀 관련이 없고 기사에도 그런 내용이 없다.

그런데도 이 남성이 마치 남현희와 무슨 관련이 있는 것처럼 「전청조와 결혼 약속한 30대男 반전 폭로 "남현희와…"」로 제목을 단 것이다.

두 제목은 사실과 다른 내용을 부풀려 독자의 눈길을 끌기 위한 전형적인 낚시성 제목이라는 지적을 피하기 어렵다.

〈신문윤리, 제286호 1·3면(2023. 12.)〉

17. SNS 위안부 겁탈 그래픽 그대로 게재… 선정적이고 2차 가해

일본군에 의한 노골적 성폭행 장면
연합뉴스·아주경제 등 10개사 '주의'

연합뉴스 등 10개사가 서경덕 성신여대 교수의 SNS에서 캡처해 게재한 그래픽이다. 일본군이 한국인 위안부를 성폭행하는 노골적인 장면을 담고 있다(편집자 모자이크 처리).

「아시안컵 SNS에 한국인 위안부 '겁탈' 그림 '충격'…"한국 여성 XX"」

아주경제가 1월 10일 오후에 송고한 기사의 제목이다. 한국인 위안부를 겁탈하는 그림이 아시안컵 사회관계망서비스(SNS)에 올라와 충격이라는 의미다.

실제 기사는 '아시안컵' 공식 계정에 한국인 위안부를 조롱하는 댓글이 연이어 올라와 논란이 일고 있다는 내용이다.

아주경제는 서경덕 성신여대 교수가 조롱 댓글을 지적하며 자신의 SNS에 올린 소위 '겁탈 그림'을 게재했다. 이날 연합뉴스 등 국내 주요 매체 9개사도 해당 그림을 실었다.

이 그림은 강제 성관계를 노골적으로 묘사하고 있다. 엎드린 형태에는 태극기 표시와 함께 'Korea comfort women'으로 표시해 '한국인 위안부'를, 그리고 무릎 꿇은 뒤쪽의 형태에는 일장기 표시 없이 'Japan soldiers'로 표시해 '일본군'임을 나타냈다.

한국신문윤리위원회는 제983차 회의에서 아주경제와 연합뉴스 등 10개사의 「아시안컵 SNS에 한국 역사 조롱 댓글」 기사의 그래픽에 대해 신문윤리강령 제2조 「언론의 책임」, 신문윤리실천요강 제3조 「보도준칙」 ⑥(선정보도 금지) 위반으로 각각 '주의' 결정을 내렸다. 노골적인 성폭행 그래픽을 그대로 게재해 언론의 책임을 다하지 않았다는 이유에서다.

신문윤리위는 "2차 세계대전 일본군 위안부 동원 문제는 아직도 일본의 사죄나 피해보상이 없어 한일관계에 걸림돌로 작용하고 있고, 국제적으로도 비난받고 있는 잔악한 전쟁범죄"라고 지적했다.

신문윤리위는 특히 "위안부 피해자들과 가족들이 여전히 고통받고 있다는 점을 감안하면 이러한 그래픽을 그대로 게재하는 것은 공익적이지도 않을 뿐만 아니라 이들에게 2차 가해”라고 밝혔다.

신문윤리위는 이어 “이는 국민들의 자존감을 떨어뜨리는 보도이고, 성관계를 노골적으로 묘사한 것만으로도 선정보도라는 지적을 피하기 어렵다”고 제재이유를 밝혔다.

〈신문윤리, 제288호 3면(2024. 2.)〉

제2절
편파 보도

1. 키워드 · 연관어 분석해 '이재용 불기소=민심' 보도에 '주의'

헤럴드경제, 빅데이터 분석 기사
"민심은 기소보다 경영 전념" 해석은
 불확실한 자료 근거로 '일반화 오류'

　"인터넷 연관어가 '온라인상 여론'의 일단을 보여주는 것일 수는 있어도 전체 민심을 대표한다고 보기는 어렵다."

　한국신문윤리위원회는 제945차 회의에서 이같이 밝히고 "인터넷 연관어 분석 결과를 민심으로 해석한 헤럴드경제의 기사와 제목은 불충분하고 불확실한 자료를 근거로 결론을 도출하는 '성급한 일반화의 오류'에 해당된다"며 '주의' 결정을 내렸다.

　해당 기사는 7월 22일 자 2면에 보도된 「"민심은 이재용 검찰 기소보다 경영 전념"」제목의 기사다. 신문윤리위는 "기사와 제목이 신문윤리실천요강 제3조 「보도준칙」, ①(보도기사의 사실과 의견 구분), 제10조 「편집지침」, ①(표제의 원칙)을 위반했다"고 지적했다.

　이 기사는 빅데이터 분석업체 글로벌빅데이터연구소가 유튜브 페이스북 등 인터넷 8개 채널에서 '이재용 부회장'을 키워드로 연관어 비중을 분석한 결과를 전하고 있다. 기사에 따르면 연구소는 6월 26일~7월 20일까지 '이재용 부회장' 관련 게시물 6,851건에서 연관어 6만 341건을 분석했다. 이들 연관어 가운데 삼성전자, 삼성 같은 중립적 의미를 갖는 2만 9,285건을 제외한 뒤 나머지 3만 1,056건에 대해 경영 전념과 검찰 기소로 분류했다. 그 결과 경영 전념 연관어는 2만 962건, 검찰 기소 연관어는 1만 94건으로 집계됐다는 것이다.

　이 데이터를 근거로 기사는 리드에서 "우리나라 국민들의 민심은 검찰이 이재용 삼성전자 부회장을 기소하지 않기를 더 많이 바라는 것으로 나타났다."고 썼다. 편집자는 기사 큰 제목을 「"민심은 이재용 검찰 기소보다 경영 전념"」이라 뽑고, 작은 제목은 「연관어 빅데이터 분석해보니/'경영' 2만 962건 vs '기소' 1만 94건/중립어 빼면67.50%〉 2.50%」라고 달았다.

　이처럼 기사와 제목은 국민의 67%가 이재용 부회장이 기소되지 않고, 경영에 전념하기를 바라고 있는 것으로 보도했다. 이 기사가 전제로 한 것은 인터넷 연관어 분석 결과가 곧 민심이라는 것이다. 그러나 신문윤리위는 "과학적 방법을 통한 여론조사로도 민심을 100% 파악하기 어려운 것이 현실"이라며 "위 기사는 불충분하고 불확실한 자료를 근거로 결론을 도출했다"고 지적했다.

　게다가 연구소의 연관어 분류 기준 자체가 객관성과 공정성을 담보하고 있다고 보기도 어렵다. 기사에 따르면 경영 전념 연관어는 불기소, 사업, 미래, 반도체, 글로벌, 경영, 전략 등이다. 검찰 기소 연관어는 검찰, 기소, 못한다, 우려한다, 의혹, 경영권 등이다. 이러한 각각의 연관어가 어떻게 경영 전념 혹은 검찰 기소 연관어로 분류됐는지 모호하고, 기사에도 이에 대한 설명이 없다.

　신문윤리위는 "위 기사와 제목은 객관적 사실보도의 범주를 벗어나 편견이나 자의적 판단에 따라 지나치게 과장됐다는 지적을 피하기 어렵고, 신문의 신뢰성을 훼손할 우려가 있다"고 제재 이유를 밝혔다.

〈신문윤리, 제250호 1면(2020. 9.)〉

2. "성폭행 피해자 남편" 허위 댓글 검증 없이 보도 3개사 '경고'

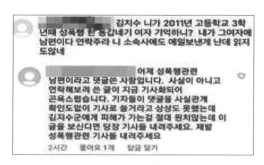 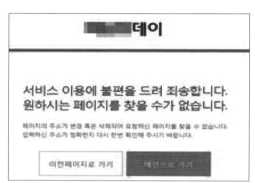

성폭행 주장이 허위임을 밝힌 누리꾼의 게시글(왼쪽)과 잘못된 기사를 삭제한 사례.

지수 학교폭력 댓글 확인없이 내보내
헤럴드 · 아주경제 · 서울신문 기사 제재

댓글 내용이 사실인지 확인하거나 문제점은 없는지 살펴보지 않고 그대로 보도한 신문사에 제재가 내려졌다.

한국신문윤리위원회는 제952차 회의에서 헤럴드경제 3월 5일 자 「'학폭 인정' 지수 SNS글에 "성폭행 당한 여자 남편이다" 댓글」 제목의 기사, 서울신문 3월 5일 자 「"성폭행한 여자 남편이다…연락 줘라" 지수 사과문에 달린 댓글(종합)」 제목의 기사, 아주경제 3월 5일 자 「지수 학교폭력 폭로 끝?…"네가 성폭행한 여자애 남편" SNS 댓글 조명」 제목의 기사에 대하여 각각 '경고' 결정을 내렸다.

이 기사는 배우 지수가 학교 폭력 가해자임을 인정하며 자필 사과문을 인스타그램에 올리자 한 누리꾼이 "김지수, 네가 2011년 고등학교 3학년 때 성폭행한 동갑내기 여자 기억나냐"라고 댓글을 달아 성폭행 의혹을 주장했다는 내용이다.

성폭행 범죄와 관련된 보도는 철저한 검증이 필요한데도 세 신문은 당사자의 해명 등 사실 확인 없이 댓글만을 근거로 일방적으로 기사를 작성했다. 나아가 「…"성폭행 당한 여자 남편이다" 댓글」, 「…"네가 성폭행한 여자애 남편" SNS 댓글 조명」이라고 제목을 달아 '성폭행 의혹'이 마치 사실로 드러난 것처럼 보도했다.

'보도 기사는 사실의 전모를 충실하게 전달해야 하며 출처 및 내용을 정확하게 확인해야 한다'고 신문윤리실천요강은 규정하고 있음에도 이를 등한시한 것이다.

성폭행 논란에 대한 파문이 커지자 댓글을 달았던 누리꾼은 이튿날 새로운 댓글을 통해 "사실이 아니다. 연락해보려 쓴 글이 기사화되어 곤혹스럽다"면서 "기자들이 사실 관계 확인도 없이 댓글을 기사로 쓸 거라고는 상상도 못했다. 제발 성폭행 관련 기사를 내려달라"고 호소했다.

이처럼 누리꾼이 '성폭행 댓글은 거짓이었다'고 밝혔음에도 3개 매체는 처음 작성한 기사를 20여 일이 지나도록 삭제하지 않았다. 이 가운데 2개 매체는 후속보도조차 없었고 서울신문만 누리꾼이 거짓이라고 밝힌 내용을 후속 기사로 내보냈다.

신문윤리위는 "이 기사는 신문윤리실천요강 제3조 「보도준칙」 전문을 위반한 것이며, 성폭행 의혹과 같은 민감한 사안을 다룬 온라인기사에 잘못된 내용이 확인된 경우 후속 기사를 통해 바로잡는 것은 물론 원래 기사도 수정하거나 삭제해야 마땅하다"고 밝혔다.

〈신문윤리, 제257호 3면(2021. 4.)〉

3. 박수홍 사생활 관련 유튜버 주장 검증 없이 보도

일방적 주장만 전달 객관성 잃어
스포츠동아 등 5개 신문에 '주의'

유튜버의 일방적인 주장을 검증 없이 그대로 보도한 신문사에 제재가 내려졌다.

한국신문윤리위원회는 제953차 회의에서 스포츠동아(이하 4월 6일 자) 「박수홍 진흙탕 폭로 "탈세·낙태 몇 번"」 제목의 기사, 서울경제 「박수홍·친형 진흙탕 싸움… 횡령 고소 이어 탈세·낙태 의혹 제기」 제목의 기사, 헤럴드경제 「가세연, 박수홍 탈세·낙태 의혹 제기」 제목의 기사, 스포츠서울 「"박수홍은 감성팔이" 가세연, 위장 취업·낙태 의혹 제기」 제목의 기사, 머니투데이 「가세연 "박수홍 여친이 친형 고소 작전 짰다…클럽서 만나"」 제목의 기사에 대하여 각각 '주의' 조처했다. 제재 사유는 신문윤리실천요강 제3조 「보도준칙」 ③(반론의 기회) 위반이다.

스포츠동아 등 5개 매체는 유튜브 채널 가로세로연구소(이하 가세연)가 친형과 재산을 둘러싸고 법적 다툼 중인 방송인 박수홍의 사생활을 폭로한 내용을 보도했다.

박수홍의 형 횡령 의혹 폭로와 관련해 "93년생 여자친구가 작전을 짠 것", "스토리텔링을 정말 잘 해서 대중을 완벽하게 선동했다"는 가세연 측의 주장을 그대로 전했다. 또 위장취업과 탈세, 여자친구의 낙태 전력 등 박수홍의 사생활까지도 가감 없이 다뤘다.

신문윤리위는 "이들 기사는 박수홍의 사생활과 관련한 유튜버의 주장을 일방적으로 전하고 있는 반면에 당사자인 박수홍에게 해명이나 반론의 기회를 주고 그 내용을 반영하려는 노력은 기울이지 않았다"면서 "이러한 보도 태도는 기사의 객관성과 공정성에 의구심을 갖게 하고 기사의 신뢰성을 훼손할 우려가 있다"고 밝혔다.

〈신문윤리, 제258호 3면(2021. 5.)〉

4. 대권 후보군에도 없는 수원시장을 '최대 변수'로 보도

경기신문 '염태영 시장 대권' 기사
출마 가정해 '급부상' 보도에 '주의'

대권 후보군으로 거론되지 않은 정치인의 출마를 가정해 여권의 대선 구도에 '최대 변수'로 보도한 것은 사실과 의견을 구분하지 않아 객관적인 사실보도로 볼 수 없다는 결정문이 나왔다.

한국신문윤리위원회는 제955차 회의에서 경기신문이 6월 14일 자 1면에 보도한 「염태영 수원시장, 대권 도전 나서나」 제목의 기사에 대해 '주의' 결정을 내렸다. 이 기사가 일각의 주장을 사실인 것처럼 기술해 신문윤리실천요강 제3조 「보도준칙」 ①(보도기사의 사실과 의견 구분)을 위반했기

때문이다.

경기신문의 위 기사는 염태영 수원시장의 대권 도전 가능성에 대한 내용이다. 기사는 염 시장이 "본격 도전에 나설 경우 파괴력이 만만치 않을 것이라는 예상이 벌써부터 나온다"고 보도했다. 기사는 또 "뚜렷한 '친문 주자'가 보이지 않는 상태에서 염태영 수원시장이 '친노친문'을 내걸고 전격 대권 도전에 나설 경우 최대 변수로 급부상할 것"으로 예상했다. 이에 편집자는 기사 큰 제목을 「염태영 수원시장, 대권 도전 나서나」라고 뽑고, 작은 제목을 「친노친문 내걸고 출마 땐 최대 변수」라고 달았다.

이처럼 기사와 제목은 염 시장이 대권 도전 가능성에 무게를 두고, 출마할 경우 최대 변수가 될

것으로 예상했다. 변수'는 "변화를 일으키는 요인"이다. 결국 기사와 제목은 염 시장이 대권 도전에 나설 경우 여권의 대권 구도에 변화를 일으키는 최대 요인으로 부상한다는 것이다.

그러나 기사 본문에는 이를 뒷받침할만한 내용이 없다. 비록 익명의 민주당 관계자의 말을 인용해 "당내 '친문'의 대표주자가 보이지 않는 상황에서 염시장이 출마선언을 할 경우 또 하나의 변곡점이 될 것" "염시장의 파괴력이 만만치 않은 만큼 흥미진진한 관전 포인트가 될 것"이라고 기술했으나 이는 이 관계자의 주장일 뿐이다. 실제 염 시장

은 이 보도를 전후해 대권 후보군에 오른 적도 없다. 기사의 주요 내용도 '예상' '경우' 등의 표현을 사용하는 등 염 시장의 대권 도전을 가정해 경쟁력 여부를 점검하는 수준이다.

신문윤리위는 "보도기사는 사실과 의견을 명확히 구분하여 작성해야 한다"며 "그러나 위 기사는 일각의 주장이 마치 사실인 것처럼 기술했다"고 제재 이유를 밝혔다.

〈신문윤리, 제260호 2면(2021. 7.)〉

5. 여초 커뮤니티 소수 의견 침소봉대 보도, 젠더 갈등 부채질

얀센 접종 현황 기사 '남녀차별' 부각
해당 게시글 5건 불과 조회수도 적어
뉴시스·중앙·세계·파이낸셜에 '주의'

별다른 근거 없이 "얀센 백신을 왜 건장한 남자가 먼저 맞느냐"며 남녀 차별 논란이 온라인상에서 일고 있다고 보도한 통신사와 신문사에 제재가 내려졌다.

한국신문윤리위원회는 제955차 회의에서 6월 1일 자 뉴시스 「"건장한 남자들이 왜 먼저냐"….일각서 얀센 접종 '남녀차별' 불만」, 중앙일보 「"얀센 女 먼저 맞으면 나라 뒤집히나" 여초서 남녀차별 논란」, 세계일보 「얀센 접종 '남녀차별' 불만…"여자가 먼저 맞으면 나라 뒤집혔겠지"」, 6월 2일 자 파이낸셜뉴스 「"얀센은 왜 남자만 먼저 맞냐" 백신 접종에도 '남녀차별' 논란」 기사와 제목에 대해 각각 '주의' 조치했다.

4개 매체는 얀센 접종 현황을 보도하면서 '남녀차별' 논란이 온라인상에서 일고 있다고 전했다. 제목도 성별 차등 논란을 부각해서 달았다.

그러나 기사와 제목에서 강조한 '얀센 접종 순서를 둘러싼 성차별 논란'은 근거가 희박한 것으로 확인됐다.

기사가 출처로 삼은 '여초 커뮤니티'는 포털사이

트 다음의 카페 '여성시대'다. 국내에 얀센 백신 도입이 확정된 5월 30일부터 6월 1일까지 사흘간 '여성시대'에는 '얀센' 관련 게시글이 104건, '얀센 백신' 게시글이 70건 올랐다. 이 가운데 '남녀 차별'을 주장하는 글은 5건에 불과했다. 하루 1만 건 이상 글이 게시되는 사이트에서 5건, '얀센 백신'에 국한해 보더라도 70건 가운데 5건에 불과하다. 5건 글의 조회 수도 1,000회 안팎으로, 타 게시글에 비해 크게 주목받지 않았다. 그럼에도 해당 매체들은 "글들이 많았다" "지적이 이어졌다" 등으로 과장해 기술했다. 중앙일보와 파이낸셜뉴스는 "얀센 (백신을) 여자가 먼저 맞으면 나라가 뒤집혔겠지" 등의 자극적인 표현도 넣었다.

이처럼 소수 의견을 침소봉대해 이를 제목에 부각하는 것은 차별과 편견에 치우친 보도라는 비판을 받을 수 있다. 실제 '여성시대' 게시판에는 해당 언론 보도를 비판하는 글도 올라왔다.

신문윤리위는 "젠더 갈등을 해결할 대안을 제시하지는 못하더라도 우리 사회의 위험 요소가 되어가고 있는 젠더 갈등을 이용해 자극적으로 보도하는 것은 언론의 사회적 책임을 방기하는 것"이라고 밝혔다.

〈신문윤리, 제260호 3면(2021. 7.)〉

6. 과거 사고 재구성해 '한화 리스크 현재 진행형'에 '주의'

대전일보 1~2면 기획기사 제재
'현재 진행형' '지역 화약고' 표현
뒷받침할 근거 없고 반론도 생략

　한국신문윤리위원회는 제957차 회의에서 대전일보 9월 1일 자 1면 「터졌다 하면 대형참사…'한화 리스크' 진행형」 제목의 기사에 대하여 '주의' 조처했다. 신문윤리위는 신문윤리강령 제4조 「보도와 평론」, 신문윤리실천요강 제3조 「보도준칙」 ①(보도기사의 사실과 의견 구분)을 위반한 것으로 인정해 제재했다.

　기사는 인명피해를 가져온 한화의 과거 폭발사고 등을 다룬 것으로, 리드에서 "대전·충청에서 지역 연고의 대기업 '한화 리스크'는 현재 진행형이다."라고 쓰고, 큰 제목도 「터졌다 하면 대형참사… '한화 리스크' 진행형」으로 뽑았다. 기사는 또 "대전·충청 지역사회가 잠재된 위협으로 언제 터질지 모르는 화약고를 품고 있는 것이다." "지역의 성원에 힘입어 굴지의 대기업으로 성장한 한화가 자본의 팽창과 이익 극대화에 함몰된 사이 위험은 연고지 대전·충청으로 고스란히 분산·전가되고 있다."라고 썼다.

　신문윤리위는 "기사의 내용이 '현재 진행형'이라는 표현과 달리 모두 2~3년 전에 발생한 사고를 재구성한 것으로, 한화 사업장 폭발 사고 2건(2018년 5월 29일, 2019년 2월 14일), 한화토탈 유증기 유출 사고 1건(2019년 5월 17일)의 내용을 소개하는데 그쳤다."고 지적했다.

　신문윤리위는 또 "지역사회가 현재 '화약고를 품고 있다'거나, '위험은 연고지 대전·충청으로 고스란히 분산·전가되고 있다'는 기사의 주장을 객관적으로 뒷받침하는 구체적 근거를 찾아볼 수 없고, 큰 제목처럼 '대형참사의 현재 진행형'을 뒷받침하는 근거도 기사에서 찾아보기 어렵다."고 밝혔다.

　대전일보는 1면에 이어 2면 전면에 걸쳐 「관리는 허술, 처벌은 솜방망이…'땜질식 대처' 한계」 「대전공장 사고 책임자 처벌 어디까지」, 「"사후약방문 그만…철저한 대응 필요」 등 3개의 관련 기사를 썼다.

　신문윤리위는 "과거에 발생한 사고의 재구성 외에 새롭게 드러난 사실이나 특별히 진전된 내용을 담고 있지 않은데도 1면 머리와 2면에 3개의 관련 기사를 싣고 해당 기업의 입장이나 해명도 들어있지 않았다."며 "기사의 기획이 독자의 알 권리에 충실하기 위한 것인지 의문을 갖게 한다."고 지적했다.

〈신문윤리, 제262호 2면(2021. 10.)〉

7. "화천대유 10배 폭리" 일방적 주장 검증 없이 보도 '주의'

수용가 250만 원·분양가 2,500만 원
단순계산해 '10배 폭리' 기정사실화
국민일보·서울신문·아주경제 제재

　경기도 성남시 대장동 개발 특혜 의혹을 받는 자산관리회사 화천대유가 폭리를 취했다는 야당 국회의원의 주장을 검증 과정 없이 그대로 인용 보도한 신문사 3곳이 제재를 받았다.

　한국신문윤리위원회는 제958차 회의에서 국민일보 10월 6일 자 5면 「"화천대유, 대장동 수용가 250만 원/분양가는 2,500만 원…10배 폭리"」 기사의 제목, 서울신문 10월 6일 자 1면 「"대장동 땅 250만〈평당 수용가〉→2,500만 원〈분양가〉 10배 폭리」 기사와 제목, 아주경제 10월 6일 자 6면 「"대장동 250만 원 강제수용, 분양가 2,500만 원"/ 화천대유, 원주민 땅 헐값에 취해 10배 폭리」 기사의 제목에 대해 신문윤리실천요강 제3조 「보도준칙」 전문, 제10조 「편집지침」 ①(제목의 원칙) 위반을 이유로 각각 '주의' 조처했다.

이들 신문은 기사 또는 제목을 통해 화천대유가 민관 공동 개발 방식을 활용해 원주민에게는 평당 250만 원 수준으로 토지를 강제 수용한 뒤 평당 2,500만 원에 분양해 10배의 폭리를 취했다는 국민의힘 박수영 의원의 주장을 전하고 있다.

박 의원 주장에 따르면 대장동 원주민의 토지보상 계약서에는 평당 수용 단가가 521만 원으로 책정돼 있으나 실제 수용가는 평당 250만 원 수준이고 화천대유가 공급받은 5개 필지의 주택 평당 평균 분양가는 2,500만 원 수준이다. 따라서 토지 수용가 250만 원과 분양가 2,500만 원을 비교하면 화천대유가 10배의 폭리를 취했다는 것이 박 의원의 주장이다.

국민일보 등은 박 의원의 이런 주장을 그대로 반영해 기사 본문을 작성하거나 제목에 인용부호를 달아 '수용가 250만 원, 분양가 2,500만 원, 10배 폭리'라는 표현을 넣었다. 아주경제는 작은 제목에 「화천대유, 원주민 땅 헐값에 취해 10배 폭리」라는 단정적 표현으로 '10배 폭리'를 기정사실화했다.

그러나 박 의원이 주장하는 바와 같이 토지 수용가가 250만 원이고 분양가가 2,500만 원이라고 해도 화천대유가 10배의 폭리를 취했다는 주장은 상식에 맞지 않는다. 아파트 분양가에는 통상 토지 매입비와 건축비, 금융비용, 부대비용 등이 포함된다. 따라서 토지 수용가와 분양가만 단순 계산해서 '10배의 폭리를 취했다'는 주장은 사실이 아니다.

그럼에도 위 신문들은 '10배 폭리' 주장이 맞는지 기본적인 검증조차 하지 않은 채 박 의원 주장을 그대로 옮겨 기사를 작성하거나, 박 의원 주장을 인용 부호를 붙여 그대로 전하거나 '10배 폭리'를 사실로 단정하는 제목을 달았다. 아주경제는 기사 본문에서는 토지수용가와 시공가를 제외한 화천대유의 수익이 '평당 850만 원'으로 추정된다는 박 의원의 주장을 인용하고도 제목에서 화천대유가 10배 폭리를 취했다고 단정했다.

신문윤리위는 "특정인의 일방적인 주장을, 그것도 사실과 다른 내용을 확인 취재나 검증도 없이 보도한 것은 언론의 책임을 다했다고 할 수 없다"면서 "이러한 보도는 사안의 전모를 충실하게 전달하고 있다고 보기 어려우며 신문의 정확성, 객관성, 신뢰성을 훼손할 수 있다"고 밝혔다.

〈신문윤리, 제263호 2면(2021. 11.)〉

8. 아이돌 방송 복귀 보도하며 '이기적' '미꾸라지'라며 일방적 비판

결혼 · 은퇴한 원더걸스 선예 복귀에
기자의 감정 실린 주관적 표현 비난
스포츠조선 명예훼손 기사에 '주의'

아이돌 가수의 방송 복귀에 대해 객관적이지 않은 표현으로 비판하고, 개인의 명예를 존중하지 않은 기사를 게재한 스포츠지가 제재를 받았다. 한국신문윤리위원회는 제960차 회의에서 스포츠조선

2021년 12월 14일 자 10면 「걸그룹 활동 중 결혼-은퇴 선언 해놓고 '엄마는 아이돌'로 방송 복귀/원더걸스 출신 선예 향한 따가운 시선」 제목의 기사에 대하여 '주의' 조처했다. 제재 사유는 신문윤리실천요강 제3조 「보도준칙」 ①(보도기사의 사실과 의견 구분), 제11조 「명예와 신용존중」 전문 위반이다.

신문은 원더걸스 그룹 활동 중에 결혼-은퇴를 밝힌 선예가 '엄마는 아이돌'이라는 프로로 복귀한 데 대해 시선이 엇갈리고 있다면서도 대부분 선예

를 비판하는 내용 위주로 본문 내용을 채웠다.

선예가 2013년 1월 24세의 나이로 결혼을 발표 10월에는 첫 딸을 출산했는데, "팀의 리더임에도 계약기간이 1년이나 남은 상황에서 열애 결혼 출산을 강행한 선예에게는 너무나 이기적이라는 비난이 이어졌다"고 썼다.

또 "2014년 3월 종교상의 이유로 5년간 아이티에서 선교활동을 한다고 선언한데 이어 같은 해 12월 영영 연예계에 컴백할 생각이 없다"고 밝힌 것도 문제삼았다. 신문은 "무엇보다 결혼, 출산, 은퇴 선언에 이르기까지 팀을 버렸다고 볼 수밖에 없는 선예 때문에 다른 원더걸스 멤버들이 큰 피해를 입었다는 게 문제였다. 선예를 응원하고 지지하느라 이들의 완전체 활동은 멈춰버렸고, 코어 팬들까지 '탈덕'해 버렸다."라고 주장했다.

다른 원더걸스 멤버들이 피해를 입었을 것으로 짐작은 되지만 어디까지나 선예 개인의 자유로운 선택이었다.

그런데도 선예나 그의 행동에 대해 '책임감 없는 단 1명의 미꾸라지 때문에' '소름끼칠 정도의 제멋대로인 선예의 행보' '지독한 이기심' 등으로 주관적인 표현으로 비난한 것은 정도가 지나치다. 본문에서 누구도 이렇게 지적한 사람은 없다. 제3자의 발언을 인용하는 형태도 아니고, 기자 본인이 감정을 실어 표현했다고 볼 수밖에 없다. 사실과 객관성을 중시하는 언론의 정도를 벗어났다.

신문윤리위는 "이런 주관적인 표현으로 비난한 것은 개인의 명예를 심각하게 훼손한 것"이라고 지적했다.

〈신문윤리, 제265호 2면(2022. 1.)〉

9. '대구 군부대 유치 경쟁' 다루며 상주시 장점만 일방적 전달

5곳 중 나머지 4곳은 지명만 나열
당일 지면에 홍보 광고까지 게재
경북도민·대경일보 기사에 '주의'

민감한 현안에 대해 일방적인 입장만을 보도한 매체에 대해 제재가 내려졌다. 한국신문윤리위원회는 제972차 회의에서 경북도민일보와 대경일보에 대해 각각 주의 조처했다.

경북도민일보 등은 1월 10일 자 「지방 소멸 막자…대구 軍부대 유치 사활」, 「"상주, 다양한 지형 작전수행 유리…대구 군부대 이전 최적지」 제목의 기사에서 대구시의 국군부대 4곳과 미군부대 3곳을 합친 7개 부대 통합 이전 유치를 향한 경북 지자체 간 유치 경쟁을 보도했다.

그러나 이들 신문은 기사에서 경쟁에 뛰어든 지자체 중에서 상주시의 유치 노력과 장점만을 일방적으로 나열하고 다른 지자체의 입장을 전혀 포함하지 않았다.

경북도민일보는 기사에서 "상주시는 지정학적으로 군사전략의 요충지인 만큼 군사시설 최적의 장소라는 입장이다"고 소개한 뒤 "광활한 부지 활용 등을 통해 군 관련 시설 설치와 이전 비용 절감 효과를 누릴 수 있는 장점이 있다"는 등의 표현으로 상주시가 최적 후보지임을 부각시켰다. 다른 지자체의 유치 움직임에 대해선 기사 말미에 "한편 대구 군부대 통합이전 유치를 신청한 지자체는 상주를 비롯해 칠곡, 영천, 의성, 군위 5곳이다"고 한 줄만 소개했다.

대경일보는 기사의 본문 리드에 "대구시의 7개 부대 통합이전 유치를 향한 경북 지자체 간 유치 경쟁이 서서히 달아오르고 있다"고 썼지만 제목은 「"상주, 다양한 지형 작전수행 유리…대구 군부대 이전 최적지」라고 달고, 기사 내용도 상주시에 대한 내용만 장점 일변도로 보도했다.

게다가 보도 당일 이 기사들이 게재된 동일 지

면이나 인접 지면에 「상주가 딱이軍！상주시가 군사시설 통합이전 최적지입니다」라는 상주시의 군부대 유치 홍보 광고까지 동시에 게재했다.

신문윤리위는 "지방자치시대에 맞춰 지자체의 활발한 움직임을 적극적으로 소개하는 것은 어느 정도 필요하지만 특정 지자체를 일방적으로 홍보하는 듯한 보도는 신문의 공정성과 신뢰성을 훼손할 수 있다"고 밝혔다.

신문윤리위는 "지자체 간의 이해관계가 얽혀있는 사안의 보도에 있어서는 각 지자체의 입장을 공정하고 다양하게 취급해야 할 필요가 있다"면서 "보도기사는 취재원이 제공한 보도자료에 대해 사실관계를 검증하려는 노력을 거쳐 정확한 정보를 제공하며 보도해야 함에도, 이들 보도는 그런 점을 등한시했다"고 지적했다.

신문윤리위는 "이 기사들은 신문윤리실천요강 제3조 「보도준칙」 전문, ②(공정보도), ⑤(보도자료 검증)을 위반했다"면서 "이 같은 지면 제작은 사실을 정확하고 객관적으로 보도해야 하는 언론의 사명을 저버리는 것이나 다름없고, 신문에 대한 공신력과 신뢰성을 훼손할 수 있다"고 강조했다.

〈신문윤리, 제277호 2면(2023. 2.)〉

10. 찬반의견 팽팽한데 반대쪽 주장만 앞세워 '묻지마 횡재세'

마구잡이 밀어붙이는 의미 '묻지마'
매경, 한쪽 의견만 반영 제목 '주의'

한국신문윤리위원회는 제981차 회의에서 매일경제 11월 9일 자 1면 「묻지마 횡재세 … 대기업이 봉인가」 기사의 제목에 대해 '주의' 조처했다. 이유는 신문윤리실천요강 제10조 「편집지침」 ①(제목의 원칙) 위반이다.

기사는 대기업에 대한 전기요금 인상, 은행에 대한 횡재세 논의, 노란봉투법으로 불리는 노동조합법 개정안 추진 등을 다루면서 "선거 때만 되면 반복되는 '대기업 때리기'가 내년 4월 국회의원 총선거를 앞두고 재연되고 있다"고 비판했다. 기사의 큰 제목은 「묻지마 횡재세 … 대기업이 봉인가」이다. '대기업을 만만히 보고 막무가내로 횡재세를 물리려 한다'는 뜻으로 읽힌다. 야당이 추진하고 있는 횡재세 도입에 대해 정부 여당과 경제단체 등은 강력히 반대하고 있다.

그러나 기사에는 야당이 횡재세 도입을 추진하는 이유가 기술돼 있다. 기사에 따르면 더불어민주당 이개호 정책위의장은 토론회에서 "횡재세는 특정 업종이 아무런 노력 없이 과도한 불로소득을 누린 것을 사회적으로 공유하기 위한 정책적 조치"라며 "정유사나 은행권 등 일부 업종은 역대급 실적을 누린 반면 민생경제는 사상 최악의 어려움을 겪는 상황"이라고 말했다. 또한 은행의 경우 국민들이 과도한 이자 부담으로 어려움을 겪고 있는 가운데 손쉬운 이자 장사로 막대한 이익을 내고 돈 잔치를 벌인다는 비판 여론도 있다.

따라서 횡재세를 반대하는 쪽의 시각만 반영해 기사 제목에 인용부호도 없이 횡재세 도입을 묻지도 따지지도 않고 마구잡이로 밀어붙인다고 단정하는 뜻의 '묻지마 횡재세'란 표현을 쓴 것이 적절하다고 보기 어렵다. 본문에는 '묻지마 횡재세'란 표현도 없다.

신문윤리위는 "이 같은 기사 제목은 편집자의 주관적 판단에 따라 기사 내용을 과장하거나 왜곡한 것이라는 지적을 받을 수 있다"면서 "이러한 제목은 신문의 객관성과 신문에 대한 신뢰를 훼손할 우려가 있다"고 밝혔다.

〈신문윤리, 제286호 2면(2023. 12.)〉

11. '후보 공보물에 사진 도용' 보도, 한쪽 주장만 일방적 전달

당사자의 '유감 표명' 반영 안해
헤럴드경제, 반론 기회 위반 '주의'

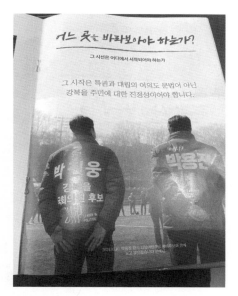

헤럴드경제가 게재한 박진웅 국민의힘 후보 공보물 사진.

헤럴드경제가 편파 보도로 제재를 받았다. 선거 보도에 있어 상대를 비판하는 일방의 주장만을 실어 반론의 기회를 제공하지 않았기 때문이다.

한국신문윤리위원회는 제986차 회의에서 헤럴드경제 3월 31일 온라인판 「박용진 "박진웅 국민의힘 후보, 공보물에 사진 도용…강력 규탄"」 기사와 제목에 대해 신문윤리강령 제4조 「보도와 평론」, 신문윤리실천요강 제3조 「보도준칙」 ③(반론의 기회) 위반으로 '주의' 조처했다.

이 기사는 박용진 더불어민주당 의원이 서울 강북구을에 출마한 박진웅 국민의힘 후보가 공보물에 자신의 사진을 도용했다며 비판하는 내용이다.

기사는 박용진 의원실이 비판한 박진웅 후보 공보물 사진을 실었다. 사진은 두 사람이 선거유세복 차림으로 나란히 서 있는 뒷모습을 보여주고 있다.

기사는 제목과 부제목에서 보듯 「박용진 "박진웅 국민의힘 후보, 공보물에 사진 도용…강력 규탄"」 「박용진 민주당 의원, 공식 입장문 통해 비판」 「"정치적 도의 어긋나고 인간적 예의도 없어"」 「"박진웅 후보, 박 의원과 민주당 당원에 사과하라"」 「"당장 해당 공보물 발송 중단, 전량회수·폐기해야"」 등으로 박 의원의 입장을 실었다.

헤럴드경제는 그러나 박진웅 후보 측이 어떤 이유로 이런 사진을 담은 공보물을 제작해 배포했는지, 박용진 의원의 비판에 대해 어떠한 입장인지, 해당 공보물을 어떻게 조치할 것인지 등에 대한 해명이나 반론은 전혀 반영하지 않고, 박 의원의 입장문 내용만을 기술하고 있다. 게다가 헤럴드경제는 이 사안과 관련해 후속 기사도 싣지 않았다.

이와는 달리 다른 매체들은 박진웅 후보 측이 이 사안에 대해 깊은 유감을 표시하며 사과했다고 보도했다. 박진웅 후보 캠프는 같은 날인 3월 31일 입장문을 내 "박 의원 측의 설명처럼 '상황을 악용'하려는 것이 아니라 오히려 강북을 재선 국회의원으로서 당파를 떠나 그간의 노고에 대한 인간적인 감사의 마음을 담았다"면서 "심심한 유감을 표한다"고 밝혔다.

또한 박진웅 후보는 4월 2일 국회에서 기자회견을 열어 박 의원에게 "사전 동의 없이 선거공보에 함께 찍은 뒷모습 사진을 게재한 점에 대해 심심한 유감을 표한다"며 사과했다. 그런데도 헤럴드경제는 이러한 박진웅 후보의 사과 표명을 보도하지 않았다.

객관성과 공정성이 더욱 요구되는 총선과 관련된 선거 보도에 있어 한 쪽의 입장과 발언만을 일방적으로 다루는 것은 편파보도라는 지적을 받을 수 있다.

〈신문윤리, 제291호 2면(2024. 5.)〉

제3절
사실 확인 소홀히 하거나
반론 기회 주지 않은 보도

1. 檢 수사심의위 결정을 '수사 종결된다' 왜곡 보도 제재

권고사항인데 구속력 있는듯 기술
결정을 '국민의 뜻'인 것처럼 제목
사실과 의견 구분 않고 내용 과장
매일경제 기사 · 제목에 '주의' 조처

매일경제가 이재용 삼성전자 부회장의 기소 여부에 대한 대검찰청 수사심의위원회의 결과를 보도하면서 이 부회장에게 유리하게 일부 내용을 왜곡해 제재를 받았다.

한국신문윤리위원회는 제944차 회의에서 매일경제가 6월 27일 자 A3면에 보도한 「檢 '무리한 수사' 논란 속…국민은 '이재용 기소' 납득 못했다」 기사와 제목에 대해 '주의' 결정을 내렸다. 기사와 제목이 신문윤리실천요강 제3조 「보도준칙」 전문, ①(보도기사의 사실과 의견구분), 제10조 「편집지침」 ①(표제의 원칙)을 위반했다는 이유에서다.

매경 기사는 대검찰청 수사심의위원회가 이재용 삼성전자 부회장 등에 대한 수사 중단과 불기소를 의결한 이유를 분석한 내용이다. 기사는 심의위 선정 과정과 쟁점이 논의된 과정을 짚어보고, 향후 검찰의 사건 처리까지 예상했다.

기사는 "조만간 검찰은 수사심의위 권고에 따라 최종적으로 불기소 결정을 내리게 된다"며 "수사심의위 의견을 무시하고 다른 판단을 내릴 가능성은 없다"고 보도했다. 검찰이 수사심의위의 이 부회장 불기소 의결을 받아들여 사실상 관련 수사를 종결한다는 단정적인 내용이다.

그러나 검찰수사심의위의 결정은 권고 효력만 있을 뿐, 검찰이 반드시 따라야 하는 것은 아니다. 기사는 이러한 내용을 제대로 설명하지 않고, 마치 검찰이 수사심의위의 불기소 의결을 반드시 따라야 하는 법적 구속력을 가진 것처럼 기술했다. 이는 '사실의 전모를 충실하게 전달함을 원칙으로 해야 한다'는 신문윤리실천요강 보도준칙을 위반한 것이다.

편집자는 기사의 큰 제목을 「檢 '무리한 수사' 논란 속…국민은 '이재용 기소' 납득 못했다」고 달았다. '검찰수사심의위의 결정'을 '국민의 결정'으로 해석했다.

그러나 수사심의위가 국민을 대표한 기구인지에 대해서는 논란이 있을 수 있다. 수사심의위는 학계 법조계 언론계 시민단체 문화예술계 등 사회 각 분야 전문가들로 구성되며, 위원은 검찰총장이 위촉한다. 따라서 심의위의 결정은 국민의 뜻이라기보다는 전문가 집단의 견해라고 봐야 한다.

기사 첫머리에 "이재용 부회장이 "국민들 판단을 받아보고 싶다"고 제안"했다는 기술이 있으나, 이는 이 부회장의 주장일 뿐 국민들의 뜻과는 관련이 없다. 결국 검찰수사심의위는 검찰이 기소권의 중립성 확보를 위해 검찰 자체개혁 차원에서 도입한 제도로 그 구성 자체부터 국민의 대표성을 지니고 있다고 보기 어렵고, 이번 결정이 국민 여론과 일치하는지에 관한 근거도 기사에는 없다.

신문윤리위는 "검찰수사심의위 결정을 국민의 결정으로 확대 해석한 이 제목은 기사 내용을 과장했다는 지적을 받을 수 있다"며 "이는 사실과 의견을 구분하지 않는 보도 태도"라고 지적했다. 신문윤리위는 이에 따라 "위 기사와 제목은 보도의 공정성과 객관성에 의구심을 갖게 하고 신문의 신뢰성을 훼손할 수 있다"고 제재 이유를 밝혔다.

〈신문윤리, 제249호 1면(2020. 7.)〉

2. 'BJ 아지땅 사망' 오보 내고 방치한 온라인신문 9곳 '경고'

극단적 선택 시도했다 생존한 사람
사실관계 확인 않고 '사망' '사망설'
1개월 지나도록 기사 삭제 안해

　사망 오보를 내고도 확인 즉시 삭제하지 않고 장시간 그대로 방치한 온라인매체에 엄중한 제재가 내려졌다. 한국신문윤리위원회는 제946차 회의를 열고 아시아투데이 9월 21일 자 「BJ 아지땅, 21일 사망…지인 "좋은 곳으로 갔어요"」 제목의 기사 등 9개 온라인신문사 9건의 기사에 대해 '경고' 결정을 내렸다. 제재 사유는 신문윤리강령 제4조 「보도와 평론」, 신문윤리실천요강 제3조 「보도준칙」 전문, 제11조 「명예와 신용 존중」 ①(개인의 명예·신용훼손 금지) 위반이다.

　이들 매체는 9월 21일 인터넷방송 진행자(BJ) 아지땅의 사망 소식을 일제히 보도했다. 아지땅의 지인이 이날 새벽 아프리카TV 채널 게시판에 '오늘 좋은 곳으로 갔어요'란 제목의 글에서 "그동안 항상 고마웠다고 한다. 다음에 또 만나자"고 사망 소식을 알리자 한 인터넷매체가 이를 확인하지도 않고 보도한 뒤 앞다퉈 기사화한 것이다.

　아시아투데이와 스포츠경향은 제목에 「21일 사망」이라고 밝혔으며, 머니투데이는 사진설명에 "BJ 아지땅의 아프리카TV 채널 공지글에 올라온 사망 소식"이라고 썼다.

　스포츠조선은 제목에 「"사망글/극단적 선택 추정」이라고 했고, 매경닷컴은 「사망설…극단적 선택 추정」, 아시아경제는 「극단적 선택 추정…"좋은 곳으로 갔어요"」, 이데일리는 「사망설…"좋은 곳으로 갔어요"」라고 적었다.

　기호일보는 제목에 사망이라는 표현은 쓰지 않았지만 「안타까운 선택 '먹먹'」이라고 적었고, 본문에 여러 차례 사망 관련 표현을 언급하며 사망을 단정했다. 제민일보는 본문에서 아지땅의 사망을 추정하면서도, 제목에 본인이 사망을 언급한 바 있다고 적거나 '자살'을 'XX'로 표현하며 사실상 사망을 단정했다.

　이밖에 머니투데이와 아시아경제는 기사 끝에 극단적 선택 보도로 인한 독자의 충격을 우려하며 상담전화 번호를 안내하여 아지땅의 사망을 기정 사실화했다. 스포츠조선과 스포츠경향은 누리꾼의 추모 반응을 확인해 게재했는데 이 또한 이용자가 아지땅의 사망을 기정사실로 인식하게 했다.

　아지땅이 극단적 선택을 시도한 것은 사실이어서 사망설의 진위 여부를 확인하기 다소 어려운 측면이 있었지만, 가족 측이 그날 오후 아지땅이 구조돼 무사함을 알렸고, 당사자도 다음날 사과를 표명하며 방송을 완전히 떠나겠다고 밝혀 사망설은 하루 만에 명백한 오보로 판명됐다.

　이번 보도의 문제점은 △아지땅의 사망 여부를 확인하지 않고 SNS 글이나 다른 매체의 기사를 받아 썼고 △아지땅이 생존해 있음에도 그의 사망 기사가 1개월이 넘도록 여전히 방치되고 있다는 사실이다.

　다만 아시아투데이는 보도 후 10여 일이 지나 같은 기사 주소(URL)에 「BJ 아지땅, 직접 생존신고 "구출해준 분들 감사…방송계 떠날 것"」 제목의 기사로 고쳤으나, 조치가 너무 늦었다. 머니투데이는 10여 일이 지난 뒤 뒤늦게 삭제했다.

　신문윤리위는 "최소한의 사실관계조차 확인하지 않고 사망 기사를 내보낸 것은 기사의 기본 요건을 충족하지 못한 것이며 정확하고 공정하게 보도해야 할 언론의 책임을 방기한 것이다. 온라인 기사의 수정과 삭제는 기술적으로 큰 어려움이 없으므로 수정된 후속기사를 송고했다 하더라도 살아있는 사람을 죽은 사람으로 기술한 기사는 삭제되어야 마땅하다"고 밝혔다.

〈신문윤리, 제251호 1면(2020. 10.)〉

3. 중국인이 건강보험 재정 악화의 원인?

외국인 건보 부정수급 보도하며
'중국인이 2조5000억 타갔다'
연합뉴스 과장 · 왜곡 제목 '주의'

한국신문윤리위원회는 제948차 회의에서 연합뉴스 11월 15일 자 「매년 오르는 건보료…중국인이 5년간 2조5천억 타갔다는데[이래도 되나요]」 기사의 제목에 대해 '주의' 조처했다. 제재 사유는 신문윤리실천요강 제3조 「보도준칙」 ①(보도기사의 사실과 의견구분), 제10조 「편집지침」 ①(표제의 원칙) 위반이다.

연합뉴스는 건강보험료의 재정건전성을 우려하면서 외국인들에게 과다 지급되는 사례가 많다는 문제점을 짚어보는 영상보도물을 제작한 뒤, 이를 텍스트로 전환한 기사도 함께 게재했다. 기사는 최근 5년간 외국인들이 부정 수급한 액수가 316억 원이었으나 환수 금액은 51.7%인 161억1천400만 원뿐이었다는 자료를 제시했다.

그러면서 같은 기간 중국인이 지급받은 급여액은 총 2조4천641억 원으로 상위 20개국 전체액수의 71.6%에 이른다면서, 구체적인 수치를 제시하지 않고 부정수급액 역시 상당할 것이라는 뉘앙스를 풍겼다. 그러나 이어지는 문장에서는 "외국인이 낸 건보료가 외국인에 지출한 보험료보다 많다"거나, 외국인 건보 수지 흑자 이유에 대해 "국내 거주 외국인 노동자 중 상당수가 질병이 많이 발생하는 고령층이 아니기 때문"이라고 설명했다.

이 기사는 외국인 부정수급액이 늘어나 이에 대한 대책이 시급히 마련돼야 한다는 것으로, 전체적으로 외국인 건보는 흑자로 아직까지는 재정건전성에 문제가 없다는 내용이다. 그럼에도 연합뉴스는 건강보험 재정의 부실화가 우려되는 상황에서 외국인들의 건보 부정수급 문제를 철저히 감시해야 한다는 취지의 기사를 작성하면서, 마치 중국인들 때문에 건보 재정성이 위태로운 듯 「[이래도 되나요] 매년 오르는 건보료…중국인이 5년간 2조5천억 타갔다는데」라고 제목을 단 것이다.

신문윤리위는 "이러한 제목은 과장, 왜곡된 표현일 뿐 아니라 '사실과 의견을 명확히 구분해야 하며, 편견 혹은 이기적 동기로 기사를 작성해서는 안된다'고 규정한 신문윤리실천요강에 어긋난다"고 밝혔다.

〈신문윤리, 제253호 3면(2020. 12.)〉

4. 확진자 · 치명률 단순 비교해 'K방역 치욕' 단정 보도 제재

서울경제, 전반적 추이 · 통계와 다른
'최근 한달' 한 · 미 · 브라질 실태 비교
'51% 코로나 실업' '백신 참사' 등
서울신문 · 경북도민 과장 제목 '주의'

일부 언론이 단순 비교한 통계수치로 코로나19 상황을 전하면서 사실을 과장한 보도를 하거나 제목을 달았다. 이는 독자들에게 지나친 불안감을 조성할 수 있다는 점에서 언론의 책임을 다하지 못했다는 지적을 받았다.

한국신문윤리위원회는 제949차 회의에서 서울경제가 2020년 12월 22일 자 4면에 보도한 「최근 한달 확진〈10만명당 확진률 80%↑〉· 치명률, 美 · 브라질보다 높아… 'K방역의 치욕'」 기사와 제목에 대해 신문윤리강령 제4조 「보도와 평론」, 신문윤리실천요강 제3조 「보도준칙」 전문, ⑥(재난보도), 제10조 「편집지침」 ①(표제의 원칙) 위반으로 '주의' 결정을 내렸다.

또 서울신문이 같은 달 29일 자 8면에 보도한 「51% "코로나로 직장 잃었다"」 기사의 제목, 경북도민일보가 23일 자 1면에 보도한 「K-방역 자만이 '백신慘事' 불렀다」 기사의 제목에 대해서도 '재난보도' 및 '표제의 원칙' 위반으로 각각 '주의' 조처했다.

서울경제는 국내 코로나19 관련 각종 지표가 해외 국가들보다 더 빠르게 악화하고 있다며 11월 13일과 12월 21일 자료를 비교 분석해 보도했다.

기사는 "확진자·사망자 수, 고령자 치명률 등에서 한국은 세계 최악 수준으로 전락했다"며 한 달 사이 10만 명당 확진자 수가 80% 늘어 세계 최고 수준의 증가율을 기록했다고 기술했다. 기사는 전체 확진자 수 세계 1위인 미국도 "같은 기간 71%로, 우리나라보다 10%포인트가량 낮았다"면서 브라질(26%), 영국(59%), 일본(75%)도 우리보다 낮다고 보도했다.

이에 편집자는 해당 데이터를 정리한 '코로나19 관련 지표 증감률' 도표를 게재하고, 지난 한달 사이 'K방역'이 미국과 브라질보다도 못한 세계 최악 수준으로 전락했다는 단정적인 내용으로 큰 제목을 달았다.

그러나 기사에서 적시한 12월 21일 상황을 보면 신규 확진자는 미국 40만2,270명, 브라질 5만2,544명이다. 이날 한국의 신규 확진자는 926명이다. 미국과 비교하면 0.2%, 브라질의 1.7% 수준이다.

또 12월 24일을 기준으로 미국의 전체 확진자수는 1,837만8천명, 10만 명당 확진자는 5,552명이고 사망률(치명률)은 1.8%다. 브라질은 전체 확진자가 736만5천명이고, 10만명 당 확진자는 3,456명, 사망률 2.6%다. 반면 우리나라는 전체 5만3천명, 10만 명당 확진자 101명, 사망률 1.4%다. 우리나라는 이들 두 나라에 비해 인구대비 전체 확진자, 하루 확진자, 사망률이 현저히 낮다. 특히 10만 명당 확진자도 미국의 1.8%, 브라질의 2.9% 수준이다.

그럼에도 위 기사는 이를 감안하지 않고, 11월 13일과 12월 21일을 단순 비교해 확진자수 증가율과 치명률을 적용해 우리나라의 코로나 방역 실태를 세계 최악의 수준이라고 단정적으로 기술했다.

신문윤리위는 "서울경제가 자체 분석한 코로나 지표는 특정 시점 두 곳의 자료를 단순 비교한 데이터일뿐, 추이를 엿보거나 의미 있는 결과를 이끌어 내기엔 불충분한 자료"라며 "이러한 보도는 코로나19 위기 상황에서 자칫 독자들에게 지나친 불안감을 조성할 수 있다는 점에서 언론의 책임을 다하지 못했다는 지적을 받을 수 있다"고 밝혔다.

서울신문은 여성환경연대가 실시한 '코로나19에 대한 경험 및 가치변화' 설문조사 결과를 전하면서 큰 제목을 「51% "코로나로 직장 잃었다"」라고 달았다. 하지만 기사 중 관련 부분은 "응답자의 절반 이상(51.0%)은 코로나19의 영향으로 일자리를 잃거나 수입이 감소했다"는 내용이다.

기사만으로는 코로나19로 인해 실직한 사람이 응답자의 몇 %인지, 수입이 감소한 사람이 몇 %인지 구분할 수 없으므로, 위 제목은 기사에 적시된 사실과 다르다.

경북도민일보는 정부가 K-방역 자만심에 빠져 있다가 백신 도입을 서두르지 않아 백신을 제대로 확보하지 못했다고 비판하면서 제목을 「K-방역 자만이 '백신慘事' 불렀다」라고 달았다. '참사'는 '비참하고 끔찍한 일'이라는 뜻으로, 이미 발생한 비극적인 일들에 대해 주로 쓰이는 표현이다. 아직 벌어지지도 않은 일에 대해 '참사'라는 표현으로 제목을 단 것은 지나친 예단이라는 지적을 받았다.

〈신문윤리, 제254호 2면(2021. 1.)〉

5. 외국인 투자자 '이익공유제 우려'를 '투자 이탈'로 과장

매경, 기사 부풀린 단정적 제목 '주의'
외국인 매수세 꺾였지만 순매수 계속
기사에 투자자 이탈한다는 근거 없어

한국신문윤리위원회는 제950차 회의에서 매일경제 1월 28일 자 1면 「은행 이익공유 압박에 外人투자자 이탈」 기사의 제목에 대해 '주의' 조처했다.

기사는 정치권이 꺼내든 이익공유제 때문에 해외 투자자들이 걱정하고 있다는 단정적인 내용이다. 기사의 큰 제목은 「은행 이익공유 압박에 外人투자자 이탈」이다. 외국인 투자자들이 이익공유제로 인한 이익 감소를 우려한 나머지 국내 금융권 자본시장에서 투자금을 빼가고 있다는 뜻이다.

이익공유제가 시행되면 주식 배당금 축소 등의 이유로 외국인 투자금이 빠져나갈 가능성이 있는 것은 사실이다. 그러나 기사 본문에는 외국인 투자자가 이탈했다고 단정할 만한 내용이 없다.

기사는 "일부 투자자는 자신이 거래하는 외국계 증권사 국내 지점에 "대한민국은 경제체력이 좋지만 장기 투자하기에는 자본시장에 대한 정부 개입이 너무 과도하다"며 투자 비중을 줄여줄 것을 주문한 것으로 알려졌다"고 썼다. 또 "연초 은행 주식을 대거 매수하던 외국인들의 매수세가 이익공유제가 공론화된 지난 20일 이후 약화됐다. 20~26일 외국인들은 4대 금융지주 주식을 651억 원어치 순매수했다. 금리 인상 기대감으로 올해 들어 19일까지 외국인이 4대 금융지주 주식을 5620억 원어치 매수한 것에 비춰보면 매수세가 꺾인 것이다. 특히 20~26일 하나금융지주와 우리금융지주는 매도로 돌아섰다."고 보도했다.

그러나 이 같은 내용을 근거로 외국인 투자자가 이탈했다고 단정하기에는 무리가 있다.

첫째, 은행권에 대한 투자 비중을 줄여 줄 것을 주문했다고 해서 투자금 이탈로 보는 것은 성급하다. 그나마 기사는 "주문한 것으로 알려졌다"고 표현했을 뿐이다. 기사만으로는 그러한 주문이 실제로 있었는지 사실관계가 불분명하다.

둘째, 올 들어 19일까지 4대 금융지주 주식을 5,620억 원 매수한 외국인이 20~26일 사이에 651억 원을 순매수하는데 그쳤다면 매수세가 꺾였어도 순매수는 계속되고 있는 상황이다. 이를 두고 외국인 투자자가 이탈했다고 보기도 어렵다.

셋째, 외국인의 금융권 매수세가 주춤하고 하나금융지주와 우리금융지주가 매도로 돌아섰다고 판단한 근거는 1월 20~26일까지 7일간의 외국인 투자금 동향이다. 외국인 투자금 동향을 7일 정도 단기간의 숫자만 보고 판단하는 것은 섣부르다. 장기적인 관점에서 더 많은 시간을 갖고 종합적으로 파악해야 정확히 알 수 있다.

신문윤리위는 "제목의 '外人투자자 이탈' 표현은 기사 내용을 정확하고 객관적으로 반영했다기보다 과장 왜곡했다고 볼 수 있다"면서 "이 같은 보도는 신문의 신뢰성을 해칠 수 있으므로 신문윤리실천요강 제3조 「보도준칙」①(보도기사의 사실과 의견구분), 제10조 「편집지침」①(표제의 원칙)을 위반했다"고 밝혔다.

〈신문윤리, 제255호 2면(2021. 2.)〉

6. 노조 임금 인상 · 성과급 요구를 '생떼'로 과장 · 왜곡 표현

한국경제 기획 기사 제목에 '주의'
'간판기업 흔들' 구체적 사례도 없어

한국신문윤리위원회는 제951차 회의에서 한국 경제 2월 24일 자 A10면 「간판기업도 '노조 생떼'에 흔들…韓 노사협력 경쟁력, 獨의 80%」 기사의 제목에 대하여 '주의' 조처했다.

한국경제 기사는 「팬데믹 1년 국가경쟁력을 다시 생각한다」는 표제가 붙은 시리즈 기사 중 마지막회(6회)로 양대 노총의 세력 확대와 한국의 노사협력 경쟁력의 문제점을 짚었다.

기사의 제목 앞부분은 「간판기업도 '노조 생떼'에 흔들」이다. 우리나라 주요 기업들이 노조의 억지 요구 때문에 경영에 어려움을 겪는다는 뜻이다. 그러나 기사 본문에는 '노조 생떼'를 뒷받침할만한 객관적 기술이 없고, 간판기업이 '노조 생떼'에 흔들거리고 있음을 보여주는 구체적인 사례도 제시되지 않았다.

기사는 문재인 정부의 친노조 정책을 비판하며 "친노조 정권의 우산 아래 양대 노총은 본격적으로 몸집을 키우고 각종 정책 현안에 자신들의 목소리를 관철하고 있다"고 지적했다.

기사는 이어 기업들이 노조에 시달리는 사례로 삼성전자, 삼성디스플레이, 삼성화재 등 8개사로 구성된 금속삼성연대가 임금 6.8% 인상과 인사·평가제도 개선 등을 주장하며 공동 교섭을 요구하는 것, SK하이닉스 노조가 연초 성과급 추가 지급을 요구하는 것, LG 트윈타워 청소근로자 농성을 열거했다.

그러나 노조들의 이러한 행동을 생떼로 규정할 수 있는지 의문이다. 또한 「간판기업도 '노조 생떼'에 흔들」이란 제목과 달리 기사 본문에는 간판기업이 '노조 생떼'에 흔들거리고 있음을 뒷받침하는 내용이 없다. 본문에는 "경영계에서는 이 같은 노사관계 힘의 불균형이 기업 경쟁력은 물론 국가 경쟁력을 위협할 수 있다는 우려도 나온다"거나 "치열한 글로벌 경쟁 속에 노조의 임금·성과급 추가 배분 요구가 투자 재원 축소로 이어질 수 있다는 우려의 목소리도 나온다"는 내용이 있다. 그러나 '노사관계 힘의 불균형'과 '노조의 임금·성과급 추가 배분 요구' 정도로 간판기업이 흔들린다고 보기 어렵다.

신문윤리위는 "기사 제목은 편집자가 본문의 내용을 과장하거나 자의적으로 해석해 달았다는 지적을 피하기 어렵다"며 "이러한 제목 달기는 기사의 공정성과 객관성, 신문의 신뢰성을 훼손할 수 있으므로 신문윤리실천요강 제3조 「보도준칙」 ①(보도기사의 사실과 의견구분), 제10조 「편집지침」 ①(표제의 원칙)을 위반했다"고 밝혔다.

〈신문윤리, 제256호 2면(2021. 3.)〉

7. 한강 대학생 사망 사건 보도, 온라인매체 총체적 문제 노출

기사 과다 생산 · 지나친 속보 경쟁
추측 기사 남발 등 선정적 보도
11개 온라인매체 15건 기사 '주의'

'손○○씨 한강 사망 사건'과 관련, 언론은 저널리즘의 기본원칙에서 벗어나 팩트에 근거하지 않은 추측 보도를 양산하는 등 전형적인 선정주의적 행태를 보였다는 비판을 받았다.

손씨 사망 사건 온라인보도는 기사 과다 생산, 지나친 속보 경쟁, 팩트 없는 추측 기사 남발, 선정적인 접근 등 많은 문제점을 낳았다. 손씨가 지난 4월 30일 숨진 채 발견된 이후 20여 일간 보도된 기사 내용을 살펴보면 언론이 유튜버의 근거 없는 의혹을 부풀리고 손씨의 친구 A씨를 범죄자로 몰고 가는 게 아니냐는 의심을 살 정도로 한쪽으로 치우쳤다는 인상을 줬다.

경찰의 조사는 미진하고 취재원도 극히 한정돼 있다는 상황을 고려한다 하더라도 다수의 온라인 매체는 손씨의 부친이나 유튜버의 주장을 최소한의 검증이나 보충 취재 없이 단순히 전달하는 데 급급했다. 유가족이 제기한 잇단 의문과 유튜버나 누리꾼이 제기한 갖가지 의혹에 대한 속보 경쟁의 결과로 사건의 실체적 진실에 접근하지 못한 채 오직 추측과 억측만이 난무, 독자들에게 혼동만을 안겨줬다.

한국신문윤리위원회는 제954차 회의에서 뉴스1 5월 3일 자 「[영상]'한강 실종 의대생' 아버지가 밝힌 의문점들…친구는 왜 신발을 버렸나」 제목의 기사 등 11개 온라인매체 15건의 기사에 대해 각각 '주의' 조처했다. 제재 이유는 신문윤리강령 제2조 「언론의 책임」, 제4조 「보도와 평론」, 신문윤리실천요강 제3조 「보도준칙」 전문 위반이다.

◆ **"반드시 대가 치르게 할 것"**(뉴스1 5월 3일 자 「[영상]'한강 실종 의대생' 아버지가 밝힌 의문점들…친구는 왜 신발을 버렸나」 제목의 기사 외 3건)

뉴스1은 5월 3일 장례식장에서 촬영한 고인의 아버지 인터뷰 영상을 공개하며 이를 기사화했다. 뉴스1은 이 기사에서 "아이 잃은 아빠는 더 이상 잃을 게 없거든요. 그 대가를 반드시 치르게 해주겠다고 아들에게 맹세했습니다"라는 아버지의 발언을 기사 첫머리에 올렸다. 아버지가 아들의 친구를 사실상 범인으로 지목하고 있다는 뉘앙스를 풍기고 있다.

이데일리는 뉴스1 보도를 인용하면서 한발 더 나아가 마치 '사적 복수'를 연상케 하는 "대가를 치르게 하겠다"는 발언을 그대로 제목으로 뽑았다. 뒤이어 세계일보와 부산일보는 「"아들한테 맹세…반드시 대가 치르게 해줄 것"」, 「"더 이상 잃을 게 없어…대가 치르게 할 것"」이라는 보다 강한 표현으로, 흡사 친구 A씨를 범인으로 지목하는듯한 인상을 남겼다. 고인 아버지의 발언을 그대로 인용했다고 하나, 손씨의 사망과 관련된 어떤 혐의점도 드러나지 않은 상황에서 이러한 표현을 제목에 올린 것은 선정적이라는 지적을 받을 수 있으며, 이용자에게 손씨의 친구가 범인이라고 잘못 인식하게 할 위험이 있다.

반면 같은 내용을 다룬 다수의 매체는 적어도 제목에 자극적 표현을 사용하지 않았으며, 친구 A씨의 입장이나 저간의 사정을 어느 정도 반영해 한쪽에 치우치지 않으려는 노력을 보였다.

◆ **"절대 용서 못 해"**(월간조선 5월 17일 자 「단독인터뷰/한강공원에서 사망한 의대생 손○○씨 어머니…」 제목의 기사 외 5건)

조선닷컴은 월간조선이 5월 17일 손씨 어머니 인터뷰를 단독으로 내보내자 해당 기사를 메인페이지에 수일간 노출시켰다. 월간조선은 보도 도입부에서 부모의 발언을 충실히 전하는 것에서 한 발 나아가 '사건의 열쇠는 바로 ○○씨 옆에' '꼭꼭 숨은 A씨' '집안과 변호인의 정체' 등의 부제를 달아 의혹을 부추긴다는 인상을 주고 있다. 본문에서

'조력자 가능성', '피의자 전환' 등은 매우 민감한 표현임에도 거르지 않고, 고인 부모의 말이라는 전제 아래 그대로 보도했다.

또 기자가 "A가 이제라도 제대로 얘기하고 진심으로 용서를 구하면 어떻게 하겠느냐"고 묻자 "용서할 수 없어요"라고 답했다면서 「용서할 수 없다」를 중간제목으로까지 뽑았다. A씨와 그 가족이 사실을 은폐하고 있다는 것은 손씨 부모의 느낌이나 추정이지 확인된 사실이 아니다. A씨의 행동에 대한 숱한 의심과 의혹을 제기한 부모의 입장을 근거로, 기자는 그간 A씨가 진실을 숨겼다고 보고 어머니에게서 이 같은 발언을 이끌어낸 것이다.

월간조선은 인터뷰 과정에서 사건이 일어나게 된 이유와 배경, 사건 처리 과정에 대한 다양한 추정 등 여러 정보를 얻었으나 증거가 확실치 않고 추정에 지나지 않아 기사화하지 않았다고 밝히는 등 나름대로 세심한 주의를 기울였다고 주장했지만, 이 보도로 인한 여파는 컸다.

국민일보, 아시아경제, 파이낸셜뉴스, 헤럴드경제, 부산일보는 월간조선 보도를 요약해 보도하면서 "절대 용서하지 않겠다"고 말한 부분을 일제히 제목에 올렸다. 분노에 찬 고인 어머니가 한탄하며 말했다 하더라도, 고인의 친구 A씨가 마치 중대한 잘못을 저지른 것으로 오인할 우려가 있는 표현을 제목에까지 올리는 것은 적절하지 않다.

언론, 누리꾼 억측 그대로 전달해 의혹만 부추겨

속보 경쟁 몰입하다 자체 검증 실종

◆ 기타(한경닷컴 5월 15일 자 「의대 동기생 추정 인물, 커뮤니티에 "네가 죽인 거야" 독설 왜」 제목의 기사 외 3건)

한경닷컴 기사는 "일말의 양심도 없는 X" 등 손씨의 친구 A씨에 대한 익명 네티즌의 비난 글을 소개했는데, A씨에 대한 욕설만이 가득하고, A씨를 비난하는 이유나 근거는 찾아볼 수 없다. 더구나 사건의 전모가 밝혀지지 않은 상태에서 「…"네가

죽인 거야" 독설 왜」라고 제목을 단 것은 손씨의 친구 A씨를 가해자로 모는 동시에 국민의 관심이 쏠린 사망 사건을 흥미 위주로 접근한 선정적 편집 태도라는 지적을 피하기 어렵다.

아시아경제 5월 18일 자 「"A씨가 돌로 가격했다"…한강 실종 대학생 사건, 끊이지 않는 억측」 기사는 "한 누리꾼이 A씨 부모가 손씨를 찾기 위해 한강공원으로 향한 것이 아니라 A씨가 손씨를 가격할 때 사용한 돌을 찾기 위해 간 것이라고 주장했다"고 소개했다. 기사는 이 주장이 억측에 지나지 않는다고 비판하면서도 「"A씨가 돌로 가격했다"」고 누군가의 발언을 인용하는 형식으로 제목을 뽑았다.

머니투데이는 5월 10일 자 「"골든 건은 네 잘못"…'한강 대학생' 미스터리 풀 열쇠 될까」 제목의 기사에서 별다른 근거 제시 없이 '골든'의 뜻이 미스터리를 풀 열쇠가 될 수 있다는 식으로 보도했다. 머니투데이 5월 6일 자 「故손○○씨 업고 가는 친구? CCTV 보고 의혹 제기한 누리꾼」 기사에서는 이 영상이 조작이 의심된다는 전문가의 의견을 누락하고 누리꾼의 의혹만을 전달했다. 이보다 10시간 여 앞서 보도한 다른 매체들이 전문가의 의견을 함께 다뤘다는 점을 감안하면 오로지 흥미 위주로 접근한 것으로 여겨질 수밖에 없다.

신문윤리위는 "경찰의 수사가 좀처럼 진척이 없고, 갈수록 의심과 의혹만이 증폭되는 가운데 언론이 손씨 사망과 관련된 궁금증을 풀어내고자 하는 노력은 필요하다. 억울함을 호소하는 유가족의 입장도 무시할 수 없다"면서 "하지만 부모나 누리꾼이 제기한 의심, 의혹을 합리적 의심으로 볼만한 상당한 이유가 있는지, 의혹들이 사실일 가능성이 있는지 살펴보는 것이 중요한데도 언론은 이런 점을 간과하고 속보 경쟁에만 몰입했다"고 지적했다.

신문윤리위는 이어 "이번 손씨 사망 사건 보도는 언론의 자체 검증이 필요한 사안으로 보이지만, 게이트키핑이 적절하게 이뤄졌다고 보기 어렵다. 손씨의 친구에 대해 이미 회복 불가능할 정도의 심각한 피해가 우려되는 상황에서, 언론은 앞으로 유사한 사건에 적절히 대처해 나갈 보도 시스템을 구축해야 할 것이다"고 강조했다.

〈신문윤리, 제259호 1·3면(2021. 6.)〉

8. '몽니' 오용으로 기사내용 왜곡 잦아…뜻 정확히 알고 써야

제목에 남발되면서 오남용 사례 빈발
한쪽 일방적 비난하는 도구로 사용
서경·한경 '몽니' 표현에 '주의' 조처

　'몽니'는 '받고자 하는 대우를 받지 못할 때 내는 심술' 또는 '음흉하고 심술궂게 욕심부리는 성질'을 뜻하는 말이다. 신문기사에서 '몽니'라는 표현이 남발되면서 기사 내용이 과장·왜곡되는 사례가 잦다. 특히 '몽니' 용어가 특정 사안이나 대상의 문제점을 지적하면서 한쪽을 일방적으로 비난하는 도구로 활용되는 경향을 보이고 있어 '몽니' 오용을 바로잡는 데 노력해야 할 것으로 보인다.

　한국신문윤리위원회는 제962차 회의에서 서울경제 2월 4일 자 4면 「무늬만 특별법」에 지자체 몽니까지…3년째 새공장 삽도 못떠」, 한국경제 2월 17일 자 29면 「여수시의회 '몽니'에…미래에셋, 1兆 경도 개발사업 좌초 위기」 기사의 제목에 대해 각각 '주의' 조처했다. 제재 이유는 신문윤리실천요강 제10조 「편집지침」 ①(제목의 원칙) 위반이다.

　서울경제 기사는 반도체 산업을 전폭 지원하기 위해 반도체특별법까지 만들어놓고도 정부와 국회, 지방자치단체가 제 역할을 하지 않고 있다고 비판했다. 기사는 특히 제목에 '지자체 몽니'라는 표현을 써 SK하이닉스의 경기도 용인 반도체클러스터 구축 사업이 지연되고 있는 것을 지자체 탓으로 돌렸다.

　그러나 용인 클러스터를 조성하려면 수도권공장총량제, 환경영향평가, 경기도 산업단지계획 심의 등에 대한 관련 지자체간 협의를 거쳐야 하고, 토지 보상 문제도 주민 반발로 진통을 겪고 있는 상황이다. 이러한 현지 사정으로 공사가 늦어지는 것을 놓고 '지자체 몽니' 때문이라고 비판하는 것은 사실과 다르다고 할 수 있다.

　한국경제 기사는 여수시의회가 여수~경도를 잇는 진입도로 건설 예산을 전액 삭감해 미래에셋그룹의 '여수 경도 해양관광단지 개발사업'이 무기한 연기될 위기에 처했다고 전한 내용이다. 그러면서 제목에 '여수시의회 몽니'라는 표현을 넣어 미래에셋의 경도 개발사업이 여수시의회의 '몽니' 때문에 좌초될 위기에 처한 것처럼 읽히게 했다.

　그러나 여수시의회가 경도 개발사업을 반대하는 이유는 △부동산 투기 △경관 훼손 △교통 체증 △지역민 삶 피폐화 등 나름대로 설득력을 갖고 있는 것으로 보인다. 그런데도 제목에 '여수시의회 몽니'라는 표현을 쓴 것은 기업체의 논리만 대변한 것이라는 지적을 받을 수 있다.

　신문윤리위는 "편집자가 본문 내용을 과장, 왜곡해 제목을 달았다는 지적을 피하기 어렵다"면서 "이런 편집 태도는 신문의 정확성, 신뢰성을 훼손할 우려가 크다"고 지적했다.

　앞서 신문윤리위 제961차 회의에서도 제목에 '몽니' 표현을 쓴 매일경제, 머니투데이, 한국일보 등 세 신문의 기사가 '주의' 결정을 받았다. 매일경제 기사의 제목은 「3년 공들인 '조선빅딜' EU 몽니에 다시 표류」, 머니투데이는 「"LNG선 독점" EU 몽니, 현대重 '대우조선 인수' 물건너간다」, 한국일보는 「EU 몽니에…현대중-대우조선 합병 '좌초'」이다.

　이 기사들은 현대중공업과 대우조선해양 간 인수·합병(M&A)이 유럽연합(EU)의 불승인 결정으로 무산됐다는 소식을 다뤘다. 기사에 따르면 EU가 불승인 결정을 내린 이유는 현대중공업과 대우조선해양이 합칠 경우 LNG선 독과점이 우려되기 때문이다. 이는 어떤 면에서 타당성이 있는 이유인데도 제목에 'EU 몽니'라는 표현을 넣어 "기사 내용을 과장, 왜곡했다"는 지적을 받았다.

〈신문윤리, 제267호 2면(2022. 3.)〉

9. 대변인 · 의원 등 발언을 '윤 당선인 말'로 보도

인용부호 붙여 尹 발언처럼 제목
아주 · 브릿지경제 · 세계일보 등 '주의'

윤석열 대통령 당선인이 하지도 않은 발언을 마치 윤 당선인이 한 것처럼 바꿔 보도한 신문사에 제재가 내려졌다.

한국신문윤리위원회는 제963차 회의에서 아주경제 3월 22일 자 1면 「尹 당선인 "경제 발전에 진영·이념 없다"」, 3월 23일 자 세계일보 1면 「文 "안보 빈틈 없어야" 尹 "일하게 도와달라"」, 브릿지경제 1면 「文 "끝까지 책무 최선" 尹 "일하게 도와달라"」, 한국경제 3월 24일 자 A3면 「靑 "윤 의견 반영"/尹 "10分前 통보"」 기사의 제목에 대해 각각 '주의' 조처했다. 제재 이유는 신문윤리실천요강 제10조 「편집지침」 ①(제목의 원칙) 위반이다.

아주경제 기사는 윤석열 대통령 당선인과 전국경제인연합회를 비롯한 경제 6단체장들과의 오찬 회동을 보도하면서 큰 제목을 「尹 당선인 "경제 발전에 진영·이념 없다"」로 달았다. 그러나 기사 본문에는 윤 당선인이 이런 발언을 했다는 내용이 없다. 실제로도 윤 당선인이 오찬 회동에서 이런 취지의 발언을 했다는 내용은 알려진 바가 없다.

세계일보와 브릿지경제는 문재인 대통령과 윤 당선인이 대통령 집무실 이전 문제로 갈등을 빚고 있는 양상을 전하면서 큰 제목으로 각각 「文 "안보 빈틈 없어야" 尹 "일하게 도와달라"」, 「文 "끝까지 책무 최선" 尹 "일하게 도와달라"」로 뽑았다. 제목만 보면 윤 당선인이 "일하게 도와달라"고 말했다는 것인데, 이 발언은 김은혜 인수위 대변인이 인수위원회 오전 브리핑에서 한 발언이다.

한국경제 기사는 청와대와 윤 당선인 진영이 청와대의 이창용 국제통화기금(IMF) 아시아태평양 담당 국장의 한국은행 총재 후보자 지명을 놓고 갈등을 빚고 있는 상황을 다루면서 제목을 「靑 "윤 의견 반영/尹 "10분前 통보"」로 달았다. 윤 당선인이 "10분 전에 통보받았다"고 말했다는 것인데, 이 발언은 장제원 국민의힘 의원이 한 얘기다.

인용부호를 쓰며 특정인의 발언을 제목에 달 경우에 사실관계에 충실해야 하는 것은 저널리즘의 기본원칙이다. 더욱이 시기적으로 민감한 정권교체기에 윤 당선인 발언과 윤 당선인 쪽 인사들의 발언을 명확히 구분하지 않고 보도할 경우 혼란을 낳을 우려가 있다.

신문윤리위는 "다른 사람의 발언을 윤 당선인의 발언으로 바꾸거나 본문에도 없는 내용으로 제목을 단 것은 사실보도의 원칙에 어긋나고 기사 내용을 자의적 판단에 따라 과장·왜곡했다는 지적을 받을 수 있다"면서 "이 같은 보도는 언론의 객관성과 신뢰성을 해칠 우려가 있다"고 지적했다.

〈신문윤리, 제268호 2면(2022. 4.)〉

10. '노트북 뿌린 교육청 외국기업 배만 불려' 보도는 자의적

업체선정은 교육청 아닌 조달청 권한
보급제품 외국산 부각은 본질 벗어나
매일경제 일방적 기사 · 제목에 '주의'

한국신문윤리위원회는 제968차 회의에서 매일경제 9월 19일 자 1면 「무상노트북 뿌린 교육청 해외업체 배만 불려줬다」 기사와 제목에 대하여 신문윤리실천요강 제3조 「보도준칙」 ①(보도기사의 사실과 의견 구분), 제10조 「편집지침」 ①(제목의 원칙) 위반으로 '주의' 조처했다. 이 기사는 경남도교육청이 지난해 12월부터 올해 8월까지 도내 초중고생에게 대만 에이수스 노트북 29만4천대를 지급한 사업을 비판한 내용이다.

기사는 "경남도교육청이 '스마트기기 보급 사업'을 확대 추진하면서 대만 에이수스 노트북이 선정돼 논란이 일고 있다. 국민 혈세로 조성되는 지방재정교육교부금으로 외국기업 배만 불려줬다는 지적까지 나온다"고 썼다.

기사는 이어 입찰 당시 제품 사양의 '최저가' 기준에 가장 높은 점수를 부여한 결과 대만 제품이 선정될 수밖에 없었다고 주장한 뒤 "너무 무겁고 느려서 애들이 쓰지 않는다. 학교에서 이 같은 예산 낭비가 너무 많다"는 학부모 1인의 발언을 인용해 입찰 기준의 타당성과 사업 자체의 효용성을 문제 삼았다.

신문윤리위는 그러나 "학습 전용이어서 고사양이 필요치 않은 데다 우리 교육청이 제시한 사양은 교육부와 한국지능정보사회진흥원(NIA)이 제시하는 수준과 비슷하다. 업체 선정은 조달청의 고유 권한이어서 교육청이 관여할 수 없다"는 경남교육청 관계자의 해명을 토대로 기사의 주장이 일방적인 것이라고 지적했다.

신문윤리위는 "경남도교육청의 노트북 보급 사업과 입찰 기준의 타당성 등은 논란의 대상일 수는 있어도 일방적인 비난의 대상이 될 수는 없다고 할 수 있다"면서 "그럼에도 큰 제목과 기사 본문을 통해 '노트북 뿌린 교육청' '해외업체 배만 불려'라는 단정적이고 자극적인 표현을 통해 경남도교육청의 노트북 보급이 '쓸모없는 혈세낭비'라는 이미지를 극대화한 것은 지나치게 자의적이라는 지적을 피하기 어렵다"고 밝혔다.

신문윤리위는 또 방만한 교육 재정 문제나 특정 교육청의 사업은 그 자체로 검증을 받아야 할 문제이지 교육청이 보급한 제품이 외국산이라 해서 '해외업체 배만 불렸다'는 비판은 논란의 본질에서 벗어난 것이기도 하다고 지적했다.

〈신문윤리, 제273호 2면(2022. 10.)〉

11. "영화배우 음주사고" 오보 후 정정보도 없이 기사만 삭제

오보 드러났음에도 별다른 조치없어
다른 매체들 인용보도로 피해 확산
아시아경제, 언론책임 방기에 '주의'

"'40대 남자 영화 배우, 음주운전 입건' 오보였다." 다수의 인터넷 커뮤니티가 언론의 오보를 급하게 바로잡았다. 언론을 질타하는 목소리도 담겼다. 그러나 정작 오보를 낸 매체는 해당 기사를 슬그머니 내렸을 뿐 별다른 조치를 하지 않았다. 이 과정에서 오보는 커뮤니티와 인용 보도를 통해 급속히 퍼져나가 피해를 키웠다.

한국신문윤리위원회는 제973차 회의에서 아시아경제 온라인판 2월 14일 자 「[사건사고]40대 남성 영화배우 음주운전 사고로 입건」 제목의 기사에 대해 신문윤리강령 제2조 「언론의 책임」, 신문윤리실천요강 제10조 「편집지침」 ④(기사 정정) 위반으로 '주의' 결정했다.

이 기사는 '경관의 피', '블랙머니' 등 여러 편의 영화에 출연한 40대 배우가 음주상태로 운전 중 한남대교 남단 신호등을 들이받는 사고를 내 경찰에 입건됐다는 내용이다. 하지만 해당 사건으로 실제 입건된 사람은 배우가 아닌, 20대 남성으로 밝혀졌다.

매체는 문제의 기사를 보도하면서 출처조차 정확히 명시하지 않고 '아시아경제 취재 종합'이라며 기사의 신빙성을 강조했다. 그러다 뒤늦게 오보인 것으로 드러나자, 별도의 정정보도 없이 기사를 삭제했다. 이후 이 기사는 「한남대교 남단서 음주운전한 20대 남성 입건」이란 제목의 기사로 대체됐다.

그러는 동안 많은 매체들이 이 사건을 처음 알린 아시아경제 기사를 인용해 보도했고, 이 내용은 다양한 커뮤니티로 확산됐다. 그 탓에 기사가 언급한 두 영화에 출연했던 남자 배우들이 음주사고를 낸 남성으로 지목됐다. 이들은 언론을 통해 해명하느라 곤욕을 치렀다.

신문윤리위는 "아시아경제는 오보로 피해가 확산됐음에도 정정보도 등을 통해 보도기사의 오류를 바로잡으려 하지 않고 자사의 기사만 슬쩍 갈아끼워 혼란을 방치했다"며 "언론의 책임을 다하지 못한 이러한 보도태도는 신문의 신뢰를 훼손할 수 있다"고 제재사유를 밝혔다.

신문윤리위는 매체가 잘못된 기사를 삭제하더라도 후속조치가 없을 경우 언론의 책임을 다하지 않았다고 보고 제재할 수 있음을 이번 사례로 보여줬다.

〈신문윤리, 제278호 3면(2023. 3.)〉

12. '임종석 주택 특혜 의혹' 기사, 반론기회 안줘

임 전 실장 도덕성과 직결된 사안
국민일보, 당사자 명예훼손 '주의'

임종석 전 대통령 비서실장의 주택에 대한 특혜 의혹을 다룬 국민일보 기사에 대해 제재가 내려졌다. 제재 이유는 신문윤리실천요강 제3조 「보도준칙」 ③(반론의 기회) 위반이다.

한국신문윤리위원회는 제984차 회의에서 국민일보 2월 20일 자 「김경율 "임종석 평창동 주택/호형호제 동향 사업가 소유"」 제목의 기사에 대하여 '주의' 조처했다.

기사는 임종석 전 대통령 비서실장이 거주하는 서울 종로구 평창동 자택이 임 전 실장과 친분 있는 같은 고향 사업가의 소유라며 특혜 의혹을 제기한 김경율 국민의힘 비상대책위원의 주장을 전하고 있다.

김 비상대책위원 주장에 따르면 태려홀딩스 오너 김동석 회장과 임 전 실장은 같은 전남 장흥 출신으로 서로 호형호제하는 사이이고, 태려홀딩스가 평창동 주택을 매입하면서 대대적인 리모델링을 거친 뒤 임 전 실장이 이 집을 전세보증금 7억원을 주고 살고 있다. 김 비상대책위원은 태려홀딩스의 집 매입 시기와 가격 등에 비춰, 김 회장이 임 전 실장에 편의를 제공하고자 회사를 통해 주택을 매입했을 가능성 등에 의문을 품은 것이다.

이러한 의혹 제기는 임 전 실장의 도덕성 문제와 직결된 사안이다. 경우에 따라 임 전 실장의 명예를 훼손하고 4월 총선 출마 준비에 걸림돌이 될 수도 있는 사안이다. 기사는 그러나 임 전 실장의 해명을 듣고 지면에 반영하려는 노력을 기울이지 않았다.

신문윤리위는 "이 같은 보도는 기사의 객관성과 공정성을 해치고 나아가 신문에 대한 신뢰를 훼손할 우려가 있다"고 지적했다.

〈신문윤리, 제289호 2면(2024. 3.)〉

13. 강형욱 폭로성 비난 댓글, 반론 없이 쓴 기사는 '잘못'

직원 일방적 주장만 그대로 전달
뉴스1 등 9개 매체 무더기 '주의'

국민일보가 5월 20일 '추가 폭로' 기사에 실은 반려견
훈련사 강형욱과 보듬컴퍼니의 전 직원 A씨가 작성한
댓글 캡처사진(사진 아래쪽).

'개통령' 강형욱을 비난하는 직원의 주장과 폭로성 댓글을 기사화하면서 반론권을 보장하지 않은 온라인매체들이 무더기로 제재를 받았다.

한국신문윤리위원회는 제987차 회의에서 5월 19일과 20일 사이 강형욱 회사 직원의 폭로 글을 보도한 뉴스1 등 통신·온라인신문 9개사의 기사에 대해 신문윤리실천요강 제3조 「보도준칙」 ③(반론의 기회) 위반으로 각각 '주의' 조처했다.

이들 매체의 기사들은 5월 18일 직장인 어플리케이션인 잡플래닛에 강형욱이 운영 중인 회사 보듬컴퍼니의 직원과 전 직원들이 올린 회사 리뷰와 후속 폭로성 댓글 등을 소개하고 있다. 기사에 따르면 회사 평가와 댓글들은 "여기 퇴사하고 정신과에 계속 다님. 공황장애 불안장애 우울증 등", "부

관계인 대표, 이사의 지속적인 가스라이팅, 인격모독, 업무 외 요구사항 등" 모두 부정적인 내용이다.

또 "직원 동의 없이 메신저 싹 다 감시", "직원 괴롭힘" "변호사 불러 메신저 감시에 대한 동의서 강제 작성시키고 협박", "오랫동안 성실히 일한 직원을 소모품으로 생각하고 불만을 갖지 못하게 가스라이팅", "SNS로 직원들의 사생활 검열하며 CCTV 통해 수시로 직원들 감시", "직원들 전화상으로 정리해고"라는 주장을 그대로 옮겼다.

기사의 제목도 「직원이 강아지보다 못한 취급」, 「강형욱 "당신 개는 반드시 살생할 것"…교육받던 진돗개 견주에 막말 의혹」, 「"강형욱, 배변봉투에 스팸 6개 담아 직원 명절선물…치욕적" 퇴사자 폭로」, 「"메신저 감시에 직원 노예화"」, 「"부부가 직원 뒷담화"」 등으로 달았다.

이들 매체는 이처럼 기사와 제목을 통해 사실상 강형욱 측을 일방적으로 비난하는 글을 게재하면서도 KBS2가 이 논란으로 '개는 훌륭하다'를 결국 결방하기로 했다는 소식을 전할 때까지 이틀 동안 당사자인 강형욱과 보듬컴퍼니 측 해명이나 반응은 전혀 다루지 않았다.

이후 강형욱 훈련사와 부인 수잔 엘더가 사안이 불거진 지 7일만인 5월 24일 오후 유튜브 채널 '강형욱의 보듬TV'에 약 1시간 분량의 영상을 올려 사과와 해명을 내놓기까지 각종 의혹을 재생산했을 뿐이다.

이와는 달리 상당수 언론은 "강 훈련사측은 반응이나 입장을 내놓지 않고 있다"거나 "접촉을 시도했으나 연락이 닿지 않고 있다"는 내용으로 강 훈련사의 입장을 기사에 반영하려 노력했다.

신문윤리위는 "특정인에 대해 일방적으로 비난하는 기사에 반론권을 보장하지는 않는 것은 기사의 공정성, 형평성을 해칠 수 있고, 언론의 신뢰를 훼손할 수 있다"고 제재 이유를 밝혔다.

〈신문윤리, 제292호 1면(2024. 6.)〉

제4절
의견과 사실 혼동

1. 편집자 판단 · 일방적 주장, 사실인양 의견성 · 단정적 보도 제재

'북 원전 건설' 문건 야당 의혹 제기에
'선 넘은' '구태' '무리수' 등 제목 달아
'환상 못버린' '자충수' 표현도 단정적
경향 · 문화 · 한겨레 · 내일신문에 '주의'

사실과 의견 구분은 언론보도의 기본원칙이다. 이 원칙이 흔들리면 기사의 정확성, 객관성, 공정성을 해칠 위험이 크다.

특히 스트레이트 기사는 가능한 진실에 가까운 사실을 있는 그대로 균형있게 보도해야 한다. 기자 개인의 주관적 판단이나 신문사의 입장을 앞세운 나머지 사실과 의견을 적당히 얼버무려 자기 입맛에 맞추는 기사를 작성하면 사실을 과장하거나 왜곡하는 결과가 된다. 그 정도가 지나치면 '가짜뉴스'가 될 수 있다.

한쪽 주장이나 의견을 객관적 사실인 것처럼 단정적으로 보도한 제목과 기사들이 무더기로 제재를 받았다. 제재 사유는 신문윤리실천요강 제3조 「보도준칙」 ①(보도기사의 사실과 의견구분)과 제10조 「편집지침」 ①(표제의 원칙) 위반 등이다.

한국신문윤리위원회는 제951차 회의에서 경향신문 2월 1일 자 1면 「불가능한 '북 원전'…선 넘은 정치 공세」, 4면 「"이적행위" 북 원전 기정사실화…국민의힘, 또 구태 이념몰이」, 문화일보 2월 3일 자 4면 「"김정은 비핵화 의지 신뢰"…환상 못버린 정의용의 對北인식」, 한겨레 2월 11일 자 3면 「"내가 박원순이다"/우상호의 자충수」 기사의 제목, 내일신문 2월 3일 자 3면 「무리수 잦으면 역풍 부는데…국민의힘 '위태'」 기사와 제목에 대하여 각각 '주의' 조처했다.

경향신문은 산업통상자원부의 '북한 원전 건설' 문건과 관련한 정치권 공방을 다룬 2건의 기사에서 큰 제목으로 「불가능한 '북 원전'…선 넘은 정치 공세」, 「"이적행위" 북 원전 기정사실화…국민의힘, 또 구태 이념몰이」를 각각 달았다. 제목에서 보

듯 기사는 '북한 원전 건설'과 관련해 각종 의혹을 제기하고 있는 야당에 비판적이다.

'북한 원전 건설 추진' 검토 보고서는 산업부 공무원이 작성한 것으로 밝혀졌고, 산업부 공무원이 북한 원전 건설 자료를 삭제한 이유 등은 의문으로 남아있는 만큼 논란의 소지가 있는 것은 사실이다. 정부 여당은 아이디어 차원이었다고 주장했으나 북한 원전 건설을 검토했다는 사실 자체는 실현 가능성 여부를 떠나 야당으로선 의문을 제기할 수 있는 사안이라고 봐야 할 것이다.

편집자는 이런 사정을 무시하고 야당의 의혹 제기를 겨냥해 1면 기사에서 「선 넘은 정치 공세」, 4면 기사에선 「국민의힘, 또 구태 이념몰이」라는 제목을 달았다. 야당의 의혹 제기가 지나치고 해묵은 정치 공방을 키우고 있다는 것이다. 그러나 1면 기사 제목의 '선 넘은' 표현은 기사 본문에는 없는 내용이다. 야당의 정치 공세가 '선을 넘었다'는 표현은 편집자의 판단이 개입된 것으로 여겨진다. 4면 기사 제목 중 '구태 이념몰이' 표현은 "구태정치"라는 청와대와 여당의 반응에 "시대착오적 이념논쟁으로 확전될까 우려하는 시선"이라며 소개한 "정치권 안팎의 시선"을 짜깁기한 것인데도 인용부호 없이 단정적으로 표현했다.

문화일보는 정의용 외교부 장관 후보자가 국회 인사청문회 서면 답변서에서 북한의 비핵화 의지를 긍정 평가한 것 등에 대해 주호영 국민의힘 원내대표가 국회 대표연설에서 ""허망한 대북 환상에서 이제는 벗어나십시오"라며 문재인 대통령의 대북 정책을 정면 비판했다"고 보도하면서 큰 제목을 「"김정은 비핵화 의지 신뢰"…환상 못버린 정의용의 對北인식」이라고 달았다. '환상'이란 표현은 주 원내대표의 일방적인 주장일 뿐인데도 인용부호도 없이 단정적인 제목을 뽑았다.

한겨레 기사는 더불어민주당 서울시장 예비후보인 우상호 의원이 페이스북을 통해 고 박원순 전 서울시장의 배우자가 '남편의 무고함'을 주장한 것

에 동조하며 "박원순 시장은 제게 혁신의 롤모델이었고 민주주의와 인권을 논하던 동지였다"는 등의 입장을 밝힌 것을 비판적인 시각으로 다뤘다. 기사는 "당 안팎에선 '2차 가해'라는 비판과 함께 '정치적 무리수'라는 지적이 나온다"고 전하면서 "박영선 후보가 정책 위주로 가는 상황에서 차별화 전략을 찾다보니 무리수를 던진 듯하다"는 윤태곤 의제와전략그룹 '더모아' 정치분석실장의 언급을 덧붙였다.

편집자는 기사의 큰 제목에 '우상호의 자충수'라는 표현을 넣었고, 작은 제목 중 하나에는 「세 밀리자 지지층 결집 무리수」라고 인용부호도 없이 달았다. 그러나 기사 본문에는 '자충수'라는 표현이 없고, 우 의원의 언행이 당 안팎에서 비판을 받는다고 해서 우 의원이 자충수를 두었다고 볼 수 있을지도 의문이다. '무리수' 표현은 윤태곤 실장의 개인 의견이다. 이러한 제목은 서울시장 보궐선거 예비후보로서 치열한 경쟁을 벌이고 있던 우 의원

에게 불리하게 작용할 가능성이 있었다.

내일신문 기사는 국민의힘이 산업부 '북한 원전 건설' 문건에 의혹을 제기하는 것 등을 두고 "무리수라는 지적이 잇따르고 있다", "또 다른 무리수라는 지적이다"등으로 기술했다. 그러나 야당의 의혹 제기를 '무리수'로 평가절하하는 것은 공정한 시각의 보도라고 하기 어렵다. 또한 제목의 '국민의힘 위태' 표현은 국민의힘이 4·7 보궐선거를 앞두고 유리한 분위기를 조성하기 위해 억지 주장을 남발해 오히려 선거를 그르치고 있다는 인상을 갖게 할 소지가 크다.

신문윤리위는 "이러한 기사와 제목은 사실의 전모를 충실하게 전달했다고 보기 어렵다"며 "기사 작성 과정에 편견이 개입되거나 사실을 왜곡하는 것은 아닌지 경계해야 한다"고 지적했다.

〈신문윤리, 제256호 1면(2021. 3.)〉

2. 의견·주장을 객관적 사실처럼 포장한 제목·기사 제재

조선 '민주, 檢수사 원천봉쇄 시도'
대구신문 '洪, 자기식 정치 度넘었다'
서경 '문 정부 5년간 노동개혁 전무'
주관적 편견 따른 과장·왜곡에 '주의'

사실과 의견을 뭉뚱그려 사실을 과장하거나 왜곡하는 보도 행태가 여전하다. 사실과 의견을 명확히 구분하지 않고 특정 의견이나 주장을 객관적 사실인 양 각색한 기사들에게 제재가 내려졌다.

한국신문윤리위원회는 제963차 회의에서 서울경제 3월 15일 자 1면 「5년간 노동개혁 전무… "노동 유연성 시급한 과제"」 제목의 기사와 대구신문 3월 16일 자 1면 「총선·대선 이어 대구시장 출마 선언 "洪, 자기식 정치 度넘었다"」, 조선일보 3월 24일 자 A4면 「민주당, 대장동·원전〈월성 경제성 조작〉·울산〈시장선거 개입〉 檢수사 원천봉쇄 시도」 기사의 제목에 대해 각각 '주의' 조처했다. 신

문윤리실천요강 제3조 「보도준칙」 ①(보도기사의 사실과 의견 구분), 제10조 「편집지침」 ①(제목의 원칙)을 위반했기 때문이다.

서울경제는 출범을 앞둔 윤석열 정부의 '노동개혁' 문제를 다루면서 "윤 정부는 친(親)노동 정책을 밀어붙이며 5년 동안 노동 개혁의 구호가 사라졌던 문재인 정부와 다른 길을 갈 것으로 전망된다"고 기술하며 '문재인 정부 5년 동안 노동 개혁 구호가 사라졌다'고 보도했다. 큰 제목에도 '5년간 노동개혁 전무'라는 표현을 썼다. 문재인 정부에서는 노동개혁이 없었다는 뜻이다.

그러나 이는 지나친 확대해석이다. 문재인 정부가 재계가 줄곧 요구한 '노동 유연성 증진'에 무게 중심을 두지 않은 것은 사실이나, 기사에 거론된 주 52시간 근로제, 최저임금제, 중대재해법 외에 비정규직의 정규직화, 공공기관 노동이사제 등 여러 가지 노동개혁 정책을 시행했다. 이러한 정책들이 산업계를 중심으로 '친(親) 노동정책', '친(親)

노조정책', '반(反) 기업정책' 등의 비판을 받는다고 해서 '노동개혁이 전무했다'고 할 수 없다.

　　대구신문 기사는 국민의힘 홍준표 의원이 대구시장 출마를 선언한 것을 비판했다. 기사의 큰 제목 「총선·대선 이어 대구시장 출마 선언 "洪, 자기식 정치 度넘었다"」는 기사의 맨 끝 문장 "(지역 정치권의 또 다른 관계자도)'높은 지지율을 등에 업은 홍 의원의 자기식 정치가 도를 넘은 것 같아 안타깝다'라고 지적했다"에서 가져온 것으로 보인다.

　　그러나 익명의 1인, 그것도 홍 의원과 이해관계가 상충될 가능성이 있는 지역 정치인의 '자기식 정치가 도를 넘었다'는 일방적 주장을 여과 없이 그대로 기사 전체를 아우르는 큰 제목으로 인용한 것은 지나치게 자의적이라는 지적을 피하기 어렵다.

　　조선일보는 더불어민주당이 검찰의 수사와 기소를 분리하는 이른바 '검수완박' 법안을 처리하려는 움직임과 국민의힘 반응을 전하는 기사를 1면과 4면에 나눠 실으면서 4면 기사의 제목을 「민주당, 대장동·원전〈월성 경제성 조작〉·울산〈시장선거 개입〉檢수사 원천봉쇄 시도」로 달았다. 민주당이 '검수완박' 법안으로 대장동, 원전, 울산 사건에 대한 검찰 수사를 원천봉쇄하려고 시도한다고 단정한 것이다.

　　이 제목은 "국민의힘은 '공공 기관 인사 알박기에 이어 검찰에는 수사를 못 하도록 대못 박기를 하고 있다'고 비판했다. 특히 월성 원전 경제성 평가 조작, 울산시장 선거 개입 사건 등 현 정권 관련 수사와 이재명 전 경기지사 관련 대장동 의혹 수사를 사전에 차단하려는 시도로 의심하고 있다"는 1면 기사의 기술을 토대로 뽑은 것으로 보인다. 그러나 '민주당의 검찰 수사 원천봉쇄 시도'는 국민의힘 주장이거나 의심일 뿐 객관적으로 확인된 사실이 아니다. 기사 본문에도 '민주당의 검찰 수사 원천봉쇄 시도'를 단정할 만한 근거는 제시되지 않았다.

　　신문윤리위는 "이러한 기사는 객관적 보도의 범주를 벗어나 주관적 의도나 편견에 따라 사실을 과장, 왜곡했다는 의심을 살 소지가 있으므로 기사의 객관성과 공정성을 해치고 나아가 신문에 대한 신뢰를 훼손할 우려가 있다"고 밝혔다.

〈신문윤리, 제268호 1면(2022. 4.)〉

제5절
부적절한 제목

1. 코로나19 첫 사망자 발생에 '전국 방역망 붕괴' 과장 제목

기사 내용을 자의적으로 확대 해석
독자에 불필요한 불안감 · 공포심 조장
매일경제, 재난보도준칙 위반 '주의'

재난보도는 단순히 사실을 전달하는 것에 그쳐선 안 된다. 사회적 혼란을 야기하지 않도록 노력하고, 피해를 최소화하는 데 도움이 돼야한다. 언론단체들이 지난 2014년 제정한 재난보도준칙도 이 점을 강조하고 있다. 때문에 재난보도는 기존의 저널리즘을 넘어서 계몽성과 예방성, 전문성이 요구된다.

특히 언론은 재난 상황을 과장해서 보도할 경우 독자들에게 불필요한 불안감을 조성할 수 있음에 유의해야 한다. 그러나 코로나19 사태 보도와 관련해 일부 언론에선 재난보도준칙을 제대로 지키지 않는 사례도 나타나고 있다.

한국신문윤리위원회는 제940차 회의에서 매일경제가 2월 21일 자 1면에 보도한 「코로나 국내 첫 사망… 전국 방역망 붕괴」 기사의 제목에 대해 '주의' 결정을 내렸다. 기사 제목이 신문윤리강령 제2조 「언론의 책임」, 신문윤리실천요강 제3조 「보도준칙」, ⑥(재난보도), 제10조 「편집지침」 ①(표제의 원칙)을 위반했기 때문이다.

매일경제 기사는 "코로나19 국내 첫 사망자가 나와 방역당국에 초비상이 걸렸다"는 내용이다. 기사는 폐렴으로 사망한 60대 남성이 사후 검사에서 코로나19 양성 판정을 받았고, 보도 이전 이틀간 확진자가 70명 이상 폭증해 환자가 107명으로 대폭 늘었다고 보도했다. 그런데 편집자는 기사 큰 제목을 「코로나 국내 첫 사망… 전국 방역망 붕괴」로 뽑았다. 확진자가 크게 늘고 사망자가 처음으로 나온 것을 두고 전국 방역망이 무너졌다고 해석하고, 단정적인 표현으로 제목을 단 것이다. 조만간 엄청난 사태가 발생할 수 있다는 위기감을 갖게 하는 표현이다.

그러나 기사 본문에는 '붕괴'라는 표현도 없고, 전국 방역망이 뚫렸다고 볼만한 내용도 없다. 기사에 "어디서 누구한테 감염됐는지 경로가 모호한 환자가 속출해 지역사회 감염이 급속도로 확산되고 있다"는 기술이 있으나, 기사는 이를 불안감이 커지는 원인으로 보고 있을 뿐이다. 따라서 '지역사회 감염 확산'을 '감염을 막기 위한 전국 체계 붕괴'로 확대 해석한 기사 제목은 지나친 논리비약이며 사실관계를 과장 혹은 왜곡했다는 지적을 피하기 어렵다.

이러한 제목 내용은 독자에게 불필요한 불안감과 공포심을 조장할 수 있다는 점에서 재난보도준칙에도 어긋난다.

재난보도준칙은 전문에서 "사회적 혼란이나 불안을 야기하지 않도록 노력해야 한다"고 밝히고 있다.

신문윤리위는 "매일경제 기사는 정확성이 강조되는 재난상황 보도에서 지나치게 자극적인 제목으로 사안을 과장, 왜곡했다는 지적을 피하기 어렵다"며 "이러한 보도 태도는 신문의 신뢰성을 훼손할 수 있다"고 제재 이유를 밝혔다.

〈신문윤리, 제245호 1면(2020. 3.)〉

2. '산행서 김명수 대법원 윤곽'…기사에 없는 왜곡 제목 제재

기사엔 '박시환 전 대법관 추대' 뿐
김명수 대법원장은 언급조차 안돼
조선, 객관 사실 벗어난 제목 '주의'

한국신문윤리위원회는 제940차 회의에서 조선일보가 2월 3일 자 A14면에 보도한 「3년전 판사 5명 山行서 '김명수 대법원' 윤곽 그려졌다」 기사의 제목에 대해 신문윤리실천요강 제3조 「보도준칙」 ①(보도기사의 사실과 의견 구분), 제10조 「편집지침」 ① (표제의 원칙) 위반으로 '주의' 결정을 내렸다.

조선일보 기사는 양승태 대법원장 퇴임 7개월 전에 있었던 핵심 '진보 판사'들의 '산행'을 다루고 있다.

기사에 따르면 2017년 2월 박시환 전 대법관과 산행을 함께 한 이탄희, 김기영, 김영식 등 진보 판사 5명은 당시 '박 전 대법관을 차기 대법원장으로 추대'했고, 박 전 대법관은 "생각이 없다"며 전수안·김지형 전 대법관이 적임자라고 말했다. 이는 '양승태 대법원'을 수사했던 검찰의 수사기록 등에는 나온 사실이라고 기사는 기술하고 있다. 그 시점은 박근혜 대통령의 탄핵 심판 선고를 한 달 앞뒀고, 양승태 대법원장의 임기가 7개월 남아 있을 때였다. 기사가 이들의 '산행'과 관련해 다루고 있는 팩트는 이 뿐이다.

그러나 편집자는 기사 큰 제목을 「3년 전 판사 5명 산행서 '김명수 대법원' 윤곽 그려졌다」로 달았다. 작은 제목은 「5인방 등산모임서 무슨 일이」, 「양승태 퇴임 7개월 전 논의 드러나」이다.

제목만 보면 이들 판사들이 양승태 대법원장 퇴임 7개월을 앞둔 3년 전 산행에서 현재의 '김명수 대법원'의 윤곽을 그렸다는 단정적인 내용이다.

그러나 산행에서 오간 대화만으로 '김명수 대법원'의 밑그림이 그려졌다고 단정하는 것은 지나친 예단이다. 기사에 따르면 당시 산행에서 대법원장 적임자로 지목된 인물은 박 전 대법관이며, 김명수 대법원장과 관련한 발언은 없었다. 박 전 대법관은 2017년 8월경 신임 대법원장 후보로 거론됐으나 고사한 것으로 다수 언론에 보도됐다. 따라서 당시 산행에서 '김명수 대법원'의 윤곽이 그려졌다는 것은 앞뒤가 맞지 않는 일이다. 기사는 또 당시 산행 참석자들의 이력과 영향력, 서로와의 관계, 새 정부 출범 후 승승장구한 점 등을 상세히 소개하고 있지만, 그러한 정황도 이 제목을 뒷받침할 객관적인 근거는 못된다. 게다가 박 전 대법관은 기사에서 당시 추대 문제에 대해 "후배 판사들이 덕담 차원에서 한 것 같지만 진지하게 받아들이지 않았다"고 주장하고 있다.

신문윤리위는 "위 제목은 기사 본문의 내용을 대표한다고 보기 어려우며 객관적 사실관계에 근거한 것으로도 볼 수 없다"며 제재 이유를 밝혔다.

〈신문윤리, 제245호 2면(2020. 3.)〉

3. '파탄 난 경제' 제목, 지나치게 자의적·과장된 표현

문화일보 '反시장' 기사 제목 '주의'
객관적 표현으로 독자 이해 도와야

'코로나19' 여파 등으로 경제에 대한 우려로 국내외 경제 상황을 점검하는 보도가 증가하는 가운데 지나치게 자의적이고 과장된 표현을 쓴 기사 제목이 제재를 받았다.

한국신문윤리위원회는 제942차 회의에서 문화일보 4월 21일 자 9면 「고용 절벽·내수 위축…反시장 정책으로 파탄난 경제」 기사의 제목에 '주의' 조처했다. 신문윤리강령 제2조 「언론의 책임」과 신문윤리실천요강 제10조 「편집지침」①(표제의 원칙)을 위반한 데 따른 것이다.

문화일보 기사는 4·15 총선에서 여당이 압승을 거둔 뒤 정부 여당의 정책을 점검한 시리즈 중 세 번째로, 이른바 '反시장 정책'을 다룬 것이다.

기사는 리드에서 "주요 경기 지표로 본 문재인 정부 3년의 경제성적은 후한 점수를 줄 수 없는 상황이다. 고용과 분배가 악화했고, 재정건전성도 나빠졌다. 전문가들은 반시장, 친노조 경제 정책을 펼친 결과라고 지적한다."라고 썼다. 그러면서 고용원 없는 자영업자의 증가, 처분가능소득 5분위 배율 확대, 국가채무 증가 등 통계청의 여러 지표를 근거로 제시했다.

신문윤리위가 문제 삼은 것은 기사의 내용이 아니라 제목의 '파탄난 경제'라는 표현이다. 윤리위는 "경제 악화가 이른바 '反시장 정책'에서 비롯됐다는 주장의 합리성은 논외로 치더라도 우리 경제가 이미 파탄이 났다는 단정적 표현은 지나치게 자의적이며 과장됐다는 지적을 피할 수 없다."라고 지적했다. 기사 속에는 이 같은 표현이 사용되지 않았다.

신문윤리위는 또 "정치권의 말 공방을 다룬 기사의 경우 경제 상황에 대한 과장되고 추상적인 표현이 오가기도 한다"면서 "하지만 경제 상황을 다루는 기사의 경우는 독자들이 상황을 바르게 이해할 수 있도록 한층 더 객관적이고 논리적이어야 하며 적확한 표현이 요구된다"고 강조했다.

〈신문윤리, 제247호 2면(2020. 5.)〉

4. 야당대표·전문가 발언 짜깁기해 '범야권' 의견처럼 제목

두 사람 발언 한 인용부호 안에 처리
한경 '공정경제3법' 기사 제목 '주의'

한국신문윤리위원회는 제946차 회의를 열어 한국경제 9월 21일 자 A5면「범야권 "기업 말 들어 뭐하겠냐는 김종인, 보수당 대표 자격 있나"」 기사의 제목에 대하여 '주의' 조처했다. 신문윤리실천요강 제3조 「보도준칙」①(보도기사의 사실과 의견 구분), 제10조 「편집지침」①(표제의 원칙)을 위반한 데 따른 것이다.

한국경제 기사는 김종인 국민의힘 대표가 이른바 '공정경제 3법' 중 공정거래법·상법 개정에 찬성 의견을 밝힌 뒤 재계의 반발을 사고 있는 가운데 그의 입장과 당내 움직임 등을 비판적으로 조명한 내용이다.

문제가 된 것은 큰 제목 「범야권 "기업 말 들어 뭐하겠냐는 김종인, 보수당 대표 자격 있나"」다.

'기업 말 들어 뭐 하겠냐'는 표현은 일주일 전인 9월 14일 한국경제가 국회 비대위원장실에서 김 위원장과 인터뷰하는 가운데 김 위원장이 발언한 내용("정치하는 사람이 기업 말을 들어서 무슨 일을 하겠느냐")을 가져다 쓴 것이다. 위 기사에도 인용돼 있다.

'보수당 대표 자격 있나'는 표현은 기사 맨 끝 "최준선 성균관대 법대 교수는 "공정경제 3법은 시장 경쟁을 촉진한다는 그럴듯한 포장으로 기업의 경영활동을 옥죄는 법"이라며 "기업의 자유를 옥죄는 정치인은 보수당 대표의 자격이 없다"고 비판했다."에 들어있다.

한국경제는 김 위원장의 인터뷰 내용과 최 교수의 발언을 뭉뚱그려 마치 두 사람의 발언이 범야권의 입장을 대변하는 것처럼 제목을 뽑았는데, 사실 관계에 부합한다고 보기 어렵다.

신문윤리위는 "김 대표와 최 교수가 한 발언의 주체를 '범야권'으로 표기한 것은 사실과 다르며, 화자가 다른 두 발언을 한 문장으로 묶어 직접 인용부호 처리한 것도 변칙적인 편집 태도로 지적될 수 있다."고 밝혔다.

<신문윤리, 제251호 2면(2020. 10.)>

5. '오피스텔 불패' '저가매수 기회'… 본문과 다른 과장 제목 제재

매경 부동산 · 한경 주식 재테크 기사
본문에 없는 내용으로 투자 부추겨
선의의 독자 · 투자자 피해 우려 '주의'

거짓을 사실인 것처럼 꾸민 허위보도나 사실보다 크게 부풀린 과장 보도는 독자에게 피해를 줄 수 있다. 신문윤리강령에서 기사 작성시 사안의 전모를 정확히 확인해 충실하게 보도하고, 기사 제목이 기사 내용을 과장하거나 왜곡하지 말도록 규정한 이유다.

기사 내용과 다른 제목을 달아 자칫 독자로 하여금 잘못된 판단을 하게 해 피해를 줄 우려가 있는 것으로 지적된 신문 보도 2건이 제재를 받았다.

한국신문윤리위원회는 제961차 회의에서 1월 21일 자 매일경제 B1면 「아파트 대체상품 '오피스텔'…강남 · 도심권 고르면 불패 예약」, 한국경제 A25면 「고점대비 30% 빠진 엔터株…"저가 매수 기회"」 기사의 제목에 대해 각각 '주의' 조처했다. 제재 사유는 신문윤리실천요강 제3조 「보도준칙」 ①(보도기사의 사실과 의견 구분), 제10조 「편집지침」 ①(제목의 원칙) 위반이다.

매일경제 기사는 재테크 섹션 1면에 실린 기사로, 한 개 면을 할애해 오피스텔 청약 문제를 다뤘다. 기사는 "아파트 청약 진입장벽이 높아지면서 대체 상품인 오피스텔을 통해 내집 마련에 나서는 수요자들이 늘고 있다"면서 서울을 비롯한 수도권의 오피스텔 분양 현황을 소개한 뒤 오피스텔 투자의 장 · 단점을 짚었다. 기사에 인용된 전문가 3인의 발언에는 '묻지마 투자'나 '추격 매수'는 신중해야 한다는 등 주의해야 할 사항도 포함돼 있었다.

그런데 편집자는 기사의 큰 제목을 「아파트 대체상품 '오피스텔'…강남 · 도심권 고르면 불패 예약」으로 달았다. 강남과 도심권의 오피스텔에 투자하면 절대 실패하지 않는다는 뜻이다. 그러나 기사 본문에는 오피스텔 투자의 장 · 단점을 열거했을 뿐 '강남과 도심권의 오피스텔에 투자하면 실패하지 않는다'는 내용은 없다.

한국경제 기사는 엔터테인먼트 관련 주가를 분석하는 내용이다. 기사는 엔터테인먼트 주가가 오미크론 변이 확산과 미국 중앙은행(Fed)의 조기 긴축 예고로 금리가 급등한 것이 '겹악재'로 작용하면서 내리막길을 걷고 있으나 증권업계에서는 안정적인 본업 대비 낙폭이 과도하다며 저가 매수를 노릴 만하다는 조언이 나온다고 전하고 있다.

편집자는 기사 큰 제목을 「고점대비 30% 빠진 엔터株…"저가 매수 기회"」로 뽑았다. 특히 '저가 매수 기회' 표현에 큰 따옴표를 달아 누군가 "엔터株를 저가에 매수할 기회"라고 말한 것처럼 묘사했다. 그러나 기사 본문에는 이런 내용을 뒷받침하는 발언이 없다. 기사에 인용된 전문가 발언은 증권회사 연구원 한 사람에 불과하며 그나마 중립적인 내용에 그치고 있다.

편집자는 기사 본문의 '증권가에서 저가 매수 기회라는 조언이 나온다'는 내용을 근거로 제목에 '저가 매수 기회'라는 표현을 쓴 것으로 보이나, 뚜렷한 근거 없이 관련 주식 매입을 권유하는 내용의 제목을 붙였다는 지적을 피하기 어렵다.

신문윤리위는 "부동산, 주식 투자 관련 기사에서

본문과 다른 내용으로 투자를 부추기는 제목을 달 경우 자칫 선의의 독자에게 피해를 줄 우려가 있다"고 밝혔다. 윤리위는 이어 "이런 제목 달기는 편집자가 자의적 판단에 따라 과장·왜곡했다는 지적을 받을 소지가 크다"면서 "이 같은 보도는 보도의 객관성과 신뢰성을 훼손할 수 있다"고 지적했다.

〈신문윤리, 제266호 1면(2022. 2.)〉

6. '증시 내팽개친 국민연금' '김일병 중금속 물' 제목 과장

지나치게 자의적 표현 독자 오인
서울경제 · 한국일보 보도에 '주의'

　한국신문윤리위원회는 제969차 회의에서 서울경제 10월 4일 자 1면 「30조 쥐고도…증시 내팽개친 국민연금」 기사의 제목과 한국일보 10월 12일 자 1면 「김일병은 오늘도 '중금속 물'을 마셨다」 기사의 제목에 대하여 각각 '주의' 조처했다. 신문윤리실천요강 제10조 「편집지침」 ①(제목의 원칙)을 위반한 것으로 인정된 데 따른 것이다.

　서울경제 기사는 국민연금이 국내 주식투자 비중을 낮추고 있는 것을 비판하는 내용으로 "900조 원 이상의 자산을 운용하는 국내 증시의 최대 큰손 국민연금이 매도로 일관하며 한국 증시의 안정성을 오히려 해치고 있다는 목소리가 커지고 있다. 국민연금은 전체 운용 자산 중 올해 국내 주식 비중을 지난해의 16.8%에서 16.3%로 낮추고도 목표 비중보다 1%포인트 이상 낮게 국내 주식에 투자하고 있는 것으로 드러났다"고 썼다.

　신문윤리위는 "국민연금이 국내 주식투자 비중 낮춘 것은 설립 이후 해외 주식 투자 수익률이 국내 주식 투자 수익률을 크게 상회해 수익률 극대화 차원에서 '기금 운용 중기 자산 배분안'에 따라 이뤄진 것"이라며 "국민연금이 주가를 떠받치는 기관이 아님에도 마치 마땅히 해야 할 의무를 저버렸다는 듯 「증시 내팽개친 국민연금」, 「불난 국내 증시에 기름 부어」 같은 자극적인 표현으로 맹비난한 것은 지나치게 자의적"이라고 지적했다.

　한국일보 기사는 군에서 식수로 보급 중인 군용수의 오염 문제를 다룬 것으로 "올해 2분기 군용수도 752건을 검사한 결과 적합 658건(87.5%), 부적합 94건(12.5%)으로 나타났다" "먹는 물 수질검사 결과 10곳 중 1곳은 먹으면 안 되는 물이었고 비소나 망간 등 중금속이 검출되기도 했다"고 썼다.

　신문윤리위는 "그래픽에 나와 있는 비소·망간 검출 건수를 기준으로 할 경우 올 2분기 중금속 오염수(육군 기준 6건) 비율은 0.8%로 1%가 안되는 수준"이라며 "「김일병은 오늘도 '중금속 물'을 마셨다」는 제목은 마치 군 장병들이 매일 중금속에 오염된 물을 마시고 있는 것으로 오인할 수 있는 잘못된 표현"이라고 지적했다.

　신문윤리위는 "군용수도의 중금속 오염은 군 장병의 건강과 직결되는 중대 사안이며 많은 국민, 특히 자식을 군대에 보낸 부모 등 가족에게 큰 불안을 줄 수 있는 민감한 문제인데도 정확한 중금속 오염수 비율은 제시하지 않은 채 막연하게 자극적이고 과장된 표현을 큰 제목에 쓴 것은 군용수도 검사가 부실해 실제로는 중금속 오염수가 더 많을 수 있다는 점을 고려하더라도 지나치게 자의적인 보도 태도"라고 덧붙였다.

〈신문윤리, 제274호 2면(2022. 11.)〉

7. 객관적 근거 없이 '기업 줄도산 시작'…기사 · 제목에 '주의'

기사는 '도산 본격화' '향후 전망' 혼재
서울경제, 경제현상 자의적 분석

한국신문윤리위원회는 12월 7일 제970차 회의에서 서울경제 11월 9일 자 1면 「파산 석달째 증가…기업 줄도산 시작됐다」 제목의 기사에 대해 '주의' 조처했다. 신문윤리실천요강 제3조 「보도준칙」, ①(보도기사의 사실과 의견 구분), 제10조 「편집지침」, ①(제목의 원칙)을 위반한 것으로 인정된 데 따른 것이다.

서울경제 기사는 고금리와 경기 악화로 기업 도산이 늘고 있다는 내용을 다룬 것으로 "금리 · 물가 · 환율 등 '3고(高) 사태'로 기업들의 자금 사정이 악화하는 가운데 경기 침체의 어두운 그늘까지 드리우면서 한계 기업들의 줄도산이 본격화했다는 우려가 나온다"고 썼다.

편집자는 이에 큰 제목을 「파산 석달째 증가…기업 줄도산 시작됐다」고 달아 '줄도산 시작'을 기정사실로 표현했다.

신문윤리위는 "'줄도산'이란 '어떤 기업이 쓰러질 때 그 영향으로 다른 기업들도 도미노처럼 차례로 쓰러지는 상황'을 말한다"며 "이 같은 사태가 이미 '시작됐다'는 것은 한국경제가 걷잡을 수 없는 파국으로 치닫고 있다는 의미로 받아들여진다"고 지적했다. 신문윤리위는 "이 같은 표현은 가계 · 기업 등 경제주체들의 심리에 큰 공포감을 주어 이들의 경제행위와 국가 경제를 혼란에 빠뜨릴 위험성까지 있는 충격적이며 자극적인 표현이어서 선택에 매우 신중해야 한다"고 강조했다.

기사는 '줄도산 본격화'를 뒷받침하는 근거로 △법인파산 건수 증가세 △법인파산 대비 기업회생절차 신청 건수 비율 하락을 들었다. 이에 대해 신문윤리위는 "한국경제가 대내외 위기 요인에 둘러싸인 것은 사실이지만 '줄도산 시작' '줄도산 본격화' 주장을 뒷받침할 만한 객관적 근거는 기사에서 찾아보기 어렵다"고 밝혔다.

기사도 후반부에 "한계 기업들의 줄도산이 본격화할 경우 가계는 물론 다른 기업들에도 부정적인 영향을 미칠 것으로 우려한다"고 씀으로써 '줄도산 본격화'가 현재 상황이 아니라 향후 가능성임을 드러냈다.

신문윤리위는 "경제현상에 대한 자의적이며 과장되고 자극적인 보도는 보도의 객관성과 언론에 대한 신뢰성을 훼손할 수 있다"고 지적했다.

〈신문윤리, 제275호 1면(2022. 12.)〉

8. "한국지사장? 안가요"…중대재해법 다룬 기고문 제목 '주의'

본문 내용에 구체적 사례 없는데
'외국계기업 韓포비아' 과장 · 왜곡
이데일리 기고문 제목 '주의' 조처

한국신문윤리위원회는 제971차 회의에서 이데일리 2022년 12월 5일 자 1면 「"한국지사장? 안가요"/외국계기업 '韓포비아'」 기사의 제목에 대해 '주의' 조처했다. 제재 이유는 신문윤리실천요강 제10조 「편집지침」 ①(제목의 원칙) 위반이다.

이 기사는 김상민 법무법인 태평양 변호사가 쓴 기고문으로 중대재해법의 문제점을 다뤘다. 기고문은 중대재해법의 개정 필요성을 강조하면서 중대재해법 시행이 해외의 우수한 경영 인재 영입에 지장을 준다고 비판했다.

기고문은 "외국계 제조회사들이 한국에 최고경영자(CEO)를 새로 발령하는 데 어려움을 겪고 있다. 본인 잘못이 아니어도 사업장에서 사고가 발생하기만 하면 형사처벌을 받을 가능성이 크니 다들 한국에 대표이사로 가지 않으려 하기 때문이다"라면서 "산업현장의 사망사고를 줄이기 위해 중대재해 처벌 등에 관한 법률(중대재해처벌법)이 지난 1월 시행된 이후 실제 벌어지고 있는 현실의 한 장면이다"라고 썼다.

이에 기고문의 큰 제목이 「"한국지사장? 안가요"/외국계기업 '韓포비아'」이고, 작은 제목도 「범위 모호하고 과도한 책임 지위/시행 후에도 산재사망 줄지 않고/외국계기업 CEO 발령에 애먹어」로 뽑았다.

그러나 기고문 본문에는 중대재해법 시행 후 사업장 사고로 인한 형사처벌 가능성을 우려한 나머지 외국계 기업이 한국에 최고경영자(CEO)를 발령하는 데 어려움을 겪는 구체적인 사례가 제시되지 않았다.

「"현장관리자 서류작업만 잔뜩 늘려… 중대재해법, 안전 업무 되레 방해"」 제목의 5면 관련 기사에서도 외국계 인사가 중대재해법 처벌이 두려워 한국 발령을 회피했다는 구체적인 사례는 제시되지 않았다.

기사는 다만 법무법인 태평양 중대재해대응본부의 박준기 변호사가 "실제로 회사가 해외 인재를 경영책임자로 스카우트하려고 해도 인재들이 좀처럼 오려고 하지 않아 차선책으로 한국인 임원을 승진시킨 경우가 있다"고 말했다고 썼다.

박 변호사가 말한 것처럼 해외 인재들이 오려고 하지 않아 한국인 임원을 승진시킨 경우가 있다고 하더라도 업계 일부의 사례에 지나지 않는다고 보는 것이 타당하다.

그런데도 기고문의 큰 제목으로 「"한국지사장? 안가요"/외국계기업 '韓포비아'」라는 제목을 달아 마치 외국계 기업들 사이에 한국의 중대재해법 처벌에 병적인 공포심이 널리 퍼져 해외 인사들이 한국 발령을 회피하고 있는 것처럼 묘사한 것은 본문 내용을 과장하거나 왜곡했다는 지적을 받을 수 있다.

신문윤리위는 "이러한 제목 달기는 보도의 객관성, 언론에 대한 신뢰성을 훼손할 수 있다"고 밝혔다.

〈신문윤리, 제276호 2면(2023. 1.)〉

9. 외국인 '반도체주 싹쓸이' 제목은 지나친 과장·자극적 표현

'싹쓸이' 뜻은 '모두 다 쓸어버리다'
투자 가이드 기사 용어로 부적절
잘못된 투자 판단 불러올 가능성 커
한국경제 외국인 투자자 제목 '주의'

증시 분석 기사에 '싹쓸이'라는 과장되고 자극적인 제목을 단 신문사에 대해 한국신문윤리위원회가 '주의' 결정을 내렸다. 신문윤리위는 앞서 부동산 거래 통계를 다룬 기사의 제목에 대해서도 '싹쓸이' 표현에 제재를 한 바 있다.

증권·부동산 등 투자 정보를 다루는 기사의 경우 '싹쓸이' '쓸어담아' '씨말라' 처럼 특정 현상을 지나치게 과장하는 부정확하고 자극적인 표현은 독자의 합리적인 투자 판단을 저해할 위험이 크다는 뜻에서 엄격한 심의 잣대를 적용한 것으로 풀이된다.

신문윤리위는 6월 14일 열린 제976차 회의에서 한국경제 5월 19일 자 A23면 「외국인 2.6兆 순매수…반도체 싹쓸이, 2차전지는 '팔자'」 기사의 제목에 대해 신문윤리실천요강 제10조 「편집지침」 ① (제목의 원칙)을 위반했다고 인정해 '주의' 조처했다.

기사는 외국인 투자자들의 한국 주식 매입 움직

임을 다룬 것으로 "외국인 투자자의 '바이코리아(Buy Korea)' 움직임이 예사롭지 않다. 최근 한 달 순매수 규모만 2조 6,000억 원을 넘어섰다" "외국인은 최근 한 달간 삼성전자(우선주 포함) 한 종목만 2조 1,920억어치 순매수했다. SK하이닉스(3,450억 원)까지 합치면 투자금의 95%를 반도체에 쏟은 셈이다"라고 썼다.

기사는 외국인 투자자들이 최근 한 달 사이 한국 주식 2조 6,000억 원 어치(순매수 기준)를 산 가운데 대부분 투자액이 반도체 주식에 집중됐음을 소개했고, 편집자는 큰 제목을 「외국인 2.6兆 순매수…반도체 싹쓸이, 2차전지는 '팔자'」로 달았다.

신문윤리위는 「반도체 싹쓸이」라는 표현의 부적절성을 문제삼았다. 신문윤리위는 "'싹쓸이'는 '모두 다 쓸어버리다'라는 사전적 의미를 갖는 표현으로, 실제와 거리가 먼 과장된 표현일뿐더러 투자 안내 기사에 사용된 용어로서도 매우 부적절하다는 지적을 피하기 어렵다"고 밝혔다.

신문윤리위는 "한국 반도체 주식 중 대표 주인 삼성전자 한 종목만 하더라도 하루 거래량이 7,000억~8,000억 원 이르는 실정에서 2조 6,000억 원의 외국인 순매수 규모를 '한국 반도체 주 싹쓸이'로 표현한 것은 지나친 과장"이라며 "관건은 과장의 정도가 아니라, 투자 정보를 다루는 기사에서 특정 현상을 과장하는, 매우 부정확하고 자극적인 표현을 쓰는 것 자체가 투자 행위를 일방적으로 부추기거나 잘못된 투자 판단을 불러올 위험이 크다는 사실"이라고 지적했다.

신문윤리위는 "실제로 기사 본문에서는 '싹쓸이' 표현을 찾아볼 수 없었으며 설령 현상이 압도적이고, 이례적인 경우라 하더라도 이 같은 표현을 쓰는 것 자체가 부적절하며 신문의 신뢰성을 크게 훼손할 수 있다"고 지적했다. 한편 신문윤리위는 중부매일 2021년 11월 4일 자 1면 '내국인 규제강화 '발목'/ 외국인 부동산 '싹쓸이' 기사의 제목에 대해서도 같은 취지로 제재한 바 있다.

〈신문윤리, 제281호 1면(2023. 6.)〉

10. 삼성전자 일본 정부 보조금 '기시다 선물'로 왜곡 제목에 '주의'

日, 모든 반도체 투자 기업에 보조금
파이낸셜, 정상회담 화답인 양 보도

한국신문윤리위는 제976차 회의에서 파이낸셜뉴스 5월 15일 자 1면 「기시다의 '보조금 선물'…삼성전자, 日에 반도체 거점 신설」 기사의 제목에 대해 '주의' 조처했다. 신문윤리실천요강 제10조 「편집지침」 ①(제목의 원칙)을 위반했다고 인정한 데 따른 것이다.

기사는 삼성전자가 일본에 첨단 반도체 디바이스 시제품 라인을 만들기로 했다는 내용으로 "일본 니혼게이자이신문은 14일 삼성전자가 일본 요코하마시에 입체구조의 반도체 디바이스 조립·시제품 라인을 정비할 것으로 알려졌다면서 투자 규모는 300억 엔(약 3,000억 원) 이상이라고 보도했다" "삼성전자가 반도체 라인 건설을 위한 보조금을 일본 정부에 신청해 허가받으면 100억 엔(약 1,000억 원) 이상의 보조금을 받을 것으로 전망된다"고 썼다.

편집자는 이에 큰 제목을 「기시다의 '보조금 선물'…삼성전자, 日에 반도체 거점 신설」로 달았다.

신문윤리위는 "글로벌 반도체 패권 경쟁이 격화하면서 미국, 일본, 유럽연합 등은 현재 첨단 반도체 제조시설 유치를 위해 막대한 보조금을 지급하는 법을 만들어 투자 유치에 힘쓰고 있다"며 "일본 정부의 보조금 지급은 삼성전자에만 국한된 것이 아니라 반도체 설비를 건설하는 기업에 공통된 사항인데도 기사는 '기시다의 선물'이란 표현을 써 앞서 5월 7일 열린 한일 정상회담의 후속 조치로 일본 측이 화답하는 것인 양 사실을 왜곡할 우려가 있다는 지적을 피하기 어렵다"고 지적했다.

기사 중에도 "세계 최대 반도체 파운드리 업체인 TSMC는 일본 구마모토현에 반도체 공장을 건설 중이다. 지난해 4월 착공해 2024년 말 가동을 목표로 하고 있다. 일본 정부는 TSMC에 공장 건설 비용의 절반인 4,760억 엔의 보조금을 지원했다"고 언급돼 있다. 앞서 일본 정부는 일본 내에 반도체 생산시설을 새로 짓는 기업에 최대 투자액의 절반까지 보조한다는 방침을 이미 밝힌 바 있다.

신문윤리위는 "이 같은 보도는 사실에 부합하지 않을뿐더러 정치적 편향성을 의심받을 수도 있어 신문의 신뢰성을 훼손할 수 있다"고 덧붙였다.

〈신문윤리, 제281호 2면(2023. 6.)〉

11. '해외주식 양도세 폭탄' 제목, 세금 부정적 인식 조장 우려

소득세법 따른 세금을 '폭탄'에 비유
서울신문 '절세 요령' 기고문 '주의'

한국신문윤리위원회는 제977차 회의에서 서울신문 6월 29일 자 17면 「고수익 낸 서학개미, 양도세 폭탄 두렵다면 증여로 절세 노려야」 기사의 제목에 대해 '주의' 조처했다. 제재 이유는 신문윤리 실천요강 제3조 「보도준칙」 ①(보도기사의 사실과 의견 구분) 위반이다.

기사는 증권사 세무사가 해외주식 양도세 절세 요령을 알려 주는 기고 글로, 이익이 많이 발생한 해외주식을 증여하면 양도차익이 줄어들고 전체적인 양도소득세 부담이 줄어들 수 있다며 여러 경우의 사례를 열거했다.

그런데 기사의 제목은 「고수익 낸 서학개미, 양도세 폭탄 두렵다면 증여로 절세 노려야」이다. 해외주식 양도세에 '폭탄'이란 딱지를 붙인 것이다.

해외주식의 양도소득세는 국내 소득세법에 따라 해외주식 매매로 수익을 봤을 경우 내야 하는 세금이다. 해외 주식 매매 차익에 과세하는 것이어서 납세자가 세액 규모를 충분히 예상할 수 있다. 또한 오래전부터 시행되고 있는 제도이다.

신문윤리위는 "세금을 폭탄에 비유하는 것은 세금에 대한 부정적 인식을 조장해 조세 정의의 가치를 훼손하고 납세의무에 대한 인식을 약화시킬 우려가 있다"면서 "이 같은 제목은 편집자가 주관적 의도나 편견에 따라 기사 내용을 과장하거나 왜곡한 것이라는 지적을 피하기 어렵다"고 지적했다.

〈신문윤리, 제282호 2면(2023. 7.)〉

12. 노동계 최저임금 중재안 거부에 '민노총 몽니' 제목은 왜곡

'몽니' 의미는 공연히 트집 잡아 심술
노동계 주장을 억지로 보기 어려워
문화일보 · 이투데이 · 한국경제 '주의'

노동계가 최저임금위원회 심의과정에서 최저임금 중재안을 거부한 것을 보도하면서 '민노총 몽니' 제목을 단 언론사가 제재를 받았다. 제재 이유는 신문윤리실천요강 제3조 「보도준칙」 ①(보도기사의 사실과 의견 구분), 제10조 「편집지침」 ①(제목의 원칙) 위반이다.

한국신문윤리위원회는 9월 제978차 회의에서 문화일보 7월 19일 자 「60원〈9920원〉 높은 조정안 걷어찬 '민노총의 몽니'」, 이투데이 「〈2024년〉 최저임금 9,860원 … 중재금액도 못 챙긴 '勞의 몽니'」, 한국경제 「'몽니' 부리다 발등 찍은 민노총 … 60원 깎였다」 기사의 제목(이상 7월 20일 자)에 대해 각각 '주의' 조처했다.

이 기사들은 내년도 최저임금을 결정한 최저임금위원회 심의 결과를 다뤘다. 노사 간 격론 끝에 공익위원들이 최종 중재안으로 9,920원을 제시했지만 노동계를 대표하는 민주노총이 거부, 표결을 거쳐 당초 경영계가 제시한 9,860원으로 결정됐다. 이 금액은 공익위원들의 중재안 9,920원보다 60원 적은 것이다. 이에 기사들은 노동계가 최종 중재안을 거부하는 바람에 결과적으로 최저임금이 60원 깎인 결과가 됐다고 지적했다.

그런데 기사에는 노동계가 몽니를 부리는 바람에 중재안보다 오히려 60원 적은 최저임금을 받게 됐다는 내용의 제목이 달렸다.

이들 제목은 민주노총 또는 노동계가 중재안을 거부한 것에 대해 '공연히 트집을 잡아서 심술을 부렸다'고 단정한 것이다.

그러나 이 제목은 선입견이나 편견에 따라 과장·왜곡됐다는 의심을 살 소지가 있다. 노동계는 심의 과정에서 최저임금 인상을 통한 내수 소비 활성화, 노동자 가구 생계비 반영을 통한 최저임금 인상 현실화, 악화하는 임금 불평등 해소, 산입 범위 확대로 인한 최저임금 노동자 실질임금 감소 등을 이유로 줄곧 '1만 원 이상'을 요구했다. 따라서 노동계가 '1만 원 이상' 요구가 받아들여지지 않아 중재안을 거부한 것을 놓고 '억지 주장 탓에 더 받을 수 있었던 60원마저 받지 못하게 됐다'는 내용의 제목은 객관적인 표현으로 보기 어렵다.

신문윤리위는 "이러한 제목은 보도의 공정성과 객관성을 훼손할 우려가 있다"고 지적했다.

〈신문윤리, 제283호 1면(2023. 9.)〉

제6절
선거여론조사보도준칙 위반

1. 오차범위 내 결과 '1위' '선두'… 특정후보에 '절대 우위' 표기

한라 · 제주일보 여론조사 보도 '주의'
기호일보, 특정후보에 편향 제목 제재

4 · 15 총선을 앞두고 후보자 여론조사에서 선호도(적합도) 차이가 표본오차 범위 내에 있는데도 굳이 순위를 매기거나 특정 후보에 유리한 내용의 불공정한 기사 제목을 붙인 신문 3곳이 제재를 받았다.

한국신문윤리위원회는 제939차 회의에서 한라일보 1월 1일 자 1면 「강창일 · 오영훈 · 위성곤 '1위'…현역 우세」 기사와 제목, 제주일보 1월 23일 자 1면 「박희수 15.7% 오영훈 24.7% 위성곤 48.1% 선두」 기사의 제목에 대하여 각각 '주의' 조처했다. 또 기호일보 1월 7일 자 15면 「안민석 절대 우위 속/새 인물들 표심 경쟁」 기사의 제목에 대해서도 주의 조처했다.

제재 사유는 한라일보와 제주일보는 신문윤리강령 제4조 「보도와 평론」, 선거여론조사보도준칙 제16조 「오차범위 내 결과의 보도」 위반이며, 기호일보는 신문윤리실천요강 3조 「보도준칙」 ②(공정보도), 제10조 「편집지침」 ①(표제의 원칙) 위반이다.

한라일보는 제주도내 3개 언론사가 공동으로 리얼미터에 의뢰해 실시한 4 · 15 총선 국회의원 적합도 여론조사(신뢰수준 95%. 표본오차는 제주시갑 ±4.3%, 제주시을 ±4.4%, 서귀포시±4.3%) 결과를 보도했다. 신문은 본문에서 "강창일 · 오영훈 · 위성곤 국회의원이 1위를 기록했다"고, 제목에서는 「강창일 · 오영훈 · 위성곤 '1위'…현역 우세」라고

썼다. 그러나 제주시갑 선거구의 경우 강창일 의원이 19.7%, 자유한국당 구자헌 전도당위원장이 13.6%로 지지율 차이가 6.1%포인트, 제주시을은 오영훈 의원이 21.8%, 자유한국당 부상일 변호사 16.8%로 지지율 차이가 5%포인트로 모두 지지율 차이가 표본오차 범위 안에 있는데도 굳이 순위를 매겼다.

제주일보는 도내 4개 언론사가 공동으로 한국갤럽에 의뢰해 실시한 국회의원 후보 선호도 여론조사(신뢰수준 95%, 표본오차는 제주시갑 ±4.4%) 결과를 보도하면서「박희수 15.7% 오영훈 24.7% 위성곤 48.1% 선두」라는 제목을 달았다. 두 후보 지지율 차이가 6.3%포인트로 표본오차 범위 안에 있는데도 '선두'라는 표현으로 순위를 매긴 것.

이는 '지지율 또는 선호도가 오차범위 안에 있을 경우 순위를 매기거나 서열화하지 않고 "경합" 또는 "오차범위 내에 있다"고 보도한다'고 규정한 '선거여론조사보도준칙' 제16조(오차범위 내 결과의 보도)를 위반한 것이다.

기호일보는 경기도 오산지역의 출마 예상자를 소개하는 기사를 보도하면서 제목을 「안민석 절대 우위 속/새인물들 표심 경쟁」으로 달았다. 그러나 기사 본문에는 이러한 내용을 뒷받침할 만한 내용이 없는데다 선거가 3개월여나 남고, 후보자들이 결정되지도 않은 상황에서 특정인이 절대 우위에 있다고 보도하는 것은 공정한 보도라고 보기 어렵다는 지적을 받았다.

〈신문윤리, 제244호 2면(2020. 2.)〉

2. 여론조사 '오차범위 내 지지율'에 순위 매긴 6개 신문 제재

'이재명, 황교안 제치고 2위' 등
서울경제·한겨레 보도에 '주의'
중부일보는 제목에 '선두' 표현

　4·15 총선 여론조사 보도에서 후보 간 지지율 차이가 표본오차 범위 안에 있음에도 순위를 매긴 서울경제, 동아닷컴 등 6개 신문이 제재를 받았다. 신문윤리강령 제4조 「보도와 평론」, 신문윤리실천요강 제3조 「보도준칙」 전문과 선거여론조사보도준칙 제16조 「오차범위 내 결과의 보도」를 위반한 데 따른 것이다.

　한국신문윤리위원회는 제941차 회의에서 서울경제 3월 9일 자 A5면 「'신천지 강경대응' 이재명, 지지율 13.4%로 2위 껑충」, 한겨레 3월 14일 자 9면 「코로나가 바꾼 '차기선호도' 이재명, 황교안 제치고 2위」, 중부일보 3월 5일 자 1면 「임종성 선두…김장수 추격」 기사와 제목에 대해 '주의' 조처했다.

　동아닷컴 3월 13일 자 「이재명, 차기 대권주자 선호도 2위…코로나 대응 주목」, 뉴스1 3월 15일 자 「황교안 넘은 이재명 13% '이낙연이 보인다… 의사 안철수 4위 약진」, 쿠키뉴스 3월25일 자「차기 대선주자, 이재명 급부상…지지율 2위에 올라」 기사와 제목도 같은 제재를 받았다.

　'선거여론조사보도준칙' 제16조(오차범위 내 결과의 보도)는 '지지율 또는 선호도가 오차범위 안에 있을 경우 순위를 매기거나 서열화하지 않고 "경합" 또는 "오차범위 내에 있다"고 보도한다'고 규정하고 있다. 윤리위는 "오차범위 안의 여론조사 결과를 자의적으로 해석해 순위를 명시하는 경우 '사실의 전모를 정확하고 공정하게 보도하도록' 규정한 신문윤리강령에도 위배된다"고 밝혔다.

　서울경제는 3월 5·6일 실시한 4·15총선 여론조사(신뢰수준 95%에 표본오차 ±3.1%) 결과 보도에서 "이(재명) 지사는 차기 대통령 후보 지지율에서 13.4%를 기록하며 황 대표(12.0%)를 제치고 2위로 뛰어올랐다."라고 썼다. 두 사람의 지지율 차이가 1.4%포인트로 표본오차 범위 안에 있어 순위가 명확하게 가려진 것으로 보기 어려운데도 순위를 매긴 것이다. 큰 제목에도 「'신천지 강경대응' 이재명, 지지율 13.4%로 2위 껑충」이라고 순위를 매겼다.

　한겨레도 차기 정치지도자 선호도 여론조사(신뢰수준 95%에 표본오차 ±3.1%) 결과 보도에서 "이재명 경기도지사가 황교안 미래통합당 대표를 제치고 2위를 기록했다."고 썼는데 이 지사의 지지율은 11%, 황 대표는 9%로 표본오차 범위 안에 있었다. 한겨레는 큰 제목에도 「이재명, 황교안 제치고 2위」라고 순위를 매겼다.

　중부일보 기사는 광주을 지역 4·15 총선 국회의원 후보 여론조사(신뢰수준 95%, 표본오차 ±4.4%) 결과 보도에서 "임종성 의원은 40.0%를 기록하며, 34.2%를 얻은 김장수 전대통령비서실 정무수석실 신임행정관을 5.5%p차로 눌렀다"고 썼다. 윤리위는 "지지율 차이가 표본오차 범위 안에 있는데도 '눌렀다'로 표현해 서열화한데다 제목에서도 '임종성 선두' 표현을 넣어 순위를 매겼다."고 지적했다.

　동아닷컴, 뉴스1, 쿠키뉴스도 차기 대권주자 선호도 여론조사 등을 보도한 온라인 기사와 제목에서 표본오차 범위 안에 있는 지지율에 순위를 매겼다가 제재를 받았다.

〈신문윤리, 제246호 2면(2020. 4.)〉

3. 여론조사 '오차범위 내 지지율' 순위 매긴 13개사 제재

이재명 대법판결 후 대선후보 조사
통계적 의미 없는데 순위매겨 보도
신문 6곳 · 온라인신문 7곳에 '주의'

대통령 선거 후보 선호도 여론조사 결과를 보도하면서 지지도 차이가 오차범위 안에 있는데도 기사 또는 제목에서 순위를 매겨 보도한 신문들이 무더기로 적발됐다.

한국신문윤리위원회는 제945차 회의에서 「족쇄 풀린 이재명 4.6P 차로 이낙연 추격…윤석열 3위」 제목의 기사를 게재한 문화일보(7월 20일 자 5면)와 「이재명, 이낙연 제쳤다…여 대선주자 1위」 제목의 기사를 게재한 경기일보(8월 7일 자 1면)를 비롯한 13개 신문에 대해 '주의' 조처했다. 제재를 받은 신문은 문화일보와 경기일보 외에 매일신문 경인일보 중부일보 기호일보 등이 포함됐다. 뉴시스 뉴스1 아주경제 머니투데이 서울신문 중앙일보 이데일리 등의 온라인신문도 제재를 받았다. 제재 사유는 신문윤리강령 제4조 「보도와 평론」, 선거여론조사보도준칙 제16조 「오차범위 내 결과의 보도」 위반 등이다.

이들 신문은 대법원이 7월 16일 이재명 경기도지사의 허위사실 공표 혐의를 무죄 취지로 판결한 이후 처음으로 여론조사 전문기관들(한국갤럽, 리얼미터, 한국리서치 등 4곳 합동조사, 조원씨앤아이)에서 각각 실시한 여론조사 결과를 전했다.

그러면서 이들 신문은 후보 간 지지율 차이가 오차범위 안에 있는데도 제목과 본문에서 '1위 이재명' '첫 대선주자 1위 이재명' '이재명 또 앞섰다/적합도 24% 1위' '이재명 또 대선주자 지지도 1위, 이낙연 2%차 앞서' 등으로 순위를 매겨 보도했다.

한국신문협회, 한국신문방송편집인협회, 한국기자협회 등 언론 5개 단체는 선거 여론조사가 대중에게 미치는 영향이 크다고 보고 2016년 '선거여론조사 보도준칙'을 제정한 바 있다.

특히 이 보도준칙에는 '오차범위 내 결과의 보도(제16조)'를 한 항목으로 다루고 있다. '지지율 또는 선호도가 오차범위 안에 있을 경우 순위를 매기거나 서열화하지 않고 "경합" 또는 "오차범위 내에 있다"고 보도한다'고 규정한 것. 지지율 차이가 오차범위 내일 경우 순위를 매기는 게 통계적으로 의미가 없다는 통계학자들의 연구를 받아들인 것이다.

윤리위는 회의에서 "오차범위 내의 여론조사 결과를 자의적으로 해석해 순위를 명시하거나 특정 후보의 우세라고 보도했다는 점에서 사실의 전모를 정확하고 공정하게 보도하도록 규정한 신문윤리강령도 위반했다"고 지적했다.

〈신문윤리, 제250호 2면(2020. 9.)〉

4. 오차범위 내 지지율에 '윤석열 1위' 보도한 26개사 제재

중앙 15사 · 지역신문 11사에 '주의'
순위 매기고 제목에 '1위' 표현 사용
'경합' '오차범위 내에 있다'로 해야

윤석열 검찰총장이 포함된 대선주자 지지율 여론조사 보도에서 오차범위 내 지지율을 고려하지 않고 '윤석열1위' 등을 제목에 표현한 25개 신문사와 연합뉴스가 한국신문윤리위원회로부터 제재를 받았다.

지지율 차이가 표본오차 범위 안에 있어 순위가 명확하게 가려진 것으로 보기 어려운데도 기사나 제목에 순위를 매겨 신문윤리강령 제4조 「보도와 평론」, 신문윤리실천요강 제3조 「보도준칙」 전문을 위반한 데 따른 것이다.

신문윤리위는 제948차 회의에서 문화일보 11월

11일 자 1면 「대선주자 지지율/윤석열 첫 1위에」 기사와 제목을 비롯한 14건의 중앙지 보도, 강원도민일보 11월 12일 자 3면 「대선주자 여론 1위 윤석열 총장 강릉 인연 눈길」 기사와 제목 등 지역신문 보도 11건, 연합뉴스 11월 11일 10시 6분 전송 「윤석열 대권지지율 첫 1위…이낙연·이재명 제쳤다」 기사와 제목(일부는 제목만)에 대해 '주의' 조처했다.

제재 받은 곳은 문화일보 연합뉴스 헤럴드경제 경향신문 국민일보 東亞日報 매일경제 머니투데이 서울경제 세계일보 서울신문 朝鮮日報 중앙일보 한겨레 한국경제와 강원도민일보 경기일보 경북일보 경상일보 경인일보 국제신문 大田日報 每日新聞 부산일보 중부매일 중부일보다.

문제의 기사는 모두 한길리서치가 쿠키뉴스 의뢰로 실시한 '차기 대선 후보 지지도' 조사(표본오차 95% 신뢰수준에서 ±3.1% 포인트) 결과 지지율이 윤석열 24.7%, 이낙연 22.2%, 이재명 18.4%가 나온 것을 전하는 내용이었다. 조사 방식은 여야에서 각각 지지율 3위 내 후보를 추려 실시한 것으로, 범여권과 범야권 후보를 각각 5~6명씩 보기로 제시하거나 보기를 제시하지 않는 '자유응답형' 조사와 달랐다.

기사는 윤석열·이낙연, 이낙연·이재명의 지지율 차이가 표본오차 범위 안에 있어 순위가 명확하게 가려진 것으로 보기 어려웠는데도 기사에서 순위를 매기고 큰 제목 또는 작은 제목에 '윤석열 1위' 등의 표현을 썼다. 일부 신문은 '오차범위 내'란 표현과 함께 "1위를 차지했다"라고 순위를 매기기도 했다.

신문윤리위는 "'지지율 또는 선호도가 오차범위 안에 있을 경우 순위를 매기거나 서열화하지 않고 "경합" 또는 "오차범위 내에 있다"고 보도한다'고 규정한 '선거여론조사보도준칙' 제16조(오차범위 내 결과의 보도)를 위반한 것"이라고 설명했다.

신문윤리위는 또 "오차범위 내의 여론조사 결과를 자의적으로 해석해 순위를 명시했다는 점에서 사실의 전모를 정확하고 공정하게 보도하도록 규정한 신문윤리강령도 위반했다."며 "이 같은 기사는 보도의 정확성과 공정성, 신문의 신뢰성을 훼손할 수 있다."고 지적했다.

한편 한국신문협회·한국신문방송편집인협회·한국기자협회 등 언론단체들은 20대 국회의원 선거를 계기로 2016년 말부터 여론조사 보도의 정확성·객관성·신뢰성을 높이기 위한 '선거여론조사보도준칙'을 제정해 시행하고 있으며, 한국신문협회 및 한국온라인신문협회의 회원사, 신문윤리강령준수를 서약한 신문사의 경우 한국신문윤리위원회의 신문윤리강령 및 실천요강과 이 준칙에 따라 심의를 받도록 하고 있다.

〈신문윤리, 제253호 1면(2020. 12.)〉

5. 대선후보 단독기사 인용하며 출처 안밝힌 10곳 무더기 제재

'한 언론은' '취재진과 만나' 등 표현
타사 보도 인용할 땐 구체적 밝혀야
저작권 침해 표절 신문사들에 '주의'

다른 언론사 기사를 인용 보도하면서 출처를 밝히지 않은 신문사들이 무더기로 제재를 받았다.

한국신문윤리위원회는 제960차 회의에서 YTN의 윤석열 국민의힘 대선 후보 김건희씨 '허위 경력' 의혹 보도, 조선일보의 이재명 더불어민주당 후보 장남 불법 도박 의혹 보도, 연합뉴스의 김건희씨 '사과 의향' 보도, 오마이뉴스의 김건희씨 '쥴리 해명' 보도를 인용하면서 구체적인 출처를 밝히지 않은 매일경제 등 10개 신문사에 대해 신문윤리강령을 위반한 것으로 판단해 '주의' 조처했다고 밝혔다.

신문윤리위의 제재를 받은 곳은 매일경제 외에 경향신문, 문화일보, 서울경제, 아시아경제, 이데일리, 중앙일보, 파이낸셜뉴스, 한국경제, 한국일보 등이다. 제재 사유는 신문윤리실천요강 제8조 「저작물의 전재와 인용」 ①(통신기사의 출처 명시) 또는 ②(타 언론사 보도 등의 표절 금지) 위반이다.

아시아경제는 2021년 12월 14일 자 7면 「김건희 허위 이력 기재 논란/민주 '사문서 위조' 국힘 '방어 총력'」 제목의 기사에서, 중앙일보는 12월 15일 자 6면 「김건희, 대학교수 지원서 허위경력 논란/여당 "보도 사실이면 사문서 위조한 것"」 제목의 기사에서 YTN이 12월 14일 보도한 「[단독] 김건희 단독 인터뷰...교수지원서에 '허위 경력'·수상 경력도 거짓」 제목의 기사를 인용했으나 출처를 구체적으로 밝히지 않고 "한 방송 보도로 촉발된 논란은" "한 방송은" 등으로만 기술했다.

매일경제는 12월 15일 자 A10면 「오랜 침묵 깬 김건희/"쥴리 아닌게 밝혀질 것"」 제목의 기사에서 YTN 보도와 오마이뉴스가 12월 14일 보도한 「김건희 "내가 쥴리 아니란 것 증명하겠다"...안해욱 "쥴리와의 만남 사실대로 이야기"」 제목의 기사를 인용 보도하면서 "김씨는 14일 공개된 한 언론과의 전화 인터뷰에서" "김씨는 또 다른 언론과의 전화통화에서"라고만 썼다.

또한 경향신문, 매일경제, 파이낸셜뉴스, 한국경제, 한국일보는 12월 16일 자 기사에서 김건희씨가 교수 임용 지원서에 허위 경력을 기재했다는 의혹과 관련해 "사과할 의향이 있다"는 등의 입장을 밝혔다고 전하면서 이 같은 사실을 처음 보도한 연합뉴스 기사(12월 15일 「김건희, 이력논란 첫 입장표명 "국민께 심려... 사과 의향 있다"」)를 인용했음에도 출처를 밝히지 않았다. 이들 신문은 "취재진과 만나" "한 언론과 만나" 등 이라고 표현했다.

문화일보와 아시아경제는 12월 16일 자 기사에서, 매일경제, 서울경제, 이데일리, 한국경제는 12월 17일 자 기사에서 이재명 후보 장남의 도박 의혹을 제기한 조선일보 기사(12월 16일 자 A5면 「이재명 장남, 상습 불법도박 의혹...“500만 원 땄다” 글 남기기도」)를 인용하면서 구체적인 출처를 밝히지 않은 채 "한 언론은" 등으로만 기술해 '주의'를 받았다.

표절은 저작권 침해인 동시에 언론 윤리의 기본을 저버리는 행태다. 신문윤리실천요강 제8조 「저작물의 전재와 인용」은 '언론사와 언론인은 타인의 저작권을 침해해서는 안 되며, 저작물을 전재 또는 인용할 때는 출처를 구체적으로 밝혀야 한다'고 규정하고 있다.

신문윤리위는 "이 같은 보도는 타 언론사의 저작권을 침해하는 것으로 신문의 신뢰성을 훼손할 수 있다"고 지적했다.

〈신문윤리, 제265호 1면(2022. 1.)〉

6. 6·1선거 여론조사 보도, 오차범위 내 순위 매긴 23곳 제재

오차범위 내 결과에 '선두' '앞섰다'
조선·중앙·서울·세계·매경·서경
경기·경인일보 등 무더기 '주의'

6·1 지방선거와 국회의원 보궐 선거를 앞두고 실시한 각종 여론조사 결과 내용을 전한 기사들이 무더기로 제재를 받았다. 후보 지지율이나 선호도가 오차범위 내에 있는데도 기사나 제목에 1, 2위와 같이 순위를 매기거나 '선두', '우세', '앞섰다' 등의 표현을 썼기 때문이다.

한국신문윤리위원회는 제965차 회의에서 중앙일보 5월 2일 자 5면 「전·현직 대결 인천시장...유정복, 박남춘에 오차범위 내 우세」 기사와 제목, 조선일보 5월 17일 자 3면 「교육감은 보수 2곳, 진보 2곳 우세...기초단체장은 여당지지 높아」 기사와 제목, 서울신문 5월 25일 자 6면 「'집권당' 김은혜 앞서지만 '인물론' 김동연과 접전…성별 쏠림 뚜렷」 기사와 제목, 세계일보 5월 25일 자 3면 「계양을, 이재명 vs 윤형선 예상 밖 초접전 분당갑, 안철수 58%로 두배 이상 앞서」 기사와 제목에 대해 각각 '주의' 조처했다.

또 매일경제 5월 5일 자 A8면 「서울·인천 '국힘' 경기는 '민주' 우세…검수완박 강행은 "잘못"」 기사의 제목, 서울경제 5월 26일 자 7면 「유정복 '민주당 텃밭' 계양·부평에서도 1.6%P 앞서」 기사와 제목에 대해서도 각각 '주의' 조처했다.

신문윤리강령 제4조 「보도와 평론」, 신문윤리실천요강 제3조 「보도준칙」 전문, 선거여론조사보도준칙 제16조 「오차범위 내 결과의 보도」를 위반했기 때문이다.

경기일보, 경인일보, 기호일보, 인천일보, 대전일보, 국제신문, 전라일보, 전북도민일보, 광주매일신문, 남도일보, 무등일보, 광주타임즈, 전남매일, 강원일보, 강원도민일보, 제민일보, 한라일보 등 지역신문 17개사에 대해서도 똑같은 사유로 각각 '주의' 조처했다.

이들 신문들은 여론조사 결과를 전하는 보도에서 '지지율 또는 선호도가 오차범위 안에 있을 경우 순위를 매기거나 서열화하지 않고 "경합" 또는 "오차범위 내에 있다"고 보도한다'고 규정한 「선거여론조사보도준칙」 제16조(오차범위 내 결과의 보도)를 위반했다.

보도준칙에서는 특히 "오차범위 내에서 1, 2위를 차지했다"거나 "오차범위 내에서 조금 앞섰다" 등의 표현은 사용하지 않는다'라고 명시하고 있는데도 이와 유사한 표현들을 기사와 제목에 사용해 독자들에게 특정 후보자가 앞선 것처럼 보이게 오도했다는 것이다.

신문윤리위는 "오차범위 내의 여론조사 결과를 자의적으로 해석해 순위를 명시하거나 '우세하다' '더 높다'라고 표현했다는 점에서 사실의 전모를 정확하고 공정하게 보도하도록 규정한 신문윤리강령도 위반했다"며 "이같은 기사는 보도의 정확성과 공정성, 신문의 신뢰성을 훼손할 수 있다"고 밝혔다.

〈신문윤리, 제270호 2면(2022. 6.)〉

7. 오차범위 내 지지율에 '부정우세' '데드크로스' 표현은 잘못

윤 대통령 국정 지지율 조사 결과도
선거 여론조사 보도준칙 적용해야
아시아경제 등 14곳 무더기 '주의'

윤석열 대통령 지지율 조사 결과를 보도하면서 '부정평가' '긍정평가'가 각각 오차범위 내에 있는데도 '부정우세' '데드크로스' 등의 표현을 쓴 언론사들이 무더기로 제재받았다.

한국신문윤리위원회는 제966차 회의에서 아시아경제 6월 27일 자 7면 「허니문 끝났다. 尹·與 지지율 동반 하락세」 제목의 기사를 비롯해 매일경제·서울경제·세계일보·중앙일보 등 5개사 기사 또는 제목에 대해 각각 '주의' 조처했다.

온라인 기사에서 이 같은 표현을 사용한 강원일보·뉴스핌통신·국제신문·한겨레·조선닷컴·이데일리·한국일보·부산일보·대경일보도 '주의'를 받았다. 신문윤리강령 제4조 「보도와 평론」, 신문윤리실천요강 제3조 「보도준칙」 전문 및 ②(공정보도)를 위반한 데 따른 것이다.

아시아경제 기사는 "윤석열 대통령과 여당 지지율 하락세가 심상찮다. 국민의힘의 내홍과 윤 대통령의 국정운영 불안이 겹치면서 동반 하락세를 보이고 있는데, 최근엔 부정평가가 긍정을 앞서는 '데드크로스' 현상도 나타났다" "27일 여론조사기관 리얼미터가 지난 20~24일 전국 18세 이상 2515명에게 윤 대통령의 '국정 수행'에 대해 묻는 항목에 '잘 하고 있다'는 응답은 46.6%, '잘못하고 있다'는 응답은 47.7%였다. 리얼미터 여론조사에서 데드크로스가 발생한 건 윤 대통령 취임 후 처음이다. 긍정과 부정 평가 차이는 1.1%포인트로 오차범위(95% 신뢰수준에서 ±2.0%포인트) 내를 기록했다"고 썼다.

다른 언론의 기사들도 아시아경제 기사가 전한 리얼미터 조사 결과나 '긍정 평가' '부정 평가'가 각각 46.8%, 47.4%을 기록한 한국사회여론연구소 조사 결과를 전하는 내용이었다.

신문윤리위는 "두 조사 결과 모두 오차범위 내에 있어 긍정과 부정 중 어느 평가가 우세한지 알 수 없는데도 기사는 '(부정평가가)앞서는', '앞지르는'이라고 쓰거나, 부정평가가 높아지는 지지율 역

전을 뜻하는 '데드크로스' 같은 표현을 썼다"며 "일부는 제목에도 '우세' '데드크로스' 같은 표현을 썼다"고 지적했다.

신문윤리위는 "이 기사들은 선거여론조사가 아닌 국정 지지도를 평가하는 여론조사를 다룬 것이지만 신문윤리위원회가 그동안 선거여론조사 보도에서 지침으로 활용한 '선거여론조사보도준칙'이 적용돼야 마땅하다"며 "'지지율 또는 선호도가 오차범위 안에 있을 경우 순위를 매기거나 서열화하지 않고 "경합" 또는 "오차범위 내에 있다"고 보도한다'는 준칙 제16조(오차범위 내 결과의 보도)를 위반한 것"이라고 밝혔다.

〈신문윤리, 제271호 2면(2022. 7.)〉

8. 선거여론조사 보도 '오차범위 내 순위 표시' 여전…무더기 제재

내년 총선 앞두고 유권자 혼선 우려
뉴제주 · 뉴시스 등 18개 매체 '주의'

정치인들에 대한 선호도(호감도)를 여론조사한 결과를 보도하면서 오차범위 내의 수치를 자의적으로 해석해 순위를 매기거나 서열화한 신문 · 통신사 18곳이 제재를 받았다. 뉴제주일보와 한라일보 2개 신문사와 온라인신문 · 통신사로는 뉴시스를 비롯해 경향신문, 국민일보, 매경닷컴, 매일신문, 머니투데이, 문화일보, 서울신문, 세계일보, 아시아경제, 아주경제, 이데일리, 중앙일보, 파이낸셜뉴스, 한경닷컴, 헤럴드경제 등 16곳이다.

뉴제주일보와 한라일보는 9월 26일 자 1면에서 내년 '제22대 국회의원선거'를 앞두고 제주시 갑 선거구의 후보 선호도 조사(한국갤럽)를 보도했다. 갤럽조사 결과 송재호(더불어민주당) 23.9%, 문대림(더불어민주당) 21.8%, 김영진(국민의힘) 12.5%로 나왔다. 송의원과 문 전 비서관의 선호도 차이는 2.1%로, 오차범위(±4.4%포인트) 내에서 경쟁을

벌이고 있다는 내용이다.

그런데 뉴제주일보는 기사에서 "현역인 송재호 국회의원(더불어민주당)이 23.9%로 선두에 섰다"고 썼다. 제목도 「송재호 23.9%-김한규 35.8%-위성곤 42.5% 선두」라고 달았다.

한라일보도 기사에서 "더불어민주당 송재호 · 김한규 · 위성곤 의원이 각각 1위를 기록했다"고 썼다. 제목도 「송재호 · 김한규 · 위성곤 의원 선호도 1위」라고 달았다.

또 뉴시스 등 16개 매체는 15, 16일 정계 주요인물에 대한 한국갤럽의 호감도 조사 결과를 전했다. 갤럽 조사 결과 오세훈 서울시장은 35%, 한동훈 법무장관 33%, 홍준표 대구시장 30%, 이재명 더불어민주당 대표 및 김동연 경기지사 29% 등이었다. 오 시장부터 이 대표에 이르기까지 5명의 호감도는 불과 6%로 차이로 이들 모두 오차범위(±3.1%p) 내다.

그런데도 뉴시스를 비롯한 13개 매체는 기사 제목에서 '오세훈 1위' '한동훈 2위'라고 순위를 매겼다.

또 나머지 3곳은 오차범위 내 결과치를 자의적으로 해석한 제목을 달았다. 매경닷컴은 「점점 말라가

는 이재명 호감도…오세훈과 한동훈에도 밀렸다」, 문화일보는 「이재명은 29%로 최저 수준」이라고 단 것.

이는 '지지율 또는 선호도가 오차범위 안에 있을 경우 순위를 매기거나 서열화하지 않고 "경합" 또는 "오차범위 내에 있다"고 보도한다'고 규정한 '선거여론조사보도준칙' 제16조(오차범위 내 결과의 보도)를 위반한 것이다.

신문윤리위는 "오차범위 내의 여론조사 결과를 자의적으로 해석해 순위를 명시했다는 점에서 사실의 전모를 정확하고 공정하게 보도하도록 규정한 신문윤리강령을 위반했다"고 지적했다.

〈신문윤리, 제284호 2면(2023. 10.)〉

9. 오차범위 내 선거여론조사 '왜곡 보도' 여전…40개사 제재

'앞섰다' '우위' 표현·수치 단순 나열
표본크기 따른 표본오차 특성도 무시
왜곡 보도로 독자 오인 무더기 '주의'

동아일보 1월 1일 자 1면(왼쪽)과 중앙일보 1월 1일 자 1면

오는 4·10 총선을 앞두고 부정확하거나 왜곡된 선거여론조사 보도가 양산되고 있다. 선거여론조사 보도는 독자에게 영향을 주어 선거 결과에 영향을 미칠 수 있으므로 공정하고 객관적인 보도가 되도록 최대한 노력해야 한다. 그러나 상당수 매체는 여전히 통계수치를 임의로 해석해 여론조사 결과를 왜곡보도하는 잘못을 되풀이하고 있다.

한국신문윤리위원회는 1월 제982차 회의에서

정당 지지도 등을 묻는 선거여론조사 결과를 보도하면서 오차범위 내에 있는 비교수치를 자의적으로 해석해 순위를 매기거나, 수치만 단순 나열해 제목에 달아 마치 차이가 있는 것처럼 독자를 오인케 한 언론사들에 대해 무더기로 '주의' 조처했다.

제재 언론사는 조선·동아·중앙일보 등 신문·통신사 10개사와 뉴스1을 포함한 한 온라인매체 30개사 등 모두 40개사에 이른다. 제재 이유는 신문윤리강령 제4조 「보도와 평론」, 신문윤리실천요강 제3조 「보도준칙」 전문, 선거여론조사보도준칙 제16조 「오차범위 내 결과의 보도」, 제23조 「하위표본 분석 주의」 등 위반이다.

이들 매체는 한국갤럽 등 여론조사기관이 실시한 정당 지지도, 차기 대통령 선호도 등의 조사 결과를 전하면서 지지도 격차가 오차범위 내에 있는데도 '오차범위 내에서 앞질렀다', '오차범위 내에서 뒤졌다'는 식으로 보도했다.

이 가운데 동아일보는 올 1월 1일 자 1면 기사에서 서울, 경기, 인천 유권자를 대상으로 한 정당 지지율 조사 결과를 보도하면서 서울과 인천의 경우 국민의힘-더불어민주당의 지지율 격차가 각각 1.1%포인트, 0.4%포인트로 오차범위 안에 있는데도 사실상 제목이라 할 수 있는 도표를 게재하면서 지지율 수치를 표시했다. A3면 기사에선 서울-경기-인천의 한동훈 국민의힘 비상대책위원장-이재명 더불어민주당 대표 지지율 격차가 모두 오차범위 내에 있는데도, 「서울 韓〈한동훈〉 43% 李〈이재명〉 37%, 경기 李 45%韓 39%, 인천 李 42% 韓 39%」라고 제목에 두 사람의 지지율 수치를 단순 나열했다.

중앙일보는 신년특집 연령별 정당 지지도 보도에서 전체 표본크기(1017명, 표본오차는 95% 신뢰수준에 ± 3.1%포인트) 보다 표본크기가 작은 18~29세·40대·50대의 정당 지지도를 언급하면서 '민주당이 우위였다'고 기술했다. 전체 표본크기 조사 때의 표본오차 ±3.1%포인트를 적용한 결과로 보인다.

그러나 18~29세(164명)는 오차범위 ±7.01%포인트, 40대(180명)는 오차범위 ±6.63%포인트, 50대(200명)는 오차범위 ±6.21%포인트이다. 국민의힘·민주당 정당지지도 차이는 18~29세에서 9%포인트, 40대는 13%포인트, 50대는 7%포인트로, 이는 모두 오차범위 안이다. 따라서 세 연령대의 지지도가 오차범위 안에 있는데도 '민주당이 우위'라고 해석한 것은 잘못이다. 표본크기가 달라지면 표본오차도 달라진다는 점을 간과했기 때문이다.

한국갤럽은 중앙일보의 '신년특집 여론조사 집계표'에서 〈결과 해석시 유의사항〉을 통해 '세부 특성별(예: 성별, 연령별, 지역별 등) 표본오차는 전체 응답 값의 표본오차보다 크기 때문에 해석에 유의하셔야 합니다'고 안내하고 있다.

오차범위 안의 결과치를 놓고 '1위-2위'로 보도하거나 '오차범위 내에서 앞섰다' '오차범위 내에서 뒤졌다'라고 말하는 것, 수치를 단순 나열해 제목을 다는 것은 통계적으로 의미 없는 차이를 부각시킨 것이므로 경합 중인 사안에 대해 공정하게 보도했다고 보기 어렵다.

이러한 보도는 오차범위 내의 여론조사 결과를 자의적으로 해석해 순위를 매기거나 서열화한 것은 사실의 전모를 정확하고 공정하게 보도하도록 규정한 신문윤리강령을 위반한 것이다. '선거여론조사보도준칙' 제16조(오차범위 내 결과의 보도)는 '지지율 또는 선호도가 오차범위 안에 있을 경우 순위를 매기거나 서열화하지 않고 "경합" 또는 "오차범위 내에 있다"고 보도한다', '수치만을 나열하여 제목을 선정하지 않는다'고 규정하고 있다.

또 '선거여론조사보도준칙' 제23조(하위표본 분석 주의)는 '여론조사 결과를 성별, 연령별, 지역별 등 하위표본으로 나누어 추가 분석한 결과를 보도할 때 통계적으로 의미 없는 차이를 부각시키지 말아야 한다'고 규정하고 있다.

신문윤리위, '공정보도' 서한 발송

한편 한국신문윤리위는 4월 총선을 앞두고 선거여론조사 결과 보도가 유권자의 투표 결정에 중요한 영향을 미칠 수 있음을 감안, 정확하고 공정한 보도를 위해 최대한 노력해 줄 것을 촉구하는 서한을 온·오프 포함 신문윤리심의를 서약한 268개 언론사에 발송했다.

〈신문윤리, 제287호 1면(2024. 1.)〉

10. 오차범위 내 지지도 불구 지도에 정당색깔로 시·도 구분 '주의'

전체·하위표본간 표본오차 차이 간과
수도권 파란색·충청권 빨간색 표시
서울신문 등 왜곡보도 95건 제재

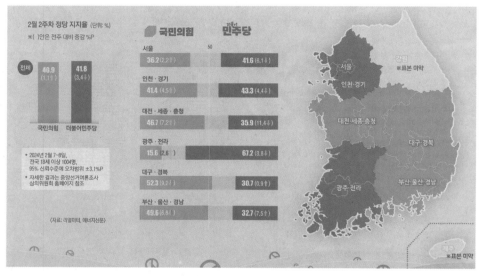

서울신문은 하위표본 오차가 전체 표본오차보다 크다는 것을 고려하지 않고 정당지지도 차이가 오차범위
내에 있는데도, 한반도 지도에 수도권은 민주당을 나타내는 파란색으로, 충청권은 국민의힘을 상징하는 빨
간색으로 표시했다.

4·10 총선 관련 여론조사 결과를 다루면서 오차범위 안의 결과를 자의적으로 해석해 '앞섰다' 등의 표현으로 순위를 매기거나 서열화한 기사들에 대해 무더기 제재가 내려졌다.

한국신문윤리위원회는 3월 열린 제984차 회의에서 문화일보 등 신문기사 15건, 강원도민일보를 비롯한 온라인 기사 80건 등 모두 95건에 대해 '주의' 조처했다. 이들 기사는 신문윤리강령 제4조 「보도와 평론」, 신문윤리실천요강 제3조 「보도준칙」 전문, 선거여론조사보도준칙 제16조 「오차범위 내 결과의 보도」, 제23조 「하위표본 분석 주의」 등을 위반했다.

기사는 조사 결과 정당 지지도나 정치지도자 선호도가 오차범위 내에 있는데도 제목에 수치를 단순 나열하거나, 본문에 '앞섰다' '우세하다' 등의 표현을 쓰며 순위를 매김으로써 여론조사 결과를 왜곡하고 독자에게 잘못된 정보를 제공할 우려가 있다는 지적을 받았다. 특히 전체 표본과 하위 표본의 오차범위 차이를 무시한 채 하위 표본조사 결과를 분석할 때 전체 표본의 오차범위를 적용함으로써 조사 결과를 왜곡하는 여론조사 결과 보도가 적지 않았다.

이 가운데 서울신문은 설 민심의 최대 화두로 떠오른 경제문제의 원인과 처방을 짚어보는 기사를 게재하면서 관련 그래픽도 함께 실었다. 이 그래픽은 에너지경제 의뢰로 여론조사기관 리얼미터가 2월 7~8일 실시한 여론조사 결과를 도표로 나타낸 것이다.

$$\text{표본 오차} : \pm Z \sqrt{\frac{p(1-p)}{N}}$$

Z : 선택한 신뢰 수준에 따른 z-score
(z-score : 해당 값이 평균으로부터 떨어진 정도를 나타내주는 값)
N : 표본의 크기 (여론조사 대상자의 수)
p : 특정 사건이 일어날 확률
(여론조사에서는 오차 범위를 최대화하기 위해 0.5로 둠)

표본오차 계산방식

그래픽은 지역별 국민의힘 · 더불어민주당 지지율을 표시한 막대 그래프와 전국 15개 지역 가운데 강원도와 제주도를 제외한 나머지 지역을 빨간색과 파란색으로 구분한 지도이다.

문제는 지도이다. 서울 · 인천 · 경기와 광주 · 전라 지역은 민주당을 나타내는 파란색으로 표시하고, 대전 · 세종 · 충청과 대구 · 경북, 부산 · 울산 · 경남은 국민의힘을 상징하는 빨간색으로 표시했다. 정당 지지율에서 수도권과 호남권에서는 민주당이 높고, 충청권과 영남권에서는 국민의힘이 우세하다고 판단해 파란색과 빨간색으로 구분한 것으로 보인다.

그러나 서울에서 국민의힘 지지율은 36.2%, 민주당 지지율은 41.6%로 5.4%포인트 차이다. 인천 · 경기에선 국민의힘이 41.4%, 민주당이 43.3%로 1.9%포인트 차이가 난다. 대전 · 세종 · 충청은 국민의힘 49.6%, 민주당 35.9%로 13.7%포인트 차이다.

이 조사의 전체 표본크기는 1,004명에 표본오차는 95% 신뢰수준에 ± 3.1%P이다. 하지만 지역별 하위표본의 경우 서울은 표본 크기 187명에 표본오차 ±7.2%포인트, 인천 · 경기는 표본크기 322명에 표본오차 ±5.5%포인트이다. 대전 · 세종 · 충청은 표본크기 106명에 표본오차 ±9.5%포인트이다.

서울, 인천 · 경기, 대전 · 세종 · 충청 세 지역에서의 두 정당 지지율 차이는 모두 오차범위 안에 있으므로 어느 쪽이 우세하다고 말할 수 없다. 그런데도 이들 지역을 색깔로 구분해 특정 지역에서 특정 정당의 지지율이 우세한 것으로 표시함으로써 여론조사 결과를 왜곡한 것이다.

하위표본 조사 결과를 분석할 때는 전체 표본크기의 오차범위와 세부 특성별(성별, 연령별, 지역별 등) 표본오차는 다르다는 것을 염두에 둬야 한다. 세부 특성별 표본크기는 전체 표본크기보다 작기 때문에 세부 특성별 표본오차는 전체 표본크기의 오차범위보다 크다.

여론조사 기관 한국갤럽은 여론조사 보고서를 낼 때마다 '결과 해석시유의사항'이란 참고 자료를 첨부해 "세부 특성별(예:성별, 연령별, 지역별등) 표본오차는 전체 응답 값의 표본오차보다 크기 때문에 해석에 유의하셔야 한다"고 당부하고 있다.

그러나 전체 표본크기와 하위표본의 표본오차가 다르다는 것을 간과해 잘못된 분석을 내놓는 보도가 적지 않다. 이번 신문윤리위 회의에서도 서울신문을 포함한 많은 기사가 이러한 이유로 지적을 받았다.

신문윤리위는 "오차범위 안의 수치를 단순화해 여론조사 결과를 왜곡할 우려가 있는 기사는 보도의 정확성과 공정성, 신문의 신뢰성을 훼손할 수 있다"고 밝혔다.

〈신문윤리, 제289호 1면(2024. 3.)〉

11. 조사방법 · 표본오차 안 밝힌 여론조사 보도 무더기 제재

'선거여론조사 기준' 어겨
온·오프 매체 110건 기사 '주의'

선거여론조사결과를 보도하면서 조사방법, 표본오차 등을 적시하지 않은 온라인매체들이 무더기로 제재를 받았다.

한국신문윤리위원회는 제985차 회의에서 경향신문 3월 8일 온라인판 「'비례 지지율 15%'…존재감 커지는 조국혁신당」 제목의 기사와 대전일보가 같은 달 23일 보도한 온라인판 「[뉴스 즉설]국힘 금강벨트도 위기, 충청권 그럼 4년 전 악몽 데자뷔?」 제목의 기사에 대해 신문윤리강령 제4조 「보도와 평론」, 신문윤리실천요강 제3조 「보도준칙」 전문, 선거여론조사보도준칙 제13조 「공표·보도해야 할 사항」 위반으로 각각 '주의' 결정했다.

경향신문의 기사는 총선을 앞두고 한국갤럽이 실시한 대통령, 정당, 유력 대통령 후보 등에 대한 지지도 조사 결과를 소개하면서 표본오차를 명시하지 않았다.

대전일보의 기사는 충청권 19개 선거구의 여론 동향을 전하면서 오차범위를 제대로 밝히지 않고, "오차범위내에 앞선다"는 표현을 자주 사용했다.

비록 기사 말미에 '자세한 사항은 중앙선거여론조사심의위 홈페이지 참조'라고 언급했지만, 표본오차 범위를 정확히 밝히지 않았다.

표본오차는 여론조사에서 모집단의 일부인 표본에서 얻은 자료를 통해 모집단 전체의 특성을 추론함으로써 생기는 오차다. 이 표본오차는 오차의 범위로 해당 여론조사의 신뢰구간을 확인할 수 있는 기준이 된다. 따라서 이를 적시하지 않을 경우 독자들은 해당 여론조사결과를 제대로 확인할 수 없다.

신문윤리위는 이날 회의에서 인천일보 등 6개 온라인 매체의 기사와 뉴시스 등 11개 온라인 매체의 기사에 대해서도 같은 이유로 각각 '주의' 결정을 내렸다.

인천일보 등 6개 언론사의 기사들은 여론조사 기관들의 총선 여론조사 결과를 소개하면서 여론조사 방법 등을 밝히지 않았다. 일례로 인천일보의 경우 경기지역 판세를 소개하면서 여론조사 기관과 조사방법에 대해 언급하지 않았다.

뉴시스 등 11개 언론사의 위 기사들은 여론조사 방법이나 조사의뢰자 등을 제대로 밝히지 않았다. 중앙선거여론조사심의위원회의 「선거여론조사기준」 제18조 제③항에서는 선거여론조사 결과를 인용해 공표·보도할 때는 조사의뢰자, 선거여론조사기관, 조사일시, 조사방법과 함께 "그 밖의 사항은 중앙선거여론조사심의위원회 홈페이지 참조"라는 안내문을 게재토록 하고 있다.

신문윤리위는 "이는 여론조사를 인용할 경우 함께 보도해야 할 최소한의 요건"이라며 "이를 위반할 경우 독자들이 여론조사 결과를 정확히 파악하는 데 장해가 될 수 있다"고 지적했다.

한편 이날 회의에서 이들 기사를 포함해 선거여론조사 보도준칙 위반으로 제재를 받은 기사는 오프라인 뉴스를 포함해 모두 110건에 이른다.

〈신문윤리, 제290호 2면(2024. 4.)〉

제2장

인격권의 보호

제1절
명예훼손과 사생활 침해

1. "코로나 싫어… 간호사 집단사표" 의료진 폄훼 보도 제재

의료원 "사실 아니다" 반론에도
후속보도로 병원 입장 반영안해
국민·한국, 재난보도 위반 '주의'

일부 언론이 제대로 사실을 확인하지 않고, 코로나19 최전선에서 고군분투하는 의료진을 폄훼하는 내용을 보도했다가 제재를 받았다. 이들 언론은 보도 후 해당 병원과 의료진이 "잘못된 보도"라고 주장했음에도 이를 지면에 반영하려는 노력을 기울이지 않았다. 재난보도준칙은 '신속한 반론 혹은 정정보도'가 피해 확산을 막고 재난수습에 도움을 준다는 점을 강조하고 있다.

한국신문윤리위원회는 제941차 회의에서 국민일보가 3월 2일 자 15면에 보도한 「"코로나 걸리기 싫어" 집단 사표 낸 간호사들」 기사와 제목, 그리고 한국일보가 같은 날 1면에 보도한 「지쳐가는 TK 간호사들…"더 못 버텨" 집단사표도」 기사의 제목에 대해 각각 '주의' 결정을 내렸다. 해당 기사와 제목이 신문윤리강령 제2조 「언론의 책임」, 신문윤리실천요강 제3조 「보도준칙」 전문, 제10조 「편집지침」 ①(표제의 원칙)을 위반했기 때문이다.

국민일보와 한국일보는 기사 혹은 제목에서 코로나19 전담 병원인 포항의료원 간호사들이 "코로나 병동에 가기 싫어서" 혹은 "지쳐서" 집단사표를 냈다고 보도했다. 그러나 이후 병원 측은 이 보도가 사실과 다르다는 입장을 언론 등을 통해 밝혔음에도 두 신문은 후속보도를 통해 병원 측의 입장을 반영하지 않았다.

국민일보 기사는 "간호사 16명이 집단 사표를 제출한 뒤 무단결근하는 사태가 벌어졌다."며 익명의 포항의료원 관계자 말을 인용해 "코로나19 환자가 몰리자 간호사 16명이 "다른 병원으로 전원시켜 달라"며 사직서를 제출했다.'고 보도했다.

편집자는 나아가 큰 제목을 「"코로나 걸리기 싫어" 집단 사표 낸 간호사들」이라고 달았다. 기사와 제목 모두 간호사들이 코로나19 때문에 집단사표를 냈다는 단정적인 내용이다.

한국일보는 "포항의료원 간호사 16명은 지난달 28일 사표를 제출해 1일 수리됐다. 모두 초등학생 이하의 어린 자녀를 둔 20, 30대의 젊은 간호사들로, 임신한 간호사도 있었다."는 내용을 보도하면서 기사 큰 제목을 「지쳐가는 TK 간호사들…"더 못 버텨" 집단사표도」라고 달았다. 기사 본문은 간호사들의 열악한 근무환경과 개인적인 어려움 등에 초점을 맞춰 기술했으나, 제목만 놓고 보면 간호사들이 격무에 더 이상 버티지 못해 항의성 집단사표를 냈다는 것으로 읽힌다.

그러나 위 기사 보도 이후 미디어오늘과 경북일보 등 지역신문은 잘못된 보도라는 포항의료원측의 주장을 보도했다. 사표를 낸 16명 가운데 11명은 공무원시험 준비, 결혼, 타 의료원 이직 등을 이유로 코로나 확산 전 연초에 사직의사를 밝혔고, 나머지 5명은 육아 문제 등 집안 사정으로 사표를 낸 것이지 코로나에 걸리기 싫어서, 혹은 치료현장이 힘들어서 사표를 낸 간호사는 없다는 것이다. 이들은 당초 1~2월 사직하려다 대체인력이 투입되기로 한 3월까지 사직을 미뤘다는 것이다. 이러한 사실을 보건복지부가 확인했으며, '건강권 실현을 위한 행동하는 간호사회'는 언론 사과를 촉구하는 성명을 냈다.

신문윤리위는 "두 신문의 취재 및 보도 과정에서 포항의료원이나 간호사측의 입장이 기사에 충실하게 반영되었다고 보기 어렵다"며 "게다가 두 신문은 위 기사 보도 이후에도 포항의료원측의 입장을 지면에 반영하려는 노력을 기울이지 않았다"고 제재 이유를 밝혔다.

〈신문윤리, 제246호 1면(2020. 4.)〉

2. 확진자 방문 이태원 '게이클럽' 명시한 30개사 제재

첫 보도 국민일보 포함 30곳 '주의'
강원·머투 '수면방' 선정보도 '경고'
성소수자 인권 소홀·방역 도움안돼

코로나19 확진자가 방문했던 이태원 클럽을 '게이 클럽'으로 밝히거나, 게이 전용 수면방 실태를 흥미 위주로 보도해 성소수자들의 인권보호를 소홀히 한 온라인신문사에 무더기 제재가 내려졌다.

한국신문윤리위원회는 제943차 회의에서 국민일보 5월 7일 자 「[단독] 이태원 게이클럽에 코로나19 확진자 다녀갔다」 제목의 기사 등 30개 매체가 보도한 30건의 기사에 대해 신문윤리실천요강 제1조 「언론의 자유·책임·독립」 ④(차별과 편견의 금지) 위반으로 '주의' 조처했다.

또 강원일보 5월 10일 자 「게이가 알려주는 '블랙수면방'의 실체… "동물의 왕국이다"」 제목의 기사, 머니투데이 5월 12일 자 「커튼만 쳐진 컴컴한 방, 5년 전 차마 못쓴 블랙수면방 취재기」 제목의 기사에 대해 '경고'를, 국민일보 5월 9일 자 「"결국 터졌다"… 동성애자 제일 우려하던 '찜방'서 확진자 나와」 제목의 기사에 대해서는 '주의' 조처했다. 제재 사유는 신문윤리실천요강 제1조 「언론의 자유·책임·독립」 ④(차별과 편견의 금지), 제3조 「보도준칙」 ⑥(재난보도) 위반이다.

국민일보는 5월 7일 오전 7시 21분 [단독] 이태원 게이클럽에 코로나19 확진자 다녀갔다」는 제목으로 확진자 방문 클럽 중의 하나가 게이 전용클럽이었다는 사실을 처음 보도했다. 당시 해당 업소는 물론 방역 당국도 게이클럽이 포함됐다고 밝히지 않은 상태였다. 그러나 국민일보 보도 이후 다음날까지 29개 신문·통신이 기사 또는 제목에서 용인 66번 확진자가 방문한 클럽이 '게이클럽'이라고 밝혔다.

상당수의 매체는 국민일보의 보도를 인용해 확진자가 게이클럽 '킹'을 다녀갔다고 구체적으로 적시했으며, 나머지 다른 매체들은 업소명을 이니셜로 처리했지만 '게이클럽'이라고 명시했다.

한국기자협회 등이 지난 4월 제정한 「감염병 보도 준칙」은 "감염인을 취재하는 것만으로도 차별과 낙인이 발생할 수 있으므로 감염인과 가족의 개인정보를 보호하고 사생활이 침해되지 않도록 노력해야 한다"고 명시하고 있다. 또 2011년 제정된 「인권보도준칙」은 "반드시 필요하지 않을 경우 성적 지향이나 성 정체성을 밝히지 않도록" 하고 있다.

한편 강원일보와 머니투데이는 확진자가 서울 강남의 블랙수면방을 들렀다고 보도하면서 게이 전용 사우나에 대해 지나칠 정도로 자세하게 설명했다. 당국이 방역을 위해 확진자가 다녀간 업소명이나 시간대 등 최소한의 정보를 공개한데 비해, 두 신문사는 이 곳에서 벌어지는 성행위 등을 적나라하게 파헤침으로써 성소수자들에 대한 혐오를 부추긴 측면이 있다.

윤리위는 "이번 보도는 선정성에 치우침으로써 대중의 관심은 방역이 아니라 동성애 호기심으로 변질하고, 성소수자들에 대한 차별과 혐오를 부추겼으며 해당 업소를 방문한 당사자들은 신분노출 때문에 검사를 피하게 돼 '공익을 위한' 보도는 방역에 되레 해가 된 측면이 있다"면서 "언론은 소수자와 사회적 약자의 권리를 보호하고 편견을 배제해야 한다"고 밝혔다.

〈신문윤리, 제248호 3면(2020. 6.)〉

3. 성매매 기사에 조국 전 장관 부녀 연상 삽화 게재 '경고'

조선닷컴 6월 21일 자 성매매 기사에 사용된 삽화

조선닷컴, 2월 보도한 삽화 재사용
당사자 인격·명예 훼손 심각 판단
온라인·신문지면 사과문에도 제재

조국 전 법무부장관 부녀를 연상케 하는 삽화를 성매매 관련 기사에 함께 게재해 당사자의 인격과 명예를 훼손한 조선닷컴에 대해 제재가 내려졌다.

한국신문윤리위원회는 제955차 회의에서 조선닷컴 6월 21일 자 「[단독] "먼저 씻으세요" 성매매 유인해 지갑 털어」 기사의 삽화에 대해 '경고' 결정을 내렸다. 신문윤리강령 제2조 「언론의 책임」과 제3조 「보도준칙」 전문, 제11조 「명예와 신용 존중」 ①(명예·신용 훼손 금지)를 위반했다는 이유에서다.

기사는 전국을 돌며 절도 행각을 벌인 20대 여성 A씨 등 3명이 집행유예를 선고받았다는 판결 내용을 다루고 있다. 이 3인조는 채팅 앱을 이용해 남성을 불러낸 뒤, 남성이 샤워를 하는 사이에 소지품을 훔쳐 달아났다는 것이다.

조선닷컴은 이 기사와 함께 남녀 3인조와 성매매 남성으로 보이는 남성 1명이 그려진 삽화를 게재했다. 삽화 속 여성은 조 전 장관의 딸 조민씨가

연상되는 모습이고, 성매매 남성으로 설정된 인물은 한쪽 어깨에 백팩을 둘러멘 조 전 장관의 뒷모습과 흡사하다. 과거 언론에 보도됐던 조 전 장관과 조민씨 사진을 삽화로 옮겨놓은 것으로 보인다. 조선닷컴은 해당 삽화가 논란이 되자 6월 23일 이를 다른 삽화로 교체했다.

문제의 삽화는 조 전 장관 부녀를 소재로 쓴 조선일보 2월 27일 자 B05면의 「서민의 문파타파」라는 기사에 한 차례 사용됐던 것이다. 당시에는 내용상 아무런 문제가 안 됐다. 하지만 같은 삽화를 성매매 사기 절도단 기사에 그대로 사용한 결과 마치 조 전 장관 부녀가 성매매와 관련이 있는 것처럼 인식되는 상황으로 바뀌었다.

6월 21일 오전 5시에 등록한 이 기사를 보고 조 전 장관이 22일 밤 11시 55분 자신의 페이스북 계정에 이 사실을 올리면서 화제가 되기 시작했고, 23일 오전부터 거의 모든 신문이 관련 기사를 온라인에 올렸다.

한편 이 보도 후 신문윤리위원회에는 조선닷컴의 보도가 비윤리적이며 조 전 장관 부녀의 명예를 크게 훼손했다며 제재를 촉구하는 독자들의 제보가 빗발쳤다. 홈페이지 제보 난에 42건, 전화 2건

등 모두 44건에 이르렀다.

조선닷컴은 6월 23일 오전 11시 50분 사과문을 올리고 홈페이지 메인 화면에도 눈에 띄는 큰 활자로 사과문 인덱스를 올렸다. 사과문은 2월 27일 자 다른 기사에 쓴 삽화가 기사 내용과 비슷해 이 삽화를 쓴 것이며, 문제가 있다고 판단해 2시간 30분 후 교체했다고 밝혔다. 단순 실수이고, 신속히 바로잡았다는 취지다. 이어 조선일보도 6월 30일 자 신문 지면에 해당 삽화가 게재된 경위와 함께 사과문

을 게재했다.

신문윤리위는 "제작상의 부주의에서 비롯된 것이라는 조선닷컴의 주장을 감안하더라도 단순 실수로 받아들이기엔 사회적 파장이 너무 컸고, 조전 장관 부녀의 인격과 명예를 심각하게 훼손했으므로 엄중한 책임을 묻지 않을 수 없다."고 제재 이유를 밝혔다.

〈신문윤리, 제260호 1면(2021. 7.)〉

4. "유명배우가 성관계 요구" 실명 공개 무더기 제재

실명 안 밝힌 발언 보도하며
상대방 팬 반응 함께 기사로 실어
스포츠경향 등 10개 매체에 '주의'
헤럴드경제 등 4곳은 사진도 게재

유튜브나 사회관계망서비스(SNS)에 올린 유명인에 대한 억측이나 일방적 주장을 인용하면서 실명을 공개, 해당 인물의 명예를 훼손한 신문·통신사에 무더기 제재가 내려졌다.

한국신문윤리위원회는 제957차 회의에서 스포츠경향 9월 13일 자 「○○○ '성관계 요구 갑질' 폭로 일파만파」 제목의 기사와 헤럴드경제 온라인판 9월 11일 자 「○○○ '잠자리 요구男 배우' 추측글 난무하자 △△△ 팬 성명 발표 "법적 조치"」 제목의 기사 외 같은 내용을 다룬 온라인신문·통신사 8개 매체 8건의 기사에 대해 각각 '주의' 조처했다.

제재를 받은 온라인매체는 헤럴드경제 외에 세계일보, 문화일보, 일간스포츠, 제민일보, 파이낸셜뉴스, 국제뉴스, 스포츠조선, 뉴시스다. 제재 이유는 신문윤리실천요강 제11조 「명예와 신용존중」 ①(명예·신용 훼손 금지) 위반이다.

스포츠경향 등은 배우 ○○○가 유튜브 채널에

서 과거 드라마 촬영 중 남자배우로부터 당한 언어적 성희롱 등 성폭력에 대해 언급한 내용과 이에 대한 팬들의 반응 등을 전했다.

하지만 ○○○가 남자배우의 실명을 밝히지 않았음에도, △△△ 팬들이 "△△△에 대한 허위 사실을 유포해 △△△의 명예를 훼손한 사람들의 범죄행위를 추적해 가능한 모든 법적 조치를 취하겠다"는 성명을 내놓자 이를 그대로 실었다.

신문윤리위는 "○○○와 함께 연기한 여러 배우의 이름이 오르내린다고 하면서도, 그 상대가 밝혀지지 않은 상황에서 유독 △△△만을 언급하는 것은 '△△△가 가해자'라고 오인할 여지가 있다"면서 "설령 △△△가 문제의 배우인 게 사실이라 할지라도 이를 밝히는 것은 당사자의 명예를 훼손하는 것이다"고 밝혔다.

헤럴드경제, 문화일보, 일간스포츠, 제민일보는 △△△의 사진까지 게재했는데, 신문윤리위는 "△△△가 이미 널리 알려진 유명 배우라 해도 굳이 사진까지 게재한 것은 자칫 그가 성폭력의 가해자인 것처럼 낙인찍힐 위험이 있다"고 지적했다.

〈신문윤리, 제262호 1면(2021. 10.)〉

5. 축구 대표선수 '사생활 폭로' SNS 글 실명 밝히며 인용 보도

'다수 여자와 바람 피웠다' SNS 주장
사실 확인 없이 실명 공개하며 보도
스포츠경향 · 부산 · 세계일보에 '주의'

유명 축구선수가 여자친구와 교제하는 동안 다수의 다른 여자들과 바람을 피웠다는 확인되지 않은 SNS 주장을 실명까지 밝히며 그대로 인용 보도한 신문사에 제재가 내려졌다.

한국신문윤리위원회는 제958차 회의에서 스포츠경향 10월 5일 자 「"축구 대표팀 ○○의 더러운 사생활…」 제목의 기사, 부산일보 10월 5일 자 「축구선수 ○○ 사생활 폭로글 논란…"10명 넘는 여성과 바람"」 제목의 기사, 세계일보 10월 5일 자 「"1년 반 동안 10명 넘는 女와 바람…문란한 모임도" 축구 국대 ○○ 사생활 폭로 터졌다」 제목의 기사에 대하여 각각 '주의' 조처했다.

스포츠경향 등 3개 매체는 축구 국가대표 선수 ○○의 연인이었다고 주장한 여성 A씨가 SNS를 통해 "자신과 교제하던 1년 반 동안 ○○은 10여명의 여자들과 바람을 피웠고, 코로나 집합금지를 어기고 8명이 모여 파티를 했다"라고 주장했다고 보도했다.

스포츠경향은 뉴스스탠드에 「"축구 대표팀 ○○의 더러운 사생활…」이란 제목으로, 부산일보는 「…"10명 넘는 여성과 바람"」, 세계일보는 「"1년 반 동안 10명 넘는 女와 바람… 문란한 모임도"」라는 제목으로 A씨의 폭로 내용을 사진과 실명을 사용해 각각 기사화했다. 하지만 A씨는 이후 "팩트와 다른 내용이 있다"라고 사과한 뒤 폭로 글을 삭제했다. 신문들은 이러한 내용을 보도하면서 기사와 제목에 인용부호를 사용하긴 했지만 당사자에게 치명적인 내용의 일방적 주장을 여과 없이 옮긴 것이다.

신문윤리위는 "당사자의 해명을 도외시한 채 그의 실명과 함께 민감한 사안을 '더러운 사생활' 등의 표현을 사용해 공개적으로 밝힌 것은 ○○의 명예를 훼손하는 것이다"며 "이 보도는 신문윤리실천요강 제11조 「사생활 보호」 ①(명예 · 신용 훼손 금지), 제12조 「사생활 보호」 전문을 위반했다"고 밝혔다.

신문윤리실천요강에는 언론인은 공익을 위해 부득이 필요한 경우를 제외하고는 개인의 사생활을 보도 · 평론해서는 안된다고 규정하고 있다.

〈신문윤리, 제263호 3면(2021. 11.)〉

6. 또 '성유리 남편'…범죄 무관한 연예인 실명 공개 무더기 제재

5월에도 34개 매체 제재 받아
국제뉴스 등 19개 매체 '주의'
12곳은 성유리 사진까지 게재

'성유리 남편 프로골퍼 안성현 다시 구속 위기'
지난 8월 말 국내 상당수 매체가 인터넷 뉴스로

쏟아낸 기사의 제목이다. 제목에서 보듯 프로골퍼 안씨는 한차례 구속위기를 넘겼었다. 지난 4월이었다. 이 당시에도 많은 국내 언론들이 기사의 제목에 성유리의 남편으로 안씨를 소개했다. 과거 인기그룹 '핑클'의 성유리는 범죄와 무관한데도 남편의 범죄에 연루된 것인양 언론의 조명을 받았다.

일부 매체가 기사에 게재한 전 프로골퍼 안성현과
배우 성유리 사진

신문윤리강령은 이러한 보도의 위험성에 대해
주의를 촉구하고 있다. 신문윤리실천요강 제7조
「범죄보도와 인권존중」 ③(범죄와 무관한 가족 보
호) 조항을 둬 범죄와 관련이 없는 가족의 신원을
밝혀서는 안 된다고 규정하고 있다.

그러나 국내 대다수 언론들은 관행적으로 유명
연예인이나 공인의 가족이 범죄에 연루되면 '누구
의 아들'이라는 형태로 유명인의 신원을 밝히고 있
다. 게다가 독자의 시선을 사로잡기 위해 대부분
제목에 유명인을 노출하고 있다.

8월 29일 국제뉴스 등 19개 매체가 프로골퍼 안
씨의 범죄사실을 다루면서 안씨를 '성유리의 남편'
으로 묘사한 제목을 달고, 사진을 실었다. 한국신문

윤리위원회는 제978차 회의에서 이들 매체의 제목
과 사진에 대해 '범죄와 무관한 가족 보호'조항을
적용해 각각 '주의' 조처했다.

이들 매체의 기사는 코인 상장 뒷거래 의혹을
수사 중인 검찰이 프로골퍼 출신 안성현씨와 이상
준 빗썸 홀딩스 대표에 대해 구속영장을 청구했다
는 내용이다.

이들 매체는 이들 두 사람이 배임수재 혐의를
받고 있다는 소식을 전하면서, 프로골퍼 안성현씨
에 대해 '성유리 남편' 이라거나 '핑클 출신 성유리
남편' 이라는 수식어를 붙였다. 또 이들 매체 중 국
제뉴스 등 12개 매체는 안성현씨와 성유리가 함께
한 사진 또는 성유리 단독사진을 게재했다.

신문윤리위는 "남편의 범죄사실을 적시한 기사
에 범죄와 무관한 성씨의 사진을 실어 그의 인권을
침해한 것"이라며 "이러한 보도태도는 언론의 신
뢰를 훼손할 수 있다"고 제재 이유를 밝혔다.

앞서 지난 5월 제975차 회의에서도 신문윤리위
는 안씨의 범죄사실을 보도하면서 그의 아내 성유
리씨를 제목으로 올린 34개 매체에 대해 같은 내
용으로 '주의' 결정을 내린 바 있다.

〈신문윤리, 제283호 3면(2023. 9.)〉

7. 일방적 강성 친명계 주장 '민주당 수박감별 명단' 그대로 노출

근거 갖춘 객관적 사실과 거리멀어
언론이 사실상 '살생부' 유포 동참
뉴시스 · 세계일보 · 대전일보 '주의'

더불어민주당에서 수박은 '겉은 민주당, 속은 국
민의힘'이란 뜻으로 친명(이재명)계측이 비명계측
을 지칭할 때 쓰이는 표현이다. 강성 친명계는 수
박 당도를 매겨 비명계를 분류하고 비판한다. 때문
에 이들이 매긴 수박 당도는 일부의 주장일 뿐이

지, 근거를 갖춘 객관적인 사실은 아니다.

그런데도 일부 매체는 정치권에서 회자되고 있
다는 이유로 민주당 소속 의원들의 정치 성향을 자
의적으로 분석한 '수박당도 감별' 명단을 여과 없
이 보도했다.

한국신문윤리위원회는 제980차 회의에서 10월
4일과 6일 사이에 '수박감별' 명단을 보도한 세계
일보의 「…개딸 사이서 '수박 감별 사이트' 떠돌
아」, 뉴시스의 「…'수박감별' 명단 유포 논란」, 대전
일보의 「[뉴스 즉설] '수박 처단' 민주당 살생부…」

제목의 기사에 대해 신문윤리강령 제2조 「언론의 책임」, 신문윤리실천요강 제3조 「보도준칙」 전문 위반으로 각각 '주의' 결정했다.

이들 매체는 더불어민주당 강성 지지층 사이에서 국회 본회의 투표 등을 추정·종합해 사실상 반(反)이재명 노선일수록 당도가 높은 것으로 표현된 '수박 감별' 명단이 돌고 있다고 보도했다.

그러면서 명단의 내용, 즉 실제 정치인의 이름을 적시했다.

세계일보는 제목에서 '강병원은 '당도 5' 정청래는 '당도 0'라고 표기하고 "강병원 민주당 의원은 △검사탄핵 불참 △불체포 특권 포기 찬성 △대의원 1인1표제 반대 △'민주당의 길' 참여 △'민주주의 4.0' 회원에 속하는 것으로 분류되면서 '당도 5'가 매겨졌다."고 보도했다. 또 "강 의원과 함께 김종민·윤영찬·최종윤·홍영표 의원이 똑같은 점수를 받았다"고 등급별로 소개했다.

뉴시스도 수박당도 '5'를 기록한 의원의 명단을 보도하고 "당도 '4'인 의원은 김영배·박용진·양기대·오기형·이용우·이원욱·조응천 등 7명이었다"며 국회의원 이름과 등급을 자세히 게재했다.

대전일보 또한 '당도 5'와 '당도 4'의 의원들을 적시하고, "고민정 최고위원은 '당도 2'를 받았다"고 기술했다.

이들 매체는 명단이 정리된 표도 게재했다. 세계일보는 13명, 뉴시스는 12명, 대전일보는 21명의 이름이 보이는 표를 각각 돋보이게 처리하기도 했다.

신문윤리위는 "특정 인물과의 친소에 따른 '살생부'로 보이는 명단을 유포해 공천 등에 영향력을 미치려는 듯한 행위는 '다양한 의견 존중'이라는 민주주의의 기본원칙을 훼손할 수 있다"고 지적했다.

또 "언론이 이재명 대표의 일부 강성지지층이 주장하는 '수박 당도 감별'을 사실관계를 따지지 않고 게재하는 것은 사실상 명단 유포에 동참하는 것으로 언론의 막중한 책임을 외면했다는 지적을 받을 수 있다"고 밝혔다.

신문윤리위는 "이러한 보도는 '사안의 전모를 충실하게 전달하고, 출처 및 내용을 정확히 확인해야 한다'는 신문윤리실천요강에 어긋난다"고 제재 이유를 밝혔다.

〈신문윤리, 제285호 3면(2023. 11.)〉

8. 네티즌의 '대전교사 가해자' 일방적 비방, 검증없이 인용 보도

제목에 '살인자' '살인마'로 지칭
6개 매체 근거 없는 보도에 '주의'

온라인 커뮤니티의 글은 사실관계가 불분명한 게시자의 의견이고 주장일 뿐이다. 특히 특정인을 비방하는 주장은 명예훼손 등의 법률적인 문제가 발생할 수 있다. 일부 언론이 커뮤니티 글을 인용 보도하면서 특정인을 살인마로 지칭한 제목을 달아 제재를 받았다.

한국신문윤리위원회는 제981차 회의에서 11월 5일과 6일 사이 "'대전 ○○초 교사 살인마가 우리 동네로 이사 왔다'…주민 분노"라는 내용으로 보도

한 뉴스1 등 6개 언론사 기사의 제목에 대해 '주의' 조처했다. 이들 기사의 제목이 신문윤리강령 제2조 「언론의 책임」, 신문윤리실천요강 제3조 「보도준칙」 ⑥(선정보도 금지)를 위반했다는 이유에서다.

이 기사들은 지속적인 악성 민원에 스스로 목숨을 끊은 대전 초등학교 교사의 가해자로 지목된 학부모 가족이 대전 내 다른 지역으로 이사를 했다는 주장이 나와 해당 지역 학부모들의 공분을 사고 있다는 내용을 다루고 있다.

매체들은 온라인 커뮤니티에 올라온 "○○초 살인자 집안"이란 글을 기초로 기사를 작성했으며, 제목에 가해자로 지목된 학부모에 대해 '대전교사 살인자' '살인마'로 지칭했다.

이들 매체는 해당 주민의 주장을 인용부호로 처리해 제목을 달았으나 주장 자체가 사실관계에 맞지 않다는 지적을 받았다. 해당 학부모 가족이 가해자로 지목돼 비난을 받고 있더라도 "살인자 집안"으로 매도하는 것은 사실확인과 근거를 갖추지 않은 주장이라는 의미. 근거 없는 주장을 제목에 올려 언론의 책임을 다하지 않았다는 것이다.

신문윤리위는 "이들 매체는 이를 검증 없이 보도함으로써 사실상 '과도한 사적 제재'에 일조한 측면이 있다"며 "이러한 제목 달기는 독자의 호기심을 겨냥한 것으로 언론의 신뢰를 훼손할 수 있다"고 지적했다.

〈신문윤리, 제286호 3면(2023. 12.)〉

9. '강남 벤츠녀' 신원 공개는 '인격권 침해'

음주운전 사망사고 나이트클럽 DJ
예명·본명 밝히고 사진까지 게재
국제뉴스 등 20개 매체 기사 '주의'

언론 보도화면(편집자 모자이크 처리)

신문윤리강령은 범죄보도에 있어 형사 피의자나 피고인의 인권을 존중할 것을 주문하고 있다. 무죄 추정의 원칙에 따라 그들의 명예와 인격권을 보호하자는 취지다. 특히 얼굴 공개는 보다 신중해야 한다는 점을 강조하고 있다. 얼굴을 공개함으로써 당사자와 가족의 인격권이 침해될 수 있기 때문이다.

그러나 상당수 언론은 비난 여론이 빗발치는 사건인 경우, 공인이 아닌데도 형사 피의자의 신원을 밝히거나 얼굴을 공개하고 있다.

한국신문윤리위원회는 제984차 회의에서 2월 5일과 10일 사이 음주운전 사망사고를 낸 소위 '강남 벤츠녀' 사건을 보도한 국제뉴스 등 20개 매체의 기사에 대해 신문윤리실천요강 제7조 「범죄보도와 인권존중」 ②(피의자·피고인·참고인 등 촬영 신중) 위반으로 각각 '주의' 조처했다.

국제뉴스 등 이들 매체는 서울 강남에서 음주운전을 하다가 사망사고를 낸 사건을 다루면서 가해자의 신원을 밝히고, 사진을 실었다. 가해자가 나이트클럽 유명 DJ라며 그의 예명을 밝히고, SNS에서 캡처한 그의 사진을 게재했다. 일부 매체는 '만취 벤츠녀'로 프레임을 씌워 제목을 달고 노골적으로 그를 비난했다.

그러나 이 사건으로 경찰에 구속된 DJ○○은 나이트클럽의 DJ이지, 공인은 아니다. 또한 형(刑)이 확정되거나 경찰에 의해 얼굴 공개가 결정된 바 없는 일반 형사피의자일 뿐이다.

그런데도 이들 매체는 그의 예명을 밝히고, 포즈를 취한 그의 사진을 실었고, 일부 매체는 본명까지 밝혔다.

비록 DJ○○이 교통사고 발생 직후 사고 수습 미흡으로 비난받고 있고, 구속된 상태에서 엄벌을 요구하는 탄원이 잇따르고 있다손 치더라도 이것만으로 그가 국민의 알권리에 해당하는 공적 관심사의 대상이 됐다고 보기는 어렵다. 또한 형이 확정되기 전의 형사피의자는 무죄 추정의 원칙에 따라 인격권을 존중받아야 하고, 언론이 이를 보호하는 것이 올바른 보도태도다.

신문윤리위는 "공익과 무관한 일반 형사 피의자의 신상을 공개하고, 사진을 게재하는 것은 해당 피의자의 인격권을 침해하는 것으로 언론의 신뢰를 훼손할 수 있다."고 제재 이유를 밝혔다.

〈신문윤리, 제289호 3면(2024. 3.)〉

10. 야권 비례대표 뭉뚱그려 '종북인사'로 단정한 제목은 잘못

더불어민주연합 비례대표 후보 10명
사진·활동 이력 신고 '종북인사' 표현
문화일보 객관적 근거 없는 보도 '주의'

야권 비례연합정당인 더불어민주연합의 4·10 총선 비례대표 후보들을 '반미·종북인사'로 지칭한 기사 제목에 제재가 내려졌다.

한국신문윤리위원회는 4월 제985차 회의에서 문화일보 3월 11일 자 4면 「반미·종북인사, 野숙주로 '금배지' 초읽기」 기사의 제목에 대해 '주의' 조처했다. 제재 이유는 신문윤리강령 제4조 「보도와 평론」, 신문윤리실천요강 제10조 「편집지침」 ①(제목의 원칙) 위반이다.

기사는 더불어민주연합의 4·10 총선 비례대표 후보로 한미연합 군사훈련과 사드(THAAD·고고도미사일방어체계) 배치를 반대하는 등 급진 좌파 단체에서 활동한 인물들이 대거 선출되면서 '반미연대' 논란이 확산하고 있다고 주장했다.

기사는 "특히 시민사회 몫 후보 선출 과정에선 진보당과 긴밀한 관계에 있는 '겨레하나' 출신 인사가 각각 심사위원과 후보로 참여한 것으로 나타나 "비례대표 후보 심사가 친북·반미 세력의 국회 입성을 보조하기 위한 요식적 행위에 그쳤다"는 비판도 제기된다"고 기술했다. 기사는 이어 "한동훈 국민의힘 비상대책위원장은 이날 오전 비대위 회의에서 "비례대표 1번 후보의 경우 한미연합훈련 반대와 주한 미군 철수를 외치던 단체의 대표 출신"이라며 "더불어민주당의 이번 총선 공약이 반미가 아니라면 이런 인사가 비례대표 1번으로 선정되는 것을 설명할 수 없다"고 지적했다"고 전했다.

기사는 또 본문과 표를 통해 몇몇 후보들에 대해 한미연합 군사훈련 반대 집회 참여, 이적 단체로 규정된 조국통일범민족연합(범민련)의 실무회담 대표 이력, 경북 성주에서의 사드 배치 반대 시위, 국보법 위반 수배, 이석기 전 통진당 의원 특별사면 주장 등의 활동 이력을 지적했다.

그런데 편집자는 기사의 큰 제목을 「반미·종북인사, 野숙주로 '금배지' 초읽기」로 달았다. 편집자는 '친북·반미 세력의 국회 입성' 비판, 한동훈 비대위원장의 '한미연합훈련 반대와 주한 미군 철수를 외치던 단체의 대표 출신' 비판 발언, 일부 후보들의 국보법 위반과 사드 배치 반대 시위 활동 전력 등을 고려해 '종북인사'라는 표현을 사용한 것으로 보인다.

그러나 본문에는 '종북인사'로 볼 수 있는 객관적 근거가 제시돼 있지 않다. 일부의 '친북·반미' 활동 이력 등을 근거로 인용부호도 없이 '종북인사'라고 단정했다고 보여진다.

게다가 군인권센터 소장, 서울대 의과대학 의료관리학교실 교수, 청와대 전 비서관, 용혜인 의원 등에게 '반미' 또는 '종북인사' 딱지를 붙이는 것이 설득력이 있는지 의문이다.

일반적으로 '종북'은 '북한 김일성의 주체사상과 북한 정권의 노선을 무비판적으로 추종하는 경향'을 일컫는 말이다. 이념적 성향이 북한과 가깝거나 북한을 추종한다며 비판할 때 주로 사용되므로 특정인이나 특정 단체를 지목해 '종북인사'로 부르는 것은 신중해야 한다.

신문윤리위는 "야권의 비례대표를 명확한 근거 없이 '종북인사'로 단정한 제목은 편견이나 자의적 판단에 따라 사실관계가 과장, 왜곡됐다는 지적을 받을 소지가 있다"면서 "이러한 제목 달기는 보도의 정확성과 객관성, 신문의 신뢰성을 해칠 우려가 있다"고 밝혔다.

〈신문윤리, 제290호 1면(2024. 4.)〉

11. 국제뉴스, 지난해 이어 살인 피의자 개인정보 또 공개 '경고'

의대생 여자친구 살해사건 발생후
'수능 만점자 꿀팁' 통해 실명 보도
사건과 무관한 대학까지 밝혀

국제뉴스가 살인사건 피의자의 개인 정보를 우회적으로 공개해 '경고' 처분을 받았다. 특히 이 매체는 지난해에도 유사한 방법으로 피의자와 그 가족을 공개해 제재를 받은 바 있다.

한국신문윤리위원회는 제987차 회의에서 국제뉴스가 5월 8일 송고한 「'수능만점자' 의대생 최OO이 전하는 꿀팁 "이국종이 롤모델"」(이하 '롤 모델'), 「수능 만점 의대생 최OO, 인스타 화제…'여친과 셀카'」(이하 '셀카') 제목의 기사에 대해 신문윤리실천요강 제7조 「범죄보도와 인권존중」 ①(피의자 및 피고인의 명예 존중), 제11조 「명예와 신용 존중」 ①(명예·신용 훼손 금지) 위반으로 '경고' 결정했다.

이 기사들은 2018학년도 대학수학능력시험 만점자인 화성 출신 최OO씨를 소개하고 있다. '롤 모델' 기사는 "2025학년도 대학수학능력시험이 200일도 채 남지 않은 가운데 과거 수능 만점자들의 꿀팁이 관심을 받고 있다"면서 최씨의 과거 인터뷰로 공개된 고득점 팁을 전하고 있다.

기사는 "2018학년도 대학수학능력시험 만점자 화성 출신 최OO씨에 대한 누리꾼들의 관심이 이어지고 있다"는 내용이다. 기사에 최씨의 인스타그램 계정을 캡처한 사진도 감춤처리하면서 실었다. 국제뉴스는 '롤 모델' 기사를 보도한 후 2시간 반만에 '셀카' 기사를 송고했다.

국제뉴스가 최씨를 공개한 것은 이틀 전 서울 강남 한 건물의 옥상에서 발생한 살인사건과 관련이 있다. 이 사건은 20대가 5월 6일 여자친구를 흉기로 살해하고, 투신하려다 경찰에 붙잡힌 사건이다. 범인이 '서울지역 유명대학에 다니는 수능 만점 의대생'이라는 사실이 확산되는 시점에서 국제뉴스의 두 기사가 보도됐다. 결국 국제뉴스는 기사에서 살인사건과 가해자를 직접적으로 언급하지 않았지만 사실상 여자친구를 잔혹하게 살해한 범인이 '최OO'이라고 실명을 공개한 것이다.

또 기사에서 "최 씨의 인스타그램 계정은 현재 비공개로 전환됐다" "프로필 사진은 여자친구로 추정되는 인물과 찍은 셀카로 공개돼 있어 주목받고 있다"고 기술해 우회적으로 해당 여자친구가 피해자일 가능성을 내비쳤다. 일반 형사피의자의 개인정보를 우회적으로 공개하는 것은 공익과는 무관하며, 형사피의자의 명예와 인격권 보호 관련 한국신문윤리위원회 실천요강의 규정을 위반한 것이다.

또한 기사는 최OO이 다니는 서울지역 유명대학이 'XX대'임을 특정해 살인사건과 무관한 해당 대학교의 명예와 신용을 훼손했다.

신문윤리위는 "국제뉴스는 이처럼 사회의 이목을 끄는 사건보도에서 그릇된 보도 방식을 반복해 언론의 신뢰를 크게 떨어뜨리고 있다"고 제재 이유를 밝혔다.

〈신문윤리, 제292호 2면(2024. 6.)〉

12. 어도어 대표 · 손가락 욕 사진 나란히 실어 제재

특정인 겨냥 모욕행위로 '명예훼손'
머니투데이 등 6개 매체 사진 '주의'

일부 매체가 게재한 민희진 대표와 손가락 욕설 사진(편집자 모자이크 처리).

지난해 12월 논산의 한 초등학교 3학년 학생이 교사에게 손가락 욕을 했다. 당시 이를 교권침해로 볼 것인가에 대한 논란이 벌어졌다. 6개월간 심의 끝에 논산 · 계룡교육지원청은 교권침해 행위에 해당한다고 최종 결정했다. 또 교사의 정신적 치유와 교권 회복에 필요한 조치를 하라고 권고했다.

손가락 욕은 성적인 의미의 모욕감을 주는 저속한 욕설로 상대에게 충격을 줄 수 있다. 게다가 논산 초등생이 그렇듯 어린이와 청소년들의 호기심을 자극할 수 있는 욕이다. 언론이 이를 주의 깊게 다뤄야 하는 이유다.

그러나 일부 매체가 이 욕설 사진을 특정인과 나란히 실었다.

한국신문윤리위원회는 제987차 회의에서 4월 26일 걸그룹 뉴진스의 소속사인 어도어 민희진 대표와 손가락 욕설 사진을 나란히 게재한 머니투데이 등 6개 언론사의 기사의 사진에 대해 신문윤리 실천요강 제3조 「보도준칙」 ⑥(선정보도 금지), 제11조 「명예와 신용 존중」 ①(명예 · 신용 훼손 금지), 제13조 「청소년과 어린이 보호」 ③(유해환경으로부터 보호) 위반으로 각각 '주의' 결정했다.

이들 기사들은 민대표의 기자회견과 이를 반박하는 주장을 다루면서 민 대표와 손가락 욕 이미지 사진을 같은 크기로 나란히 실었다. 이 사진은 분홍색 레이스가 달린 손목 끈을 맨 오른손을 쥐고 반지를 낀 가운뎃손가락만을 곧게 치켜 올린 것으로 민대표에게 향한 것이라는 의심을 사고 있다.

기사 제목도 '민희진 "뉴진스 아류" 저격할 때… 아일릿 디렉터는 '손가락욕' 올렸다'라는 내용으로 달았다. 이 욕설 사진은 민 대표가 기자회견 때 하이브 소속의 걸그룹 아일릿이 뉴진스를 모방했다고 주장하자 이에 발끈한 아일릿의 비주얼 디렉터가 자신의 SNS(소셜네트워크서비스)에 해당 '손가락 욕' 사진을 게재했다가 곧바로 삭제한 것이다.

결국 '손가락 욕' 사진을 민 대표의 얼굴 사진과 나란히 배치한 것은 민 대표를 겨냥한 나쁜 의도라고 볼 수밖에 없다. 이는 민 대표의 명예를 훼손하는 '2차 가해'일 수 있다.

신문윤리위는 "비록 민 대표에 대한 아일릿 디렉터의 입장을 반영한 보도라 하더라도 특정인에 대한 모욕 행위를 노골적으로 묘사하는 것은 민 대표의 명예와 신용을 훼손할 수 있다"며 "또한 손가락 욕설 사진을 그대로 게재하는 것은 선정적이고, 어린이와 청소년들이 이를 모방할 수도 있다"고 지적했다.

〈신문윤리, 제292호 3면(2024. 6.)〉

13. '밀양 성폭행' 가해자 신상·직업 공개한 43개 매체 제재

조선닷컴 등 3곳 '경고' 40곳 '주의'
유튜버 무차별 신상털이 편승 보도
당사자 명예훼손·사적 제재 부추겨

20년 전 발생한 '밀양 성폭행 사건'에 대하여 당시 가해자 처벌이 약했다며 최근 유튜버들이 무차별로 가해자 신상털이에 나섰다. 일부 언론매체들이 이에 편승해 온라인 뉴스를 통해 가해자의 신상이나 직업은 물론 가해자를 두둔했던 사람의 이름까지 공개해 무더기로 제재를 받았다.

한국신문윤리위원회는 제988차 회의에서 가해자를 두둔했던 당시 동급생(현재 경찰)의 이름과 직장을 공개한 2곳, 가해자의 이름과 얼굴을 함께 공개한 1곳에 대해 각각 '경고'했다. 또 가해자의 이름이나 직장, 출신 학교 등을 공개한 40곳에 대해서는 각각 '주의' 결정했다.

▶ **밀양 성폭행 사건**: 경남 밀양지역 고교생 44명이 울산 여중생 1명을 밀양으로 꾀어내 1년간 지속해서 성폭행한 사건으로, 2004년 12월 처음 보도됐다. 가해자 중 10명(구속 7명, 불구속 3명)이 기소됐고, 20명은 소년원으로 보내졌다. 나머지 가해자들은 피해자와 합의했거나 고소장에 포함되지 않아 '공소권 없음' 결정이 내려졌다.

이후 2014년 이 사건을 소재로 한 영화 '한공주'가 개봉됐으며, 2016년 드라마 '시그널' 등에서 다뤄져 관심을 끌어왔다.

◆ **가해자 편든 당시 동급생(현재 경찰)의 이름 공개**=신문윤리위원회는 7월 회의에서 조선닷컴 6월 3일 「밀양 성폭행범 옹호했던 현직 경찰 재조명…백종원 먹방도 논란」, 국민일보 6월 7일 「밀양 성폭행, 44명 미완의 처벌…심판 기회잡은 유튜버들」 기사의 사진에 대해 각각 '경고'했다.

제재 이유는 신문윤리실천요강 제11조 「명예와 신용존중」, ①(명예·신용 훼손 금지) 위반이다.

두 매체는 당시 가해자와 같은 학교 고3으로, 그들의 범행을 옹호했던 여학생이 뒤에 경찰관이 됐다는 사실과 함께 이 경관의 이름이 노출된 경찰서 홈페이지 댓글 캡처 사진을 그대로 실었다. 대부분 매체는 이름을 감춤처리했다.

조선닷컴은 밀양경찰서 댓글창을 캡처한 사진에서 '밀양성폭행 짐승 가해자들과 한편인 친구 ○○○-○○○' '○○○' 제목의 댓글을 그대로 보여줬다.

국민일보도 한 유튜브 채널의 캡처사진을 싣고 '밀양사건 옹호자 ○○○ 아이 2명 낳고 평범하게 사는 삶'이라는 동영상 제목을 노출했다. 두 매체는 캡처 사진을 통해 해당 사건의 가담자도 아닌 경관의 이름을 공개한 것.

신문윤리위는 "이 경관은 과거 이 사건을 옹호했던 사실에 대해 이미 정식으로 사과를 했고, 개명을 하고 가정도 꾸렸다. 그런데도 이들 매체는 이 경관의 신상을 노출해 사적 제재를 부추길 수 있는 선정적 보도를 했고, 개인의 명예를 훼손했다"고 지적했다.

이 경관의 이름을 공개하지는 않았지만 근무지인 밀양경찰서를 공개한 매경닷컴(6월 3일 「"못생긴 X 때문 고생"…밀양성폭행범 옹호 여경 신상 '탈탈', 같은 경찰도 등 돌려」 제목의 기사) 등 4개 매체에 대해서는 '주의' 결정했다. 경찰서를 공개한 것은 소속 경찰관들의 사기를 떨어뜨리고 소속 경찰서의 명예를 훼손한 것이라고 보았다.

◆ **가해자의 이름과 사진 공개**=신문윤리위는 또 경향신문 6월 5일 「'밀양 성폭행 사건' 피해자 지원단체, "신상공개 유튜버가 피해자 동의 구한 적 없어"」 기사의 사진에 대해서도 '경고'했다. 제재 이유는 신문윤리실천요강 제7조 「범죄보도와 인권존중」 ④(성범죄 등 2차 피해 방지), 제11조 「명예와 신용존중」, ①(명예·신용 훼손 금지) 위반 등.

기사는 "특정 유튜브 채널들이 가해자들의 신상을 잇따라 공개하고 있지만 피해자 측의 동의를 얻지 못한 것으로 드러났다"고 소개하면서도 이들 유튜버가 공개한 가해자들의 이름과 얼굴을 담은 사진을 그대로 실었다. 한 유튜브가 게재한 '밀양사건 주동자 ○○○ 딱 걸렸네' 제목의 영상을 캡처한 사진을 실으면서 ○○○으로 보이는 인물의 얼굴을 감춤처리 없이 그대로 노출한 것. 또 다른 가해자는 '○○○' 가운데 이름을 지웠으나 얼굴을 공개했다.

특정 유튜버가 무차별 공개하고 있는 이들의 신상을 언론이 그대로 옮기는 것은 피해자에게 2차 피해를 줄 수도 있다. 실제 피해자 측은 유튜버들에게 가해자들의 신상을 공개하도록 허락한 적이 없다고 밝히고 있다.

주동자로 지목된 ○○○의 범행 가담 정도를 모르는 상태이고, 현재 피의자 신분도 아닌데, 이름과 얼굴을 공개한 것은 당사자는 물론 가족에게 상처를 줄 수 있다고 윤리위는 판단했다.

다만 가해자의 △이름만 공개한 4개 매체 △이름 및 얼굴의 감춤처리가 부실한 2개 매체에 대해서는 제재 수위를 '주의'로 결정했다. 뉴스핌통신 등 4곳은 6월 5일 「'밀양 성폭행' 사건 일파만파… 사적 제재 우려도」 등 제목의 기사 사진에서 가해자의 이름을 공개했다.

매일신문 등 2개 매체는 6월 22일 「"근무한다는 회사에 전화했다" 또 공개된 밀양 가해자 신상」 등 제목의 기사 사진에서 가해자의 이름과 얼굴을 감춤처리했으나 알아볼 수 있을 정도였다.

◆ 가해자의 직장 및 출신 학교 등 공개=한경닷컴 등 15개사는 6월 2일 「밀양 성폭행 가해자가 그곳에…백종원 국밥집 조회수 폭발」 등 제목의 기사에서 가해자가 다니고 있는 국밥집을 특정해 '주의'를 받았다. 이들 기사는 「2022년 백종원의 유튜브 채널 '님아 그 시장을 가오' 코너」·「○○시장」·「국밥 없는 국밥집」·「육회비빔밥」등의 정보를 모두 공개해 해당 식당을 알 수 있도록 했다. 밀양 사건과 무관한 해당식당은 결국 휴업하는 피해를 입었다.

또 다른 가해자들이 다니는 직장인 ○○전자 등의 이름을 공개한 6곳이 '주의'를 받았다.

이와는 별도로 가해자들에게 학폭을 당했다는 기사를 쓰면서 ○○고가 적힌 졸업증명서를 사진을 공개한 9곳도 제재를 받았다.

〈신문윤리, 제293호 1·2면(2024. 7.)〉

14. 음주운전 사고에 가수 이름 붙인 '○○○ 수법' 보도는 잘못

당사자 명예훼손 · 사회적 책임 위반
문화일보 등 3개사 기사 · 제목 '주의'

음주운전 도주 사건을 가수 ○○○ 씨의 이름을 따 '○○○ 수법' 등으로 표현해온 언론 매체의 기사와 제목들이 주의 조치를 받았다.

한국신문윤리위원회는 제989차 회의에서 영남일보 7월 18일 자 8면 「대구 ○○○ 수법 뺑소니 붙잡혀…무면허 음주 10대」 기사와 제목, 大田日報 7월 26일 자 3면 「지역서 ○○○ 수법 꼼수 잇따라」 기사와 제목, 문화일보 8월 16일 자 9면 「음주운전 바꿔치고 술 타기… '○○○ 꼼수' 판친다」 기사와 제목에 대해 신문윤리실천요강 제1조 「언론의 자유·책임·독립」 ②(사회적 책임), 제11조 「명예와 존중」 ①(명예·신용 훼손 금지) 위반으로 '주의' 조처했다.

영남일보는 해당 기사에서 "음주 교통사고 상황에서 처벌을 피하고자 현장을 이탈하는 이른바 '○○○ 수법'과 유사한 사례가 대구에서도 벌어졌다"라고 전했으며, 그 제목을 「대구 ○○○ 수법 뺑소니 붙잡혀…무면허 음주 10대」이라 했다.

大田日報도 해당 기사에서 "지역에서 음주운전 사고를 내고 도주하거나 술을 더 마시는 이른바 '○○○ 수법'이 잇따르고 있다"라고 했으며, 「지역서 ○○○ 수법 꼼수 잇따라」라고 기사의 제목을 달았다.

문화일보 역시 해당 기사에서 "음주 교통사고를 낸 뒤 술을 마시지 않은 동승자와 '운전자 바꿔치기'를 한 30대가 경찰에 덜미가 잡혔다. '음주운전 뺑소니' 혐의로 기소된 가수 ○○○의 사건이 알려지면서 운전자 바꿔치기뿐만 아니라 음주 수치 특정을 피하려 도주 후 추가로 술을 마시는 '술 타기 수법'까지 '○○○ 모방범죄'가 전국적으로 기승을 부리고 있다"라며 제목으로 「음주운전 바꿔치고 술 타기… '○○○ 꼼수' 판친다」라고 했다.

이들 매체가 이 같은 보도행태를 보인 것은 앞서 가수 ○○○ 씨가 음주운전 뺑소니 사고를 저질러 경찰의 조사를 받은 사건이 국민적 관심을 모았기 때문이다. ○ 씨는 지난 5월 9일 밤 음주 후 교통사고를 낸 뒤 도주해 다른 사람을 대신 자수하도록 했으며 문제가 되고 나서야 자진 출두해 조사를 받았다. 하지만 ○ 씨는 도주 후 술을 마셨다고 주장했고 결국 경찰은 그의 사고 당시 음주량을 특정하지 못했다.

○ 씨 사건을 계기로 사고 당시 혈중알코올농도를 특정하지 못하도록 하는 일명 '술 타기 수법'이 새삼 주목을 받았다. 이후 언론 매체들은 이 '술 타기 수법'을 '○○○ 수법'이라고 바꿔 표현하기 시작했다.

신문윤리위는 이 같은 보도행태에 대해 "해당 사건은 실제 ○ 씨와 직접 관련이 없는 음주운전 사건들"이라며 "결국 ○ 씨는 단지 유명인이라는 이유만으로 전국 각지에서 발생하고 있는 모든 음주사고 도주의 대명사가 된 셈"이라고 지적했다.

신문윤리위는 또 "비록 언론은 유명인인 ○ 씨의 범죄사실의 폐해를 알리기 위한 목적에서 공인이라 할 수 있는 그의 이름을 빌려 범죄 수법을 전하고 있다손 치더라도 이에 따른 또 다른 피해가 우려된다."라며 이 같은 보도행태는 "○ 씨의 명예가 훼손될 수밖에 없으며 유명인인 ○ 씨를 앞세운 탓에 모방범죄를 확산시킬 수 있다."라고 판단했다.

〈신문윤리, 제294호 2면(2024. 9.)〉

15. 유튜버 '쯔양' 전 남친 · 가족 등 실명 공개 5곳 제재

전 남친 변호사 이름·직장도 밝혀
헤럴드경제 등 명예훼손 '주의'

회원수 1,000만 명이 넘는 먹방 유튜버 쯔양이 전 남친으로부터 4년간 지속적으로 폭행을 당했고, 40억 원을 뜯겼다는 내용을 폭로하면서 세간의 관심을 끌었다. 이후 언론은 전 남친이 스스로 목숨을 끊었고, 전 남친의 변호사가 쯔양의 사생활 관련 내용을 다른 유튜버에게 넘겨줘 협박하게 하고 금품을 빼앗았다는 등의 내용을 보도했다.

신문윤리위원회는 제989차 회의에서 이 가운데 고인 및 그 가족의 실명을 공개하고, 법원에서 구속영장이 기각된 변호사의 실명 등을 공개한 언론 5곳에 대해 '주의' 조처했다.

◆「범죄와 무관한 가족보호」 등=윤리위는 헤럴드경제 7월 29일 「가세연, 쯔양에 "과거 룸살롱서 무슨 일 했냐, 진실 말하라"…폭로 예고」 기사와 사진, 남도일보 7월 30일 「가세연, 쯔양에 "과거 룸

살롱서 무슨 일 했나, 진실 말하라"…폭로 예고」 기사와 사진에 대하여 각각 '주의' 조처했다. 제재 사유는 신문윤리실천요강 제7조 「범죄보도와 인권존중」 ①(피의자 및 피고인의 명예 존중), ③(범죄와 무관한 가족 보호), 제11조 「명예와 신용존중」 ②(사자의 명예존중)이다.

두 신문은 유튜브 채널 가로세로연구소가 쯔양의 거짓말을 폭로하겠다고 예고한 사실을 전하면서 스스로 목숨을 끊어 고인이 된 쯔양의 전 남자친구 L씨의 실명, L씨의 변호를 맡으며 알게 된 쯔양의 사생활 관련 내용을 다른 유튜버에게 넘기고, 쯔양을 협박해 2,000만 원을 빼앗은 혐의를 받고 있는 C 변호사의 실명을 적시했다. 게다가 사건과 관련이 없는 전 남친 누나의 실명까지 노출했다.

◆「사자의 명예존중」 등=윤리위는 또 뉴스1 7월 29일 「쯔양, 종로 ○○○주점 · 영등포 ○○룸살롱서 무슨 일 했냐…진실 말하라」 제목의 기사에 대해서도 '주의' 조처했다. 제재 사유는 신문윤리실천

요강 제7조 「범죄보도와 인권존중」 ①(피의자 및 피고인의 명예 존중), 제11조 「명예와 신용존중」 ②(사자의 명예 존중)위반.

뉴스1은 쯔양의 전 남친 L씨 실명과 쯔양을 협박해 돈을 갈취한 혐의를 받고 있는 C 변호사의 실명을 게재했다.

◆ **「피의자 및 피고인 명예존중」**=이와 함께 윤리위는 뉴시스 7월 23일 「'쯔양 제보자' 지목된 변호사 입장문… "미안한 생각"」 제목의 기사, 세계일보(segye.com) 7월 29일 자 「검찰총장 "영리 목적 혐오를 조장하는 이들 엄정대응하라"」 제목의 기사에 대해서도 각각 신문윤리실천요강 제7조 「범죄보도와 인권존중」 ①(피의자 및 피고인의 명예 존중) 위반으로 '주의' 조처했다.

두 매체는 쯔양 관련 뉴스를 보도하면서 쯔양 전 남친의 변호사 C씨의 실명과 법무법인의 이름까지 적시했다. 당시 법원은 "범죄 성립 여부에 다툼의 여지가 있고 증거인멸 우려가 적다"는 이유로 C 변호사에 대한 구속영장을 기각했다.

신문윤리위는 "유죄가 확정되기 전의 형사사건 피의자 및 피고인의 인권을 존중해야 하고, 사망으로 인해 공소권 없음으로 종결된 사건의 피의자인 사자의 명예도 훼손해선 안된다"며 "특히 범죄와 관련이 없는 가족의 신원을 더더욱 밝혀서는 안된다"고 지적했다.

〈신문윤리, 제294호 3면(2024. 9.)〉

제2절
초상권

1. 인기 유튜버의 헤어진 여친 얼굴 동의 없이 공개 제재

스포츠경향 등 6개 매체 '주의'
'꽃뱀' 표현 제목에 사용하기도

유튜버 송대익의 여자친구 얼굴을 공개한 신문사
의 보도 화면. 모자이크 처리는 편집자가 한 것임.

인기 유튜버가 여자친구와 결별했다는 소식을
전하면서 과거 공개된 여자친구의 사진을 당사자
의 동의 없이 게재한 신문사에 제재가 내려졌다.

한국신문윤리위원회는 제942차 회의를 열고 스
포츠경향 3월 31일 자 「인기 유튜버 송대익 여자
친구와 결별 … "○○○, '꽃뱀'이라는 비난 받아"」

기사의 사진 등 6개 매체가 보도한 사진에 대해
'주의' 조처했다. 제재 이유는 신문윤리실천요강 제
12조 「사생활 보호」 전문, ③(사생활 등의 사진촬
영 및 보도 금지) 위반이다.

스포츠경향은 구독자 130여만명을 보유한 인기
유튜버 송대익씨가 자신의 방송에 함께 출연했던
여자친구가 최근 스토커의 괴롭힘과 악플에 시달
리자 결별했다는 내용을 보도하면서 여자친구의
사진을 실었다. 송씨는 기사에서 "여자친구가 방송
에 나오는 게 재미있고 사람들이 좋아해 주니 그게
좋아서 유튜브를 함께 해왔을 뿐인데, 나의 덕을
보는 '꽃뱀'이라고 비난을 받는 등 상처를 받아 헤
어지게 됐다"고 밝혔다. 스포츠경향, 뉴스1, 한경닷
컴은 비록 댓글 인용이라고 하나 '꽃뱀'이라는 표
현을 제목에도 올렸다.

신문윤리위는 "송씨의 여자친구는 잠시 유튜브
방송에 나왔지만 일반인에 지나지 않는데 연인과
헤어졌다는 이유로 얼굴이 공개될 이유가 없다"면
서 "개인의 동의 없이 사생활과 관련된 사진을 보
도하는 것은 공익을 위한 것이라 볼 수 없으며 당
사자의 사생활을 침해하는 것이다"고 밝혔다.

〈신문윤리, 제247호 3면(2020. 5.)〉

2. 엉뚱한 인물 사진을 '성폭행' 가해자로 노출

음악프로듀서 성폭행 혐의 구속에
특정인 사진 게재 2시간 이상 노출
오보로 판명… 스포츠월드에 '경고'

유명 음악프로듀서가 지인의 여동생을 성폭행한
혐의로 구속기소됐다면서 엉뚱한 인물을 가해자로
지목한 언론사가 제재를 받았다.

한국신문윤리위원회는 제944차 회의에서 스포
츠월드 6월 10일 자(캡처시각) 「'지인 여동생 성폭
행' 유명 음악프로듀서 구속기소…혐의 부인하다
DNA로 덜미」 기사의 사진에 대하여 '경고' 결정을
내렸다.

스포츠월드는 6월 10일 TV조선의 단독보도를
인용, 유명 음악프로듀서가 지인의 여동생을 성폭
행한 혐의로 구속기소됐다고 보도했다.

사건과 무관한 인물의 섬네일사진을 게재한 스포츠월드 보도 화면. 모자이크 처리는 편집자가 한 것임.

기사 본문에는 해당 인물을 익명으로 처리하고 해당 매체의 방송 화면을 갈무리한 사진을 게재했으나, 자사 홈페이지 기사 목차에는 이 사건과 무관한 작곡가 A씨의 섬네일 사진을 게재한 것이다. A씨가 "자신이 아니다"라고 부인하던 상황에서

해당 사진을 공개하면 이용자는 "맞다"고 판단할 수밖에 없다. 섣불리 가해자를 지목했지만 이는 '오보'였다. 스포츠월드는 성폭행 프로듀서가 '래퍼 단디'라는 타 매체 보도가 나온 뒤 A씨의 사진을 빼고 수정 송고했다. 그러나 이미 2시간 이상 노출돼 A씨의 명예는 크게 손상된 뒤였다. 스포츠월드는 이후 해당 기사를 아예 삭제했지만 후속 조치라고 하기에는 크게 미흡했다.

신문윤리위는 "보도 기사는 사실의 전모를 충실하게 전달함을 원칙으로 하되 출처 및 내용을 정확하게 확인해야 한다. 그래야만 잘못된 보도로 인해 입을 수 있는 피해를 최소화할 수 있다"면서 "이 보도는 신문윤리실천요강 제3조 「보도준칙」 전문, 제11조 「명예와 신용 존중」 ①(개인의 명예·신용 훼손 금지)를 위반했다"고 제재 이유를 밝혔다.

〈신문윤리, 제249호 3면(2020. 7.)〉

3. 당사자 동의 없이 촬영 '초상권·사생활 침해'

동아·한국 날씨 스케치 사진 '주의'

당사자에게 허락을 받지 않고 촬영한 사진을 보도한 언론사에 대해 제재가 내려졌다.

한국신문윤리위원회는 제975차 회의에서 4월 12일 자 동아일보 A4면 「전국 강풍 피해… 일부 항공편 결항-열차 중단」 기사의 사진, 한국일보 10면 「태풍급 강풍에 뒤집힌 우산」 제목의 사진에 대해 각각 '주의' 조처했다. 제재 이유는 신문윤리실천요강 제1조 「언론의 자유·책임·독립」 ③(사회적 책임), 제12조 「사생활 보호」 ③(사생활 등의 촬영 및 보도 금지) 위반이다.

동아일보와 한국일보는 전국에 비와 함께 강풍이 몰아친 곳은 날씨를 담은 스케치성 사진을 보도하면서 강한 바람에 우산이 뒤집히거나 부서진 우산을 쓴 서울 시민의 모습을 그대로 노출했다.

동아일보 사진은 「뉴스1」 사진을 전재한 것이

한국일보 보도사진. 편집자가 모자이크 처리했음.

다. 뉴스1은 촬영하면서 사진속 남성에게 동의를 받지 않은 것으로 확인됐다. 동아일보는 뉴스1 사진을 모자이크 처리를 하지 않고 그대로 실었다. 한국일보 사진 역시 촬영 당시 사진 속 인물들에게 동의를 받지 않은 것으로 확인됐다.

사진 속 인물들은 옆모습이지만 누구나 쉽게 식별할 수 있을 정도이다. 이는 초상권 침해 소지가 있다. 초상권은 사람의 얼굴을 비롯한 특정인임을 식별할 수 있는 신체적 특징에 관해 함부로 촬영되거나 그림으로 묘사되지 않고 공표되지 않을 권리를 말한다.

또 본인과 주변 사람이 사진 속 인물이 누구인지 알아볼 가능성이 있는 만큼 개인의 사생활을 침해했다고 볼 여지가 있다.

신문윤리위는 "언론매체가 날씨라는 공중의 관심사를 위해 보도했다 하더라도 사진 속의 인물을 동의 없이 굳이 노출시킨 것은 개인의 인격권을 침해했다는 비판을 받을 수 있다"고 밝혔다. 신문윤리실천요강은 '개인의 권리 보호에 최선을 다할 것'을 요구하고 있으며, '개인의 사생활, 사유물을 동의 없이 촬영하거나 취재, 보도해서는 안 된다'고 규정하고 있다.

〈신문윤리, 제280호 2면(2023. 5.)〉

4. 교권침해 초등생 얼굴 감춤 처리 않고 공개 '경고'

전민일보, 폭행 사진 그대로 게재
5개 매체는 모자이크 처리했지만
교권침해 장면 고스란히 노출 '주의'

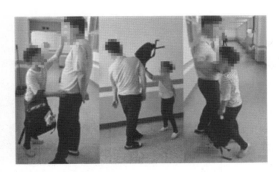

전주의 한 초등학교에서 3학년 학생이 교감의 뺨을 때리는 장면. 전민일보는 학생과 교감의 얼굴을 감춤처리없이 보도했다(편집자 모자이크 처리).

초등학생이 교감의 뺨을 때리는 사진을 감춤 처리없이 보도한 전민일보가 '경고'를 받았다.

한국신문윤리위원회는 제988차 회의에서 전민일보가 6월 5일에 온라인 뉴스로 보도한 「"개XX" "감옥에나 가버려" 교감 뺨 때리고 침뱉은 초등 3학년…교권이란 게 존재해?」 기사의 사진에 대해 이같이 제재했다. 제재 이유는 신문윤리실천요강 제11조 「명예와 신용존중」 ①(명예·신용 훼손 금지), 제13조 「청소년과 어린이보호」 ①(청소년과 어린이 취재 보도)위반이다.

이 매체는 전북 전주의 초등학교에서 한 초등학생이 교감의 뺨을 수차례 때린 사건과 관련해 폭행 장면이 찍힌 사진을 게재하면서 초등생과 교감의 얼굴을 그대로 노출했다.

신문윤리위는 "게재된 사진 때문에 해당 어린이는 주위에서 배제되고 차별을 받을 수 있으며, 낙인효과로 범죄자로 인식될 수 있다"며 "교감도 대중의 비난, 혹은 동정의 대상이 되면서 정신적인 고통을 겪을 수 있고, 교육자로서의 명예가 손상될 수 있다"고 지적했다.

한편 같은 장면을 모자이크 처리해 동영상으로 보도한 연합뉴스 한국일보 아시아경제 뉴시스 머니투데이 등 5곳에 대해서도 같은 내용으로 '주의' 조처했다.

해당 영상은 초등학생이 교감의 뺨을 욕설과 함께 5차례나 연거푸 때리는 모습을 담고 있다. 다만 영상을 모자이크 처리해 선정적인 장면을 나름 순화했다.

그렇다 하더라도 이들 매체는 적나라한 교권 침

해 장면을 노출함으로써 청소년과 어린이들에게 부정적인 영향을 미쳤다는 지적을 받았다.

실제 정재석 전북교사노조 위원장은 사회관계망서비스(SNS)에 "(영상유포로) 해당 학교에서 '개XX 놀이'가 시작됐다"면서 "친구에게 욕을 하고 뺨을 때리는 시늉을 한다고 한다"고 밝혀 관련 영상이 유포되면서 나타나고 있는 부작용을 설명하고 있다.

〈신문윤리, 제293호 2면(2024. 7.)〉

제3절
기타

1. 위험성 높은 투자정보·광고, 기사 카테고리 배치에 '경고'

매경닷컴 증권면 캡처(왼쪽). '선물·옵션칼럼' 난에 실린 주식 투자 광고(오른쪽).

매경닷컴 온라인 증권면 '투자전략'
전문가·기자 객관적 분석인양 게재
독자 혼선 초래하고 피해 발생 우려

위험성이 높은 주식투자정보를 뉴스 난에 배치, 마치 증권 전문가나 기자의 객관적인 분석인 것처럼 보이게 해 독자에게 혼동을 준 신문사에 제재가 내려졌다. 한국신문윤리위원회는제959차 회의에서 매경닷컴 11월 22일(캡처시각) 증권면 「투자전략」 카테고리 온라인편집에 대해 '경고' 결정을 내렸다.

매경닷컴 증권면은 〈증권홈〉〈현재가〉〈시세〉〈해외증시〉〈뉴스〉〈투자전략〉 등의 카테고리로 구성돼 있다. 이 가운데 〈투자전략〉의 하위 카테고리는 '주식칼럼' '선물·옵션칼럼' '종목분석실'로 세분된다.

'주식칼럼'은 기자나 증권 전문가의 증시전망이나 분석 등을 다룬 내용이다. 그러나 '선물·옵션칼럼'은 〈칼럼〉이란 제목에 어울리지 않게 주식정보사이트 '슈어넷'의 주식정보를 그대로 가져온 것에 불과하다.

'황금로봇 자동매매 하루 천만 원 수익 인증&후기' '국선 2.7포수익' 등 투자성공사례를 소개하거나 투자전략을 다룬 것으로, 기사가 아닌 광고이다. 내용 중에는 슈어넷이 운영하는 리딩방의 캡처 화

면도 올려놓았다.

'종목분석실'도 주식정보사이트 '팍스넷' 일부 전문가의 콘텐츠를 옮겨온 것에 지나지 않는다. '큰 수익 안겨줄 11월 베스트 종목' 등의 제목으로 시선을 끈 뒤 추천주는 전화연결 후 알려준다는 식의 내용이 많다. '정보'라기보다는 '광고'에 불과하다.

이 광고 중에는 '리딩방'(개인 대상종목추천 채팅방)을 소개하는 내용도 있어 이용자의 각별한 주의가 요망된다. 리딩방은 신고제로 운영돼 사실상 진입요건이 없는 데다, 리딩을 따라 매매를 하다 손실을 입은 경우에는 투자자 자기책임원칙에 따라 피해구제가 어렵기 때문이다.

사정이 이러함에도 매경닷컴은 '선물·옵션칼럼'과 '종목분석실' 각 개별 콘텐츠 하단에 "(주)매경닷컴 매경증권센터의 모든 내용은 정보를 제공하기 위한 것이며, 투자권유 또는 주식거래를 목적으로 하지 않습니다. 본 사이트에 게재되는 정보는 오류 및 지연이 있을 수 있으며 그 이용에 따르는 책임은 이용자 본인에게 있습니다" 고 주의를 알리고 있으나, 글자가 너무 작아 눈에 잘 띄지 않는다.

'선물·옵션칼럼'과 '종목분석실'은 '주식칼럼' 옆에 나란히 배치해 마치 전문가의 객관적인 종목분석이라는 인상을 준다. 그러나 실상은 검증되지 않은 위험천만한 투자 권유 광고일 뿐이다. 그럼에도 기사 카테고리에 게재해 객관성과 공신력을 지

닌 칼럼인 것처럼 독자에 혼동을 주고 있다.

신문윤리위는 "매경닷컴의 증권면 편집은 기사와 광고를 명확하게 구분하지 않은데다, 주식투자의 위험이 있음에도 정제되지 않은 정보를 독자에게 제공해 언론의 책임을 다하지 못했다는 지적을 받을 수 있다"면서 "신문윤리강령 제2조「언론의 책임」, 신문윤리실천요강 제10조「편집지침」⑦(기사와 광고의 구분)을 위반했다"고 밝혔다.

〈신문윤리, 제264호 2면(2021. 12.)〉

2. '실시간 뉴스' 속에 주식 광고 대량 끼워넣기 '경고'

한경닷컴, 기사 사이 종목 추천 홍보
추천주·시황 알려주는 카톡방도 소개
광고 표시 없어 기사인 것처럼 오인

한경닷컴 1월 24일 뉴스면 캡처

주식과 관련한 상품 광고를 뉴스 난에 게재해 이용자에게 마치 기사인 것처럼 오인하게 한 신문사에 제재가 내려졌다.

한국신문윤리위원회는 제961차 회의에서 한경닷컴 1월 24일(캡처시각) 뉴스면 카테고리 편집에 대해 '경고' 결정을 내렸다.

한경닷컴은 실시간 뉴스 난에 다량의 주식 광고를 끼워넣기식으로 게재하고 있다. 캡처 화면에서 보는 바와 같이 홈페이지 제호 바로 아래쪽 뉴스 메뉴를 누르면 뉴스가 실시간으로 올라온다.

그런데 사각형 테두리로 강조한 아이템들처럼 기사 사이사이에 광고가 배치돼 있다. 광고라는 표시가 없어 마치 기사인 것처럼 오인될 위험이 있다.

광고는 연 이자 2.99%짜리 주식담보 대출 상품을 홍보하면서 전화번호·홈페이지 주소를 싣는다거나, '상한가 종목을 콕집어 알려준다'는 과장된 제목 아래 종목 추천 유료 서비스를 홍보하는 등의 내용이다. '클릭' 부분을 누르면 7일간 무료체험 코너로 연결되기도 한다.

또 추천주와 시황 등을 무료로 알려준다는 주식 카톡방을 소개하거나, 「지금 시장이 집중하고 있는 키워드는 이재명, 안철수, 메타버스 등」 기사 같은 제목을 달았지만 내용은 주식 관련 상품 안내에 지나지 않는 등 명백한 광고일 뿐이다.

한경닷컴은 모든 광고 말미에 '#보도자료'라고 해시태그를 붙였지만, 독자는 이 표현만으로 기사인지 광고인지 구분하기 어렵다. 보도자료는 별도 카테고리에 관리해야 기사와 광고가 구분됐다고 할 수 있다.

신문윤리위는 "리스크가 높은 주식투자를 권유하거나 관련 상품을 안내하는 광고를 마치 기사인 것처럼 일반 뉴스 카테고리에 배치한 것은 독자들에게 혼란을 주는 동시에, 이 광고가 신뢰성 있는 정보라는 잘못된 메시지를 전달할 수 있으며, 신문에 대한 신뢰를 크게 훼손할 수 있다"면서 "이는 신문윤리강령 제2조「언론의 책임」, 신문윤리실천요강 제10조「편집지침」⑦(기사와 광고의 구분)을 위반하는 것"이라고 밝혔다.

〈신문윤리, 제266호 2면(2022. 2.)〉

3. 이태원 참사 '심폐소생술' '떼창' 영상, 유족에 2차 피해

참혹한 현장 노출 · 춤추며 노래 장면
유족 · 국민들에 집단 트라우마 유발
자극 · 선정적 보도 12개 매체 '주의'

동시다발적으로 수십 곳에서 심폐소생술이 진행되고 있다. 절박감과 안타까움, 긴장감이 휩쓸고 있다. 비슷한 시각 구급차 옆에선 춤추고 떼 지어 노래를 합창한다. 이 가운데 일부는 '섹스온더비치'를 '떼창'한다. 이태원 참사현장에서 있었던 일로 영상에 고스란히 담겼다. 이들 영상은 일부 언론과 SNS를 통해 독자와 유족에게 전해졌다. 전문가들은 이러한 영상은 집단 트라우마를 조장할 수 있다고 지적하고 있다.

한국신문윤리위원회는 11월 제969차 회의에서 이태원 참사현장의 참혹한 모습의 영상을 실은 동아닷컴 등 5개 온라인신문의 영상과 떼창 영상을 게재한 조선닷컴 등 7개 온라인매체의 영상에 대해 신문윤리실천요강 제3조 「보도준칙」 ⑥(선정보도 금지), ⑦(재난보도의 신중), 제13조 「청소년과 어린이 보호」 ③(유해환경으로부터의 보호) 위반으로 '주의' 결정했다.

동아닷컴 등의 영상은 사고 직후 구조활동을 다룬 것이다. 영상은 피해자들에게 심폐소생술을 하는 장면 등을 담고 있다. 해당 영상은 블러 처리됐으나 현장의 다급하고 참혹한 모습을 그대로 노출했다. 수십 명이 이곳저곳에서 심폐소생술을 하는 충격적인 장면이 고스란히 독자에게 전해졌다. 이는 희생자 유족들과 부상자들에게 끔찍한 기억을 떠오르게 할 수 있으며, 국민들에게 집단 트라우마를 안겨줄 우려도 있다. 때문에 이 영상을 게재한 것은 자극적인 보도라는 지적을 면키 어렵다.

조선닷컴 등 7개 매체의 기사들은 이태원 참사와 관련해 상황의 심각성을 모른 채 자정을 넘기면서도 노래와 춤과 음주를 한 사람들이 있다고 비판하는 내용이다. 그러면서 이들 매체는 관련 동영상을 실었다.

독자들이 제보한 이 영상들은 축제 참가자들이 사고가 났을 당시 함께 경쾌한 음악에 맞춰 노래 부르고 춤을 추는 장면을 담고 있다.

이들 매체는 독자의 호기심을 겨냥해 선정적인 제목으로 기사를 노출하고 영상을 올렸다. 이들 기사의 제목은 조선닷컴 "…구조 현장서 일부 시민들 춤추며 '떼창'", 매일신문 "…구급차 막고 춤추며 떼창…", 뉴스1 "구급차 옆 '섹스온더비치' 떼창…", 경향신문 "…CPR 나선 시민 옆 춤추는 사람들…", 세계일보 "심폐소생술 하는데 옆에선 '떼창'…", 한국일보 "구급차 나타나자 '떼창'…", 파이낸셜뉴스 "…응급차 막고 떼창, 떼춤도[영상]" 등이다. 기사의 제목처럼 영상은 구급차 옆에서 자극적인 노래를 부르는 장면을 담고 있다.

매체들이 게재한 이들 영상은 당시에 벌어졌던 사실을 적시한 것이다. 일부 몰지각한 사람들을 비판하기 위한 것으로 보인다. 그러나 이번 참사로 인한 집단적 트라우마가 우려되는 상황에서 '떼창' 영상은 행사 참석자들과 독자들에게 충격을 주고, 희생자 유가족에게 2차 피해를 줄 수 있는 내용이다. 게다가 한국일보가 기사에서 밝혔듯이 "(떼창은) 사건 초기 사태의 심각성이 파악되지 않은 상태"에서 벌어진 일일 수 있다.

신문윤리위는 "이번 참사는 세월호 이후 최악의 인명사고를 낸 재난"이라며 "이러한 영상은 선정적이고, 사회혼란이나 불신, 불안을 부추길 수 있고 재난 수습에 지장을 초래할 수 있다"고 지적했다.

〈신문윤리, 제274호 1면(2022. 11.)〉

4. 가수 장윤정 내세워 부동산 분양 홍보… 온라인매체 무더기 제재

유명 연예인 분양 사실 언급하며
기업 영리 도우려 장점 위주 기술
머니투데이 등 14개 매체 '주의'

유명 연예인을 내세워 분양 중인 부동산을 장점 위주로 소개한 온라인매체들이 무더기로 제재를 받았다. 특정 기업의 영리를 도우려는 목적에서 기사가 작성됐다는 이유에서다.

한국신문윤리위원회는 제970차 회의에서 머니투데이 11월 22일 자 온라인판 「[단독] 장윤정, 50억 원대 여의도 레지던스 펜트하우스 계약」 제목의 기사에 대해 신문윤리실천요강 제1조 「언론의 자유·책임·독립」, ②(사회·경제 세력으로부터의 독립) 위반으로 '주의' 결정했다. 또 머니투데이의 기사를 인용해 이 부동산을 같은 방식으로 홍보한 중앙일보 등 13개 매체에 대해서도 같은 내용으로 '주의' 조처했다.

머니투데이의 단독 기사는 가수 장윤정이 분양가 50억 원을 넘는 여의도 초고가 레지던스인 '앙사나 레지던스 여의도 서울'의 펜트하우스를 분양 받았다는 내용이다.

기사는 장윤정의 분양 사실을 언급한 뒤 이 부동산을 장점위주로 소개했다. 이어 분양업계 관계자의 말을 인용, "여의도에서도 57층 초고층에서 한강을 영구 조망할 수 있는 장점이 있고, 63빌딩보다 높은 옥상에 루프탑 수영장 등 부대시설의 퀄리티가 뛰어나다"고 설명했다. 또 "당장 분양가격은 높지만 미래가격을 보고 선점한 것으로 보인다", "인근 5성급 호텔인 콘래드의 숙박료 등을 감안해 위탁운영을 통한 수익형부동산으로 관심 갖는 고객이 많다", "중도금 후불제라 2026년 준공시점까지 계약금만 내고 가져갈 수 있다"고 덧붙였

중앙일보가 시공사로부터 제공받아 게재한 '앙사나 레지던스 여의도 서울' 투시도. 높이 249.9m로 서울에서 6번째로 높은 건물이라고 소개했다.

다. 이 부동산은 '생활형숙박시설'이기 때문에 주택 수에 포함되지 않고 전매가 가능하고, '취득세는 4.6% 단일 세율을 적용한다' 등 부동산 거래를 위한 세부 내용을 상세히 전했다.

이 기사는 인기연예인 장윤정을 내세워 분양 중인 해당 부동산의 장점만을 골라 사실상 홍보하고 있는 셈이다.

중앙일보, 뉴스1, 뉴시스, 헤럴드경제, 세계일보, 스포츠조선, 매경닷컴, 파이낸셜뉴스, 한경닷컴, 아주경제, 영남일보, 문화일보, 조선닷컴은 머니투데이 기사를 인용해 장윤정의 분양 사실과 해당 부동산을 소개했다. 일부 매체는 시공사가 제공한 해당 부동산 사진도 실었다.

신문윤리위는 "이러한 기사는 특정 기업의 영리를 도우려는 목적에서 작성됐다는 지적을 받을 수 있다"며 "이는 언론의 공신력과 신뢰를 훼손할 수 있다"고 제재 이유를 밝혔다.

〈신문윤리, 제275호 2면(2022. 12.)〉

5. 이태원 참사 막말을 그대로 제목 달아 유족에 '2차 가해'

창원시의원 막말 강조한 보도지만
유족에게 고통주는 자극적인 제목
이데일리 · 국민일보 등 3곳 '주의'

'2차 피해'는 피해자에 대한 부정적인 반응으로 인해 피해자가 입는 정신적, 사회적, 경제적 불이익이나 심리적인 고통을 뜻한다. 가해자에 초점을 맞추면 '특정한 피해 사실을 근거로 피해자를 모욕하거나 배척하는 것'이 '2차 가해'다.

언론 보도를 통해 이러한 '2차 피해'와 '2차 가해'가 잇따르고 있다. 일부 언론이 근거가 부족한 주장을 그대로 옮기면서 나타나는 현상이다. 피해자에게 고통을 줄 수 있는 막말을 기사의 제목에 다는 경우가 그 대표적인 사례다. 막말 자체를 강조하기 위한 것이라 하더라도 피해자에게 심한 고통을 안기는 제목은 신문윤리에 어긋난다.

한국신문윤리위원회는 제972차 회의에서 1월 17일과 18일 자에 이태원 참사와 관련해 창원시의회 의원의 막말을 제목으로 단 이데일리와 국민일보, 매경닷컴의 기사의 제목에 대해 신문윤리실천요강 제3조 「보도준칙」 ⑥(선정보도 금지) 위반으로 각각 '주의' 조처했다. 이들 매체는 「"자식 팔아 장사"…'이태원 참사' 막말 김미나, 시의원직 유지」라는 내용으로 기사의 제목을 달았다.

이들 매체의 기사는 막말로 공분을 산 김미나 창원시의원에 대한 창원시의회 윤리심사자문위원회 결정과 본회의 의결을 다루고 있다. 기사에 따르면 김 의원은 여러 차례에 걸쳐 SNS에서 유족을 향해 "자식 팔아 장사한단 소리 나온다", "제2의 세월호냐", "나라 구하다 죽었냐" 등 표현을 해 구설에 올라 본회의에 제명 안건이 상정됐으나 결국 부결돼 의원직을 유지하게 됐다.

이들 매체는 이를 전하며 "자식팔아 장사"라는 김 의원의 막말을 제목에 달았다. 유족들이 자식의 목숨값을 놓고 물건 팔 듯 장사를 하고 있다는 입에 담지 못할 내용이다.

이들 매체는 김 의원의 막말을 강조하기 위해 이를 인용해 제목을 단 것으로 보인다. 그러나 이러한 제목 달기는 유족 입장을 고려하지 않은 것이다. 시의원의 막말은 2차 가해이고, 유족에겐 2차 피해이기 때문이다. 특정인의 발언을 그대로 옮긴 제목이라 하더라도 이로 인해 피해가 발생할 수 있다면 신중하게 처리하는 것이 바람직한 보도태도다. 실제 이태원 참사 유족들은 피해자와 유족에 대한 비난과 혐오를 유발하는 표현과 주장, 사진, 영상 등의 사용이 참사 피해자와 유족에 대한 'n차 가해'라고 주장하면서 정부와 언론에 자제와 통제를 호소하고 있다.

신문윤리위는 "막말을 그대로 옮긴 이러한 제목은 유족에게 아픔을 주고, 독자들을 자극하는 것으로 선정보도라는 지적을 면하기 어렵다"고 제재 이유를 밝혔다.

〈신문윤리, 제277호 3면(2023. 2.)〉

제3장
언론의 공공성

제1절
자살 · 자해

1. '번개탄' '생활고' 등 자살 도구 · 배경 구체적 묘사 제재

'자녀 살해후 자살' 가능성 높은데
제목도 '일가족 극단선택'으로
세계일보 · 경북도민일보에 '주의'

지난해 연말 일가족 4명이 숨진 채 발견된 사건을 '일가족 자살'로 보도하면서 범행 도구와 방법, 이들이 극단적 선택을 하게 된 배경을 구체적으로 묘사한 두 신문이 제재를 받았다.

한국신문윤리위원회는 제938차 회의에서 세계일보 2019년 12월 25일 자 12면 「성탄절 앞두고 '일가족 비극'…또 극단 선택」 기사와 제목, 경북도민일보 12월 26일 자 4면 「'슬픈 성탄' 대구 일가족 극단적 선택」 기사와 제목에 대해 각각 '주의' 조처했다. 제재 사유는 신문윤리실천요강 제7조 「범죄보도와 인권존중」 ④(자살보도의 신중) 위반이다.

두 신문이 다룬 기사는 성탄절을 앞두고 생활고에 시달리던 대구의 저소득층 일가족 4명이 숨진 채 발견된 사건이다. 기사는 그러나 자살 방법과 사건 현장, 가족의 생활고 등을 구체적으로 묘사했다.

세계일보는 "경찰 조사 결과 집 안에는 번개탄을 피운 흔적이 발견됐으며 일가족이 나란히 누워 숨져 있었다"고 범죄 방법과 사건 현장을 묘사했다. 편집자도 작은 제목으로 「집 안에서 번개탄 피운 흔적 나와」를 달았다. 기사는 또 "최근 경제적으로 어렵다는 말이 들렸던 것 같다"는 중학생 아들 담임교사의 발언을 소개하고, 가장이 실직 후 다른 사업을 준비해 왔으며, 집 우편함에서 채무이행 통지서와 각종 미납고지서가 발견됐고, 생활고를 비관해 극단적 선택을 한 것으로 보인다는 경찰 추정을 게재하는 등 이들 가족이 극단 선택을 하게 된 배경을 추측할 수 있는 내용을 상세히 기사화했다.

경북도민일보 기사 역시 "번개탄을 피운 흔적", "극심한 생활고에 시달리던 부모가 자녀들과 함께 극단적 선택을 한 것으로 추정된다."며 자살 방법과 이들 가족의 생활고를 구체적으로 적시했는데, 이러한 보도는 자살을 고민하는 사람들을 자극할 우려가 있다.

편집자는 기사의 큰 제목에 '극단 선택'이란 용어를 썼다. 제목만 보면 일가족 4명이 모두 스스로 목숨을 끊은 것이 된다. 그러나 숨진 채 발견된 이 가족은 40대 부부와 중학생 아들, 초등학생 딸이다. 부모와 달리 중학생 아들과 초등학생 딸이 스스로 극단적 선택을 한 것인지 의심스럽다. 여러 정황에 비춰볼 때 이른바 '동반 자살'이라기보다는 부모가 자녀를 살해한 뒤 스스로 목숨을 끊은 '자녀 살해 후 자살' 사건일 가능성이 있다. 가족이 숨진 채 발견된 사건에서 관행적으로 '극단 선택'이란 표현을 쓰는 것은 신중할 필요가 있다.

신문윤리위는 신문윤리실천요강과 '자살보도 권고기준 3.0'은 자살보도에서 구체적인 자살 방법 등을 보도하지 않도록 권고하고 있음을 지적하고 "이러한 보도는 비슷한 처지에 놓인 이들에게 모방 범죄를 부추길 우려가 있고 신문의 신뢰성을 훼손할 수 있다"고 밝혔다.

〈신문윤리, 제243호 2면(2020. 1.)〉

2. '자녀 살해 후 자살 시도'에 '동반자살'로 제목 잘못 표기
13세 자살 미수 사건 "그만, 쉬고 싶었다" 감성적 표현

'자살 보도의 신중' 위반 사례 잇따라

'동반자살 표현 잘못된 인식'이라며
경향신문 제목은 '동반자살'로 달아
문화일보는 도구 방법 구체적 적시
서울신문 자살 합리화 제목 등 '주의'

　자녀 살해 후 자살을 시도한 것을 '동반자살 사건'으로 보도한 신문들이 제재를 받았다. 특히 이들 신문을 비롯한 일부 언론은 여전히 자살방법이나 도구 등을 구체적으로 적시하는 등 자극적으로 자살 사건을 다뤄 보도된 내용과 비슷한 처지에 놓인 사람들을 자극할 수 있다는 지적을 받았다.

　한국신문윤리위원회는 제944차 회의에서 문화일보 6월 1일 자 9면 「"아이와 동반자살은 극단적 아동학대이자 살인행위"」 제목의 기사와 경향신문 6월 2일 자 13면 「동반자살 하려다 아이만 죽인 엄마에 실형 선고… "가장 극단적인 아동학대"」 기사의 제목에 대해 각각 '주의' 결정을 내렸다. 또 서울신문 6월 12~13일 자 2면 「방치된 3개월간 굶주렸던 13세 아이… 그만, 쉬고 싶었다」 기사와 제목에 대해서도 '주의' 조처했다. 이들 신문의 기사와 제목이 신문윤리실천요강 제7조 「범죄보도와 인권존중」 ④(자살 보도의 신중), 제10조 「편집지침」 ①(표제의 원칙)을 위반했기 때문이다.

　문화일보와 경향신문 기사는 울산지법 형사11부가 자녀 살해 혐의로 불구속 기소된 40대 두 엄마에게 각각 징역 4년을 선고하고 법정 구속한 사건을 다루고 있다. 기사에 따르면 A씨는 발달 장애가 있는 아홉 살 딸에게 딸이 처방받은 약을 한꺼번에 먹이고 자신도 미리 처방받은 40일치 약을 먹었다. 딸은 사망했으나 A씨는 병원으로 옮겨져 목숨을 구했다.

　B씨는 남편의 사업실패와 가정불화로 만 2살이었던 아이와 함께 방에서 착화탄을 피운 채 잠들었다. 남편이 이들을 발견했을 때 아이는 이미 숨졌고, B씨는 사흘 만에 의식을 되찾았다.

　이처럼 두 사건은 A씨와 B씨가 자살을 시도하면서 각각 자녀를 살해한 사건이다. 두 신문은 재판부가 '동반자살'은 잘못된 표현이라고 강조했다는 점을 주요 내용으로 전하고 있다.

　그런데 문화일보 기사는 동반자살이 살인 행위라는 점을 강조하면서도 '방에서 착화탄을 피운 채'라고 자살도구와 방법을 구체적으로 적시했다.

　경향신문 기사는 "동반자살이라는 표현에 숨겨진 잘못된 인식" "범죄의 본질은 자신의 아이를 제 손으로 살해한 것" "자녀 살해 후 자살"이라는 재판부의 견해를 본문에서 상세히 밝히면서도 정작 제목에는 '동반자살하려다 아이만 죽인 엄마'라는 잘못된 표현을 넣어 이 사건이 동반자살인 것처럼 다뤘다.

　서울신문 기사는 중학생 A군이 가족의 무관심(방임) 속에 굶주림을 견디지 못해 스스로 목숨을 끊으려 한 사건을 다루면서 '두꺼비집을 내리고 번개탄을 피워' 등 자살방법, 도구, 장소 등을 구체적으로 묘사했다.

　게다가 편집자는 기사 큰 제목을 「방치된 3개월간 굶주렸던 13세 아이… 그만, 쉬고 싶었다」고 달았다. A군이 남긴 메모를 반영한 '그만, 쉬고 싶었다'는 제목은 자칫 자살을 합리화하거나 극적인 것으로 받아들일 수 있다. 신문윤리위는 "이러한 표현을 사용하면 독자들이 자살을 고통이나 당면 문제에서 벗어날 수 있는 수단으로 받아들일 수도 있다"고 말했다.

〈신문윤리, 제249호 2면(2020. 7.)〉

3. 자해 연예인 심경 글 그대로 옮긴 18개사 제재

15개사 자살 소동 아이돌스타 보도
SNS 자극적 글 · 손목상처 사진 게재
3개사는 "행복한 곳 간다" 자살미화

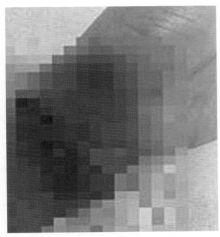

권민아 자살소동 보도화면 캡처. 손목 부위를 모
자이크 처리했으나 끔찍한 장면을 연상케 한다

아이돌 스타 권민아의 자살소동을 보도하면서
당시 심경을 담은 글을 그대로 공개하거나, 그 행
위를 미화한 언론사들이 대거 제재를 받았다.

한국신문윤리위원회는 제945차 회의에서 동아
닷컴 8월 6일 자 「"[전문]권민아 또 극단선택 "사
과 한마디 그렇게 어려웠나"」 제목의 기사 등 15개
매체 15건의 기사에 대해 각각 '주의' 조처했다. 또
스포츠조선 8월 8일 자 「[전문]권민아, 극단적선택
시도 "AOA 신지민 · 김설현 · 한성호 잘 살아라…
난 행복한데 갈래"」 기사와 제목 외 2건에 대해서
도 '주의' 조처했다. 제재 사유는 모두 신문윤리실
천요강 제7조 「범죄보도와 인권존중」 ④(자살보도
의 신중) 위반이다.

동아닷컴 등 15개 매체는 걸그룹 AOA 출신 가
수 권민아가 2차 극단적 선택(8월)에 앞서 벌인 1
차 자해(7월) 당시 심경을 담은 글 전문을 그대로
공개하거나 핵심 내용을 간추려 전했다.

본문에는 "바늘로 손목 상처를 꿰맨 사진과 함
께" "사진에는 손목에 자해한 것으로 추정되는 상
처와 이를 봉합한 흔적이 선명" 등 정황을 자세히
설명했으며, "또 자살 시도하다가" "눈을 그렇게
뜨고 칼을 찾고" "하도 많이 그어서 이제는 신경선
이 다 끊겨서 마취도 안 먹히고 실, 바늘 꿰매는 고
통 다 겪으면서 진통제를 넣어주시는데"와 같은 자
극적인 표현도 들어있다.

"관심받고 싶으면 죽고싶다. 자해로도 끝낼 수
있어요. 근데 전 정말 죽으려고 몇번이나 시도 했
어요" "제가 실려가고 피투성이로 기절되있고 손
목은 갈라져있지" 등과 같은 내용도 가감 없이 소
개됐다.

국민일보, 중앙일보, 세계일보, 매경닷컴, 브릿지
경제, 제민일보는 '손목 사진'을 게재했다. 블러 처
리를 했다고 해도 혈흔이 보이는 사진은 자살위험
군 사람들에게는 자극을 주고 일반 사람에게도 충
격을 안길 수 있다. 권민아는 8월 6일 이 글을 올린
뒤 이틀 지나 재차 극단적 선택을 시도했다.

또 문화일보와 스포츠조선, 조선닷컴은 권민아
가 8월 8일 극단적 선택을 시도하면서 '난 행복한
데 갈래'라고 인스타그램에 올린 글을 제목에도 그
대로 사용했다.

3개 매체는 권민아가 인스타그램에 AOA 멤버
인 지민과 설현, 소속사인 FNC 한성호 대표 등을
비난한데 이어 "난 행복한데 갈래. 여기 너무 괴로
워" 라는 내용의 글을 남겼다고 보도했다. 문화일
보는 뉴시스 기사를 전재했음에도 원 제목 「AOA
출신 권민아 자해… "생명엔 지장 없어"」를 고쳐
'행복한데 갈래'라고 표현했으며, 조선닷컴은 스포
츠조선 기사를 그대로 전재했다.

유명 연예인의 자살을 (현재의 고통에서 벗어
나) '행복한 곳으로 간다'라고 표현한 것은 비록 당
사자의 발언을 그대로 인용했다 하더라도, 자살에
대한 경계심을 약화시키고 비슷한 처지에 놓인 이
들에게 부정적인 영향을 끼칠 우려가 크다.

신문윤리위원회는 "극단적 시도를 반복할 정도
의 심신쇠약 상태에 있는 사람의 글을 그대로 전달

하고, 전문을 박스로 편집하는 등의 제작태도는 바람직하지 못하다"면서 "대중에게 큰 사랑을 받고 있는 인기그룹 멤버의 행동을 가감 없이 보도하는 것은 청소년이나 어린이들에게 나쁜 영향을 미칠 수 있으므로 신중한 접근이 요망된다"고 밝혔다.

〈신문윤리, 제250호 3면(2020. 9.)〉

4. 온라인신문 자살보도 원칙 위반 3년새 급격한 감소세

2018년 319건서 올10월까지 42건
자살보도 위반 엄정 심의 이후 급감
이달 경북일보 등 3개신문에 '주의'

온라인신문의 자살보도 원칙 위반 건수가 현격히 감소하고 있는 것으로 나타났다.

신문윤리실천요강 제7조 「범죄보도와 인권존중」 ④(자살보도의 신중) 위반 건수는 2018년 319건→2019년 76건→2020년 10월 현재 42건으로 최근 3년 사이 감소 추세를 보이고 있다. 2018년 수치가 높은 것은 한국신문윤리위원회가 그해 자살보도와 관련, 실천요강 위반여부를 엄정히 심의했기 때문이다. 그 다음해부터는 제목에서 '자살'을 표현한 사례는 거의 자취를 감추었으며, 전체적인 위반 건수도 완만하게 하향곡선을 그리고 있다. 10월 회의에서는 모두 6개 매체(6건)가 제재를 받았다. 그러나 자살보도가 사회에 미치는 영향을 감안하면 위반 사례는 더 줄어들어야 할 것으로 보인다.

한국신문윤리위원회는 제946차 회의를 열고 경북일보 9월 1일 자 「30억 채무 시달리다 가족동반자살 실행 40대 '징역 20년'」 기사와 제목, 서울경제 9월 9일 자 「삶의 끝에서 만난 그들…극단적 선택, 그 뒤엔 [범죄의재구성]」 제목의 기사, 국민일보 8월 28일 자 「아빠는 옥상에서 뛰어내리는 딸을 온몸으로 받았다」 기사의 사진 등 3개 매체 3건, 스포츠조선 9월 8일 자(캡처시각) 「곽진영 "쌍꺼풀 집도 의사 자살"→이병헌과 열애설 해명」이라는 제목에 대해 각각 '주의' 조처했다.

경북일보는 경제난으로 어머니와 아들을 살해하고 아내의 극단적 선택을 방조한 가장에게 징역 20년이 내려진 판결을 보도하면서, 제목을 '가족동반자살'이라고 붙였다. 기사 본문에도 "졸피뎀 2알을 먹여 잠들게 한 뒤 질소가스를 주입한 마스크를 얼굴에 씌어 산소부족으로 인한 질식으로 숨지게", "스스로 목숨을 끊기로 마음먹고 질소가스, 졸피뎀 등을 준비"하는 등 살인에 이은 자살과정을 구체적으로 설명했다.

서울경제는 자살을 결심한 사람들이 SNS를 통해 만나 '동반 자살'에 이르는 과정을 심층취재한 기획보도물에서 동반자살 미수 사건을 예로 들며 "질소중독 치사량 좀 알아볼 수 있나요?", "그들은 질소가스와 헬륨가스, 비닐봉지, 청테이프, 호스, 칼 등을 준비했다. 비닐봉지를 뒤집어쓰고 가스 밸브를 열어 삶을 마감할 계획이었다"는 등 단체 대화방에서 그들이 나눴던 준비 과정을 상세하게 소개했다.

국민일보 등 3개 매체는 중국 쓰촨성에서 투신한 딸을 받으려다 함께 숨진 남성의 사망 사건을 보도하면서 투신 직전 25층 아파트 옥상에 서 있는 딸의 모습을 담은 사진을 게재했다.

스포츠조선은 배우 곽진영이 한 방송 프로그램에서 자신을 둘러싼 성형, 열애설, 100억 CEO설 등에 대해 밝힌 속사정을 전하면서「곽진영 "쌍꺼풀 집도 의사 자살"→이병헌과 열애설 해명」이라고 제목을 달았다. 쌍꺼풀 수술을 집도한 성형외과 의사가 잦은 의료사고를 내다 자살한 과거 사실을 들춰 표제에 '자살'이라고 표현한 것이다.

신문윤리위는 "제목에 '자살'이라고 표현하거나 자살방법에 대해 구체적으로 묘사하는 것은 대중의 호기심을 자극하려는 것으로, 자살에 대한 경계심을 약화시키고 비슷한 처지에 놓인 이들에게 부정적인 영향을 끼칠 우려가 크기 때문에 사회에 미치는 영향을 고려해 더욱 신중해야 한다"고 강조했다.

〈신문윤리, 제251호 3면(2020. 10.)〉

5. 박지선 모녀 극단 선택, 유서 내용 공개 · 감성적 표현에 '경고'

조선일보 · 스포츠조선 기사 · 제목
자살 미화 · 유가족 명예훼손 우려
'햇빛 알레르기' 용어 호기심 겨냥

스포츠조선 11월 5일 자 1면. 박지선의 사진과 극단선택 사연을 전면기사로 구체적으로 보도했다.

조선일보와 스포츠조선이 모방 자살 등의 파급 효과가 우려되는 유명인의 극단선택을 보도하면서 사실상 자살을 미화할 수 있는 구체적인 사연과 유서 내용을 공개해 '경고' 처분을 받았다.

한국신문윤리위원회는 제948차 회의에서 조선일보가 11월 3일 자 A12면에 보도한 「박지선, 엄마와 함께 숨져…」 기사와 제목, 스포츠조선이 11월 5일 자 1면에 보도한 「…훌쩍 떠나버린 故 박지선…」 기사와 제목에 대해 각각 경고했다. 이들 기사와 제목이 신문윤리실천요강 제7조 「범죄보도와 인권존중」 ④(자살보도의 신중), 제10조 「편집지침」 ①(표제의 원칙)을 위반했기 때문이다.

조선일보 기사는 개그우먼 박씨의 자살사건을 전하면서 박씨의 병력을 구체적으로 기술하고, 현장에서 발견된 어머니의 유서 내용을 공개했다. 기사는 박씨가 "2014년 인터뷰에서 햇빛에 노출되면 가려움이나 발진이 나타나는 '햇빛 알레르기'를 앓고 있으며, 피부가 민감해 화장(化粧)도 할 수 없다고 스스로 밝힌 적이 있다"고 보도했고, 편집자는 '햇빛 알레르기' 증상을 설명하는 별도의 용어설명까지 게재했다. 기사를 읽은 독자들은 박씨가 햇빛 알레르기로 고통을 받아 극단 선택을 한 것으로 받아들일 수밖에 없을 것으로 보인다.

기사는 또 "현장에는 박씨 모친이 쓴 것으로 보이는 노트 1장짜리 분량의 메모가 남겨져 있었다."며 이를 공개했다. 박씨 어머니는 박씨가 피부병 때문에 힘들어했으며, 최근 다른 질환을 치료하는 과정에서 피부병이 악화됐다면서 "딸만 혼자 보낼 수 없다. 남편에게 미안하다"는 내용의 유서를 남겼다.

신문윤리위는 "유서에는 고인의 사생활이 드러날 수 있고, 극단 선택 당시의 절박한 심정이 담겼을 가능성이 커 자살의 불가피성이 강조될 수 있다"며 "유서 공개는 자칫 자살을 미화할 수 있고, 고인과 유가족의 명예를 훼손할 수 있다"고 지적했다. 신문윤리위는 "유서와 관련된 사항은 되도록 보도하지 않는 것이 자살보도의 원칙"이라며 "이 사건을 처리한 서울 마포경찰서도 유족 뜻에 따라 유서 내용을 언론에 밝히지 않기로 했으며, 대다수 언론은 '유서 공개 불가'라는 제목으로 기사를 전송했다"고 밝혔다.

스포츠조선은 1면 전체를 할애해 박씨의 생전 사진을 크게 싣고 극단 선택을 한 박씨의 사연과 남다른 모녀관계를 소개하면서 독자에게 자살을 미화하거나 합리화하는 것으로 비쳐질 수 있는 내용을 기술했다. 고교시절 여드름 시술 부작용으로 휴학하고, 아프고 진물까지 나서 매일 조퇴하는 학교생활을 6개월 동안이나 했으며, 대학진학 후에도 체질 개선을 시도하다 더 나빠져 1년을 휴학한 사실을 전했다.

기사는 "박지선과 그의 어머니는 5일 하늘의 별이 된다. 나란히 걸을 수밖에 없었던 영면의 길은 꼭 꽃길이 되길 기도한다."고 보도했다. 어머니의 사연과 '하늘의 별'과 '꽃길' 등은 자살을 미화하거

나 극적인 것으로 해석될 수 있는 감성적 표현이다.

신문윤리위는 "박씨는 유명 연예인으로 그의 극단 선택은 독자의 관심이 크고, 모방 자살 등 부정적인 파급효과 또한 우려되는 만큼 보다 신중하게 다루는 것이 올바른 보도 태도"라며 "그러나 두 신문은 자살보도 원칙을 무시하고, 독자의 호기심을 겨냥해 자극적으로 이 사건을 다뤘다"고 제재 이유를 밝혔다.

〈신문윤리, 제253호 2면(2020. 12.)〉

6. '극단적 선택' 여중생 유서 내용 · 사진 보도한 기사 무더기 제재

유서 내용 상세히 전하고 사진 게재
연합뉴스 · 뉴스1 등 17곳 '주의' 조처

극단적 선택을 한 여중생의 유서 내용을 여과 없이 전하면서 유서 사진까지 크게 실은 연합뉴스 · 뉴스1 · 중부매일과 14개 인터넷신문 등 17곳이 무더기로 한국신문윤리위원회의 제재를 받았다.

신문윤리위는 제956차 회의에서 연합뉴스 8월 22일(12시 45분 전송) 「"나 너무 아팠어"…친구 계부에 성범죄 당한 여중생의 유서」 제목의 기사와 중부매일 8월 23일 자 5면 「아빠가 하늘로 쓴 편지에 응답하 듯, 추모제 후 유서 발견」 제목의 기사에 대하여 각각 '주의' 조처했다.

비슷한 내용의 기사를 전송한 뉴스1과 인터넷에 관련 기사와 사진을 실은 국민일보 · 경향신문 · 매경닷컴 · 문화일보 · 세계일보 · 한국일보 · 한겨레 · 부산일보 · 서울경제 · 충청매일 · 이데일리 · 서울신문 · 한경닷컴 · 동양일보도 '주의'를 받았다.

문제의 기사는 지난 5월 친구의 계부로부터 성범죄 피해를 본 뒤 극단적 선택을 한 것으로 알려진 청주 여중생의 유서 내용을 보도한 것이다. 연합뉴스의 경우 "나 너무 아팠어. 솔직하게 다 털어놓았으면 좋았을 텐데, 다 털면 우리 엄마, 아빠 또

아플까 봐 미안해서 못 얘기했어요" "중학교 친구들이 너무 그립다. 보고 싶다. 얘들아, 너희가 너무 그리워… 내 얼굴 잊지 말고 기억해줘"등 유서의 내용을 상세히 전했다.

중부매일 기사도 "'나 너무 아파 어쩔 수가 없었어요. 나 1월 달에 있었던 안 좋은 일 꼭 좋게 해결됐으면 좋겠다. 나쁜 사람은 벌 받아야 하잖아. 그치? 나 그날만 생각하면 손이 막 엄청 떨리고 심장이 두근대'라며 자신이 죽더라도 계부가 꼭 처벌받았으면 하는 바람을 적었다."며 유서의 내용을 전했다.

이들 기사는 유서 내용을 글로 상세히 전하는 것에서 나아가 독자 누구나 유서 전문을 확인할 수 있도록 기사 분량에 버금가는 큰 크기로 유서 사진을 실었다. 중부매일은 사진 속 유서에서 기사에 인용된 문장을 음영 처리해 더 잘 알아볼 수 있도록 하기도 했다.

신문윤리강령은 제3조 「보도준칙」 ⑧(자살보도의 주의)에서 「자살보도는 사회에 미치는 영향을 고려하여 신중해야 한다. 자살의 원인과 방법 등을 구체적으로 묘사하여 대중의 호기심을 자극하는 보도를 해서는 안된다.」고 규정하고 있다. 또 자살보도 권고기준 3.0도 「유서와 관련된 사항을 보도하는 것은 최대한 자제한다」고 돼 있다.

중부매일에 게재된 유서 사진. 유서 일부를 별도로 음영 처리했다(편집자 전체 모자이크 처리).

신문윤리위는 "신문윤리강령이나 권고기준은 자살을 미화하거나 합리화하는 보도는 물론이고 자살 보도 그 자체만으로도 청소년에게 악영향을 미칠 수 있고 비슷한 환경에 처한 이들을 자극할 수 있음을 우려한다"고 밝혔다. 신문윤리위는 "문제의 기사들은 유서 공개를 통해 억울한 죽음을 호소하는 가족의 입장을 고려한 보도로 이해되지만 유서 내용을 지나치게 상세히 전하는 것에서 나아가 유서 사진을 크게 실어 독자가 내용을 확인할 수 있도록 했다는 점에서 윤리강령의 취지를 어긋났다는 지적을 받을 수 있다."고 밝혔다.

〈신문윤리, 제261호 2면(2021. 9.)〉

7. 끊이지 않는 유서 공개··· 7개 매체 9건 기사 제재

연합뉴스 등 택배대리점주 유서 전문
조선닷컴 등 50대女 유서 일부 게재

자살 관련 보도시 유서 전문이나 유서 원문 일부를 게재하는 사례가 잇따르고 있다.

한국신문윤리위원회는 제957차 회의에서 연합뉴스 8월 31일(18시 55분 전송) 「김포 40대 택배대리점주 극단 선택···"노조와의 갈등" 유서 남겨」 제목의 기사 외 4건, 조선닷컴 9월 10일 자 「"성형후 눈 안 떠져" 호소한 엄마, 유서엔···"이런 고통 줄지 몰랐다"」 제목의 기사 외 3건 등 모두 7개 매체 9건의 기사에 대해 각각 '주의' 조처했다.

김포 40대 택배대리점주 극단 선택' 기사는 40대 대리점 사장이 택배노조의 집단 괴롭힘 등을 호소하며 극단적 선택을 했다는 내용을 다루면서 숨진 현장에서 발견된 유서 전문을 공개했다. 또 '성형 부작용 호소하다 극단 선택' 기사는 50대 여성이 성형수술 후 눈이 안 떠지는 부작용에 시달리다 극단적인 선택을 한 사실이 알려졌다면서 여성이 남긴 유서의 일부를 그대로 실었다.

신문윤리위는 "극단 선택에 이르게 된 이유와 유족이 처한 안타까운 사정을 대중에 호소하기 위해 유서를 공개한 것으로 보이지만, 유서 공개는 자살에 대한 경계심을 약화시키고 비슷한 처지에 놓인 이들에게 부정적인 영향을 끼칠 우려가 크므로 원칙적으로 삼가야 한다"고 강조했다.

신문윤리위는 "언론은 자살 관련 사건을 보도할 때 자살 미화를 방지하기 위해 유서와 관련된 사항은 되도록 드러내지 않아야 하므로, 위 보도는 신

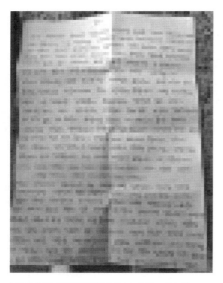

공개된 유서 전문(편집자 모자이크 처리).

문윤리실천요강 제3조 「보도준칙」 ⑧(자살보도의 주의)를 위반했다"고 밝혔다.

제956차 회의에서는 유서 전문 공개로 모두 17개 매체가 '주의'를 받았다.

<신문윤리, 제262호 3면(2021. 10.)>

8. 초임 검사 극단적 선택 기사에 '투신' 제목 무더기 제재

투신, 목숨 끊으려 몸을 던지다 의미
통신사 3곳 · 신문 6곳 · 온라인 17곳
자살 방법 묘사한 제목에 '주의' 조처

초임 검사의 극단적 선택(추정)을 보도하면서 제목과 본문에 '투신' '사망' 등의 용어를 사용한 언론사에 무더기 제재가 내려졌다. 한국신문윤리위원회는 제964차 회의에서 연합뉴스 등 뉴스통신사 3곳과 경향신문을 비롯한 6개 신문사의 기사 제목, 서울경제 등 17개 언론사의 온라인 기사 제목에 대해 각각 '주의' 조처했다.

기사에 따르면 서울남부지검 소속 초임 검사가 청사 동측 주차장으로 떨어져 병원으로 옮겨졌으나 숨졌다.

기사들은 제목과 본문에 '초임검사 투신 사망' 등의 용어를 썼다. 이들 기사에는 「서울남부지검서 초임 검사 투신…검찰 진상조사 착수(종합)」, 「서울남부지검 초임검사 청사서 투신 사망…"유서 아직 발견 못해"(종합)」 「서울남부지검 초임 검사, 청사에서 투신 사망」 등의 제목이 달렸다.

'투신'은 '목숨을 끊기 위해 몸을 던진다'는 뜻이다. 따라서 '투신 사망'은 몸을 던져 자살했다는 의미로 읽힌다. 이들 용어의 조합만으로도 자살 방법을 묘사했다고 할 수 있다.

신문윤리실천요강은 자살보도시 '자살의 원인과 방법 등을 구체적으로 묘사하여 대중의 호기심을 자극하는 보도를 해서는 안 된다. 특히 표제에는 '자살'이라는 표현을 삼간다'고 명시하고 있다. 이는 자칫 자살 충동을 부추기고, 생명을 스스로 버리는 부도덕성과 그에 대한 경계심을 약화시켜 삶의 고통을 해결하는 방법으로 오해하도록 만들 소지가 있기 때문이다.

신문윤리위는 "기사들의 제목은 자살 보도가 사회에 미치는 영향을 고려하지 않은, 신중하지 못한 보도라는 지적을 피하기 어렵다"고 밝혔다.

<신문윤리, 제269호 2면(2022. 5.)>

9. 극단선택 직전 남긴 유서 사진 · 내용 공개에 제재

유서 사진에 돋보이게 빨간줄까지
한국일보 · 연합뉴스 기사 · 사진 '경고'
게시글 올린 매경닷컴 등 3곳 '주의'

연합뉴스가 보도한 유서 사진(편집자 모자이크 처리).

극단선택을 하며 남긴 유서는 자살을 미화하거나 합리화할 수 있다. 정신적으로 심한 압박감에서 쓴 글이기 때문이다. 이러한 유서를 공개할 경우 자살을 사회적 문제를 해결하는 수단으로 비쳐질 수 있다. 그럼에도 상당수 언론은 유서가 남긴 강렬한 메시지 유혹에서 벗어나지 못하고 있다.

한국신문윤리위원회는 제965차 회의에서 해군총장 직속 수사단 간부의 극단선택과 관련해 연합뉴스, 한국일보의 기사와 사진에 대해 '경고' 결정을 했다. 또 살인용의자가 숨진채 발견된 사건과 관련해 매경닷컴, 국민일보, 뉴시스의 기사의 사진에 대하여 각각 '주의' 조처했다. 이들 매체의 기사들이 신문윤리실천요강 제3조 「보도준칙」 ⑧(자살보도의 주의)를 위반했기 때문이다.

연합뉴스와 한국일보의 기사는 총기분실 사건을 수사하던 해군 A중령이 극단적 선택을 했다는 내용을 다루고 있다. 해군참모총장 직속 해군수사단 A중령은 사건 수사 1달여 만에 유서를 남긴 채 숨졌다.

연합뉴스는 고인이 사망 직전 작성한 것으로 보이는 유서가 발견됐다면서 그 내용을 자세히 소개했다. 유서에는 〈너무 힘들다. 버틸 힘이 없다…누구 때문에 내가 이러는지, B(상관)가 나를 이렇게 만들었나〉, 〈'진급, 보직, 인생 이런 것들이 나를… 겸직 이후 하루하루가 너무 힘들었다', '나를 힘들게 한 사람은 기억하고 싶지 않다'〉라고 적혀있다고 기술했다. 연합뉴스는 유서를 사진으로 공개하면서 일부 대목에 빨간 줄을 쳐 돋보이게 처리했다.

한국일보도 '고인이 작성한 것으로 추정되는 유서에는 "너무 힘들다. 버틸 힘이 없다. B(상관)가 나를 이렇게 만들었나"라는 내용이 담겨 있었다'고 보도하면서 연합뉴스 유서 사진을 실었다.

신문윤리위는 "비록 유족들의 목소리를 전하고 적극적인 수사를 촉구하기 위한 의도의 기사였다고 하더라도, 극단적 선택을 할 당시 격한 감정이 담긴 자필 유서 사진을 공개한 것은 부적절한 보도 태도"라고 지적했다.

매경닷컴, 국민일보, 뉴시스는 30대가 40대 오토바이 점주를 흉기로 살해하고 도주했다가 하루 만에 자살한 사건을 보도했다. 이에 따르면 이 30대는 달아나기 직전 인터넷커뮤니티에 올린 게시글에서 '5억 원의 사기 피해를 당해 복수하고 자살하러 간다', '저말고 피해자가 여럿 있다' '(점주는)도박판에 끌어들인 인간쓰레기다' '4년전에 죽였어야 다른 피해를 막을 수 있었을 것'이라는 주장했다. 이후 이 30대는 범행 하루 뒤에 야산에서 숨진채 발견됐다. 결국 범행직후 올린 글이 유서가 된 셈이다.

매경닷컴, 국민일보, 뉴시스는 이 게시글의 캡처 사진을 사용하면서 게시글에 표현된 이름이나 저급한 내용을 일부 삭제했을 뿐 대부분을 공개했다.

신문윤리위는 "이 30대는 남긴 글에서 범행을 정당화하고, 자살할 수밖에 없는 상황을 강조하고 있다"며 "이를 공개하는 것은 비슷한 처지의 사람들을 자극할 수 있다"고 지적했다.

〈신문윤리, 제270호 3면(2022. 6.)〉

10. 10대 투신 '스스로 생중계' 보도 9개 매체 제재

SNS 생방송 켜놓고 투신한 사건
장소 방법 등 담긴 영상 캡처 보도
파이낸셜뉴스 · 국제뉴스 등 '주의'

일부 매체가 게재한 사진. 라이브 방송을 캡처한
것으로 자살자의 시선에서 본 장면이다.

자살을 암시하는 정보를 다룬 기사는 사소한 내용이더라도 제재대상이다. 모방자살 때문이다. 상당수 매체가 10대 여학생이 SNS 라이브 방송을 하며 투신해 숨진 사건을 흥미위주로 보도했다. 이들 매체는 자살자의 시선에서 사진을 싣거나 라이브 방송에 초첨을 맞춰 일부 독자에겐 독이 될 정보를 제공했다.

한국신문윤리위원회는 제975차 회의에서 파이낸셜뉴스가 4월 17일 보도한 「'강남 투신' 10대 여학생, 동반투신 모의한 男 있었다… "무서워서 도망" 고백」 제목의 기사와 국제뉴스가 같은 달 19일

에 보도한 「"강남 라이브 영상 팔아요" 여고생 죽음에도 도넘은 SNS」 제목의 기사에 대해 신문윤리실천요강 제3조 「보도준칙」 ⑥(선정보도 금지), ⑧(자살보도의 주의), 제13조 「청소년과 어린이 보호」 ③(유해환경으로부터의 보호) 위반으로 각각 '주의' 결정했다. 또 16일과 17일 이 사건을 보도한 국민일보 등 7개 매체의 기사의 제목에 대해 제3조 「보도준칙」 ⑧(자살보도의 주의) 위반으로 각각 '주의' 조처했다. 이 사건은 10대 여학생이 강남의 고층 빌딩에서 뛰어내려 숨진 사건이다.

파이낸셜뉴스와 국제뉴스는 이 여학생이 추락할 때까지도 켜둔 SNS 라이브 방송 장면을 캡처한 사진을 게재했다. 자살하기 직전 켜둔 것으로 고층 빌딩 아래 거리의 장면이다. 자살자의 시선을 간접적으로 느낄 수 있는 프레임이어서 독자들은 충격적인 장면으로 받아들일 수 있다.

특히 10대 여학생의 투신이어서 청소년과 어린이의 정서에 적잖은 악영향을 미칠 수 있다.

이 외에도 이들 기사는 '강남 고층 빌딩에서의 투신'이라는 극단적인 선택의 방식을 구체적으로 묘사하고 있다. 또 커뮤니티에 '동반 투신할 사람 구한다'는 글을 올리는 과정이나 동반 자살하려던 남성에게 "계획 실행을 재촉"했다는 내용도 여과 없이 보도했다. 국제뉴스는 일부 몰상식한 사람들이 해당 영상을 판매해 비판을 사고 있다는 점도 지적했다. 독자의 호기심을 겨냥해 자살에 대한 불필요한 정보를 제공한 셈이다.

국민일보 등 7개 언론사도 이 사건을 다루면서 제목에 자살을 암시하는 '투신'이라는 용어를 사용했고 라이브방송으로 생중계됐음도 명시했다. 자살을 암시하는 용어와 '라이브' '라방' '생중계' 등 그 과정을 표제로 적시했다. 이는 자살을 호기심으로 다뤘다고 오해를 살 수 있는 불필요한 정보들이다.

〈신문윤리, 제280호 3면(2023. 5.)〉

11. 자살 관련 문제 제기가 오히려 자살 부추길 수 있어

자살 보도는 신중하게 다뤄야
고발 목적이라도 유서 공개는 위험
연합뉴스 등 20개 매체 '주의'

연합뉴스가 보도한 유서 캡처사진. 16개 매체가 이를 인용했다(편집자 전체 모자이크 처리).

「학폭 피해 호소하며 숨진 ○○○ 군에게 3년간 무슨 일 있었나」(편집자 비식별 처리).

연합뉴스가 5월 25일 송고한 기사다. 제목에서 보듯 학폭 피해 고교생의 안타까운 사연을 사회적 문제로 다루고 있다. 연합뉴스를 비롯해 20개 매체가 이 사건을 보도했다. 이들 매체는 고교 3년생 김군이 남긴 유서를 캡처해 기사에 실었다. 유서를 따라가면 이 사건 실체를 볼 수 있다는 의미로 보인다.

김군은 유서에서 "내가 신고한들 뭐가 달라질까. 하지만 유일하게 일을 크게 만들 방법을 알고 있다"라고 썼다. 학교폭력에 시달린 끝에 이를 고발하기 위해 극단선택을 했다는 내용이다. 이들 매체는 김군의 유서를 공개함으로써 이 사건을 사회적 문제로 부각시켰다.

그러나 보건복지부와 한국기자협회 등이 만든 '자살보도 권고기준'은 이러한 유형의 보도에 대해 그 위험성을 경고하고 있다. 자칫 또 다른 자살을 유발할 수 있다는 이유에서다. 학폭으로 고통받은 비슷한 처지의 청소년들에게 미칠 부정적인 영향

을 고려해 보다 신중하게 다뤄야 한다는 주문인 셈이다. 신문윤리강령 또한 '권고기준'처럼 자살 예방에 방점을 두고 있다.

한국신문윤리위원회는 제977차 회의에서 연합뉴스 등 20개 매체의 기사 캡처사진에 대해 신문윤리실천요강 제3조 「보도준칙」 ⑧(자살보도의 주의) 위반으로 각각 '주의' 결정을 내렸다.

위 기사들은 고등학교 3학년 김군이 학교폭력에 시달리다 숨졌다는 내용을 전하면서 김 군이 남긴 유서 내용을 공개하고 있다. 김 군은 A4 용지 1장에 유서 형식의 글을 썼고 3년간의 학폭 피해를 낱낱이 기록한 수첩도 남겼다.

연합뉴스는 '1호~3호는 생기부에 기재조차 되지 않는단다. 안타깝지만 나는 일을 크게 만들 자신도 없고 능력도 없다'라는 대목에 밑줄 친 유서를 공개했고 매경닷컴 등 16개 매체는 이 캡처 사진을 인용 보도했다. 한국일보와 중도일보, 동양일보는 캡처 사진에 유가족 제공이라는 설명을 달았다.

김군은 유서에서 극단 선택을 하게 된 동기를 밝히면서 "죽고 싶을 만큼 괴롭게 만들고 결국 죽는다면 내가 하고 싶은 복수를 성공할 수 있을 것 같다", "날 괴롭게 한 기간만이라도 갇혀있었으면 좋겠다", "그래 니들 소원대로 죽어줄게…피해자가 되지 마세요. 차라리 죽어버리는 한이 있어도 가해자가 되세요" 등의 절박한 심정을 자필로 써내려 갔다.

김군의 유서는 유족들이 피해자의 안타까운 심경을 전달하고 학교 및 가해자들에게 책임을 묻기 위한 취지로 언론에 제공했다. 그렇다 하더라도 언론이 극단 선택을 할 당시 격한 감정이 담긴 자필 유서 내용을 공개한 것은 부적절한 보도 태도다.

신문윤리위는 "이 같은 유서는 비슷한 처지에 놓인 이들에게 잘못된 메시지를 전달할 우려가 있고 모방 자살을 불러올 수 있다"고 제재 이유를 밝혔다.

〈신문윤리, 제282호 3면(2023. 7.)〉

12. 투신한 다리 이름 공개하고 사진까지 게재…모방 자살 부추겨

한국일보 등 일부 매체가 자살사건을 보도하면서 투신 장소인 잠실대교 사진을 실었다.

평범한 다리가 '죽음의 다리' 둔갑
자살 방법·장소 등 구체적으로 밝힌
한국·부산일보 등 24개 매체 '주의'

자살 빈도가 높은 일명 '죽음의 다리'는 세계 곳곳에 산재해 있다. 한때 이들 다리도 그 지역을 상징하는 평범한 다리였다. 그러나 유명세로 수많은 목숨을 앗아간 다리로 둔갑했다. 오명을 쌓기까지 언론 보도 영향이 컸다. 특정 다리를 반복적으로 언급하며 자살 사건을 다룬 탓이다.

보건복지부·한국기자협회 등이 마련한 「자살보도 권고기준」에 따르면 자살 방법, 도구, 장소 등을 상세하게 설명하거나 묘사하면 자살을 생각하고 있는 사람들에게 자살에 관한 정보나 암시를 제공하는 결과를 가져온다. 자살 다리를 강조할수록 부정적인 효과가 나타난다는 의미다.

그런데도 언론의 보도는 그대로다. 자살 다리를 구체적으로 묘사하고, 심지어 사건 현장이라며 사진마저 싣고 있다.

한국신문윤리위원회는 제979차 회의에서 9월 7일 잠실대교에서 성인 남녀가 투신한 사건을 보도한 한국일보 등 13개 언론사의 기사의 제목과 사진에 대해 신문윤리실천요강 제3조 「보도준칙」 ⑧ (자살보도의 주의) 위반으로 각각 '주의' 조처했다.

이들 매체는 제목에 '잠실대교서…투신' '잠실대교에서…잇단 투신' 등으로 자살 장소와 방법을 구체적으로 적시했다. 또한 한국일보 등 7개 언론사는 잠실대교와 수중보가 있는 잠실대교, 한강대교의 사진 등을 써서 '대교(大橋)에서의 투신'을 강조했다.

신문윤리위는 또 같은 날 부산 거가대교에서 발생한 자살 사건을 보도한 부산일보의 기사의 제목에 대해서도 같은 내용으로 '주의' 조처했다.

부산일보는 부산과 경남 거제를 잇는 거가대교에서 한 여성이 바다로 투신자살한 사건을 다루면서 제목에 '거가대교 4교서 40여m 아래로 몸 던진…'으로 자살 장소와 방법을 구체적으로 표현했다.

이밖에 9월 22일 「남녀 2명 포항 형산강 다리서 투신…1명 실종·1명 부상」 등으로 기사의 제목을 단 서울신문 등 10개 언론사에 대해서도 '자살보도 주의' 위반으로 '주의' 결정했다. 이들 기사는 경북 포항시 남구 형산강 다리에서 남녀 2명이 투신한 소식을 전하면서 제목에 자살을 의미하는 '투신'이라는 용어를 사용하고 '형산강 다리'라는 투신 장소를 명시했다. 또 뉴스1, 뉴시스, 쿠키뉴스는 형산강 다리 사진도 게재했다.

신문윤리위는 "기사의 제목과 사진에 자살 방법과 장소를 구체적으로 알려주는 것은 비슷한 처지의 사람들에게 자살에 대한 정보를 제공해 모방 자살을 부추길 수 있다"고 지적했다.

〈신문윤리, 제284호 3면(2023. 10.)〉

13. '극단 선택' 자살과 같은 말로 받아들여져… 내년 3월 부터 제재

'숨졌다' '사망했다' 등 표현해야
내년 2월까지 계도기간 거친후
3월부터 제목에 먼저 적용키로

'극단 선택'을 제목에 올린 기사들(포털 캡처, 편집자 모자이크 처리).

기사 제목에 '극단 선택', 혹은 '극단적 선택'을 쓰면 신문윤리강령 위반으로 제재를 받는다.

한국신문윤리위원회는 11월 열린 제980차 전체회의에서 이 표현을 제목에 넣으면 제재하기로 했다. 신문윤리위는 신문윤리강령실천요강 제3조 보도준칙 ⑧(자살보도의 주의)에 근거해 이같이 결정했다. 이 조항은 "자살보도는 사회에 미치는 영향을 고려하여 신중해야 한다. 자살의 원인과 방법 등을 구체적으로 묘사하여 대중의 호기심을 자극하는 보도를 해서는 안 된다. 특히 표제에는 '자살'이라는 표현을 삼간다"고 규정하고 있다. '극단 선택'을 자살의 유의어로 판단해 제재하기로 한 것이다.

신문윤리위는 다만, 내년 2월까지 홍보 및 계도기간을 거쳐 3월부터 본격 적용하기로 했다.

그동안 신문윤리위는 해당 조항을 보수적으로 엄격히 해석했다. 기사 제목에 자살의 원인과 방법을 적시하지 않으면서 자살이라는 표현을 쓰지 않으면 제재를 하지 않았다. 일례로 '투신 사망'은 자살의 방법까지 적시한 것이어서 강령에 어긋난 표현으로 다뤘지만 '극단 선택'은 자살을 완곡하게 표현한 것으로 받아들여 용인했다.

그러나 대부분의 언론이 자살을 '극단 선택'으로 바꿔쓴 이후 10여년이 지나면서 이 표현은 사실상 자살과 같은 용어가 됐다. 일례로 지난 10월 10일 학폭피해를 고발한 표예림씨가 공원 호수에서 숨진 채 발견되자, 상당수 매체들은 '숨진 채 발견… 극단 선택'으로 제목을 달았다. 이처럼 언론은 자살의 유의어로 '극단 선택'을 사용하지만 독자들은 이제 '극단 선택'을 '자살'과 같은 말로 받아들이고 있다.

게다가 '극단 선택'은 '극단적인 상황에서 고를 수 있는 선택지'로 인식되도록 한다는 점에서 학계 등 사회 각계에서 비판이 잇따르고 있다. '선택'이라는 단어가 주는 잘못된 메시지 탓에 사람들이 삶이 힘들고 고통스러울 때 택할 수 있는 하나의 대안으로 자살을 받아들일 수 있다는 것이다. 즉, 현실 판단 능력이 현저히 저하된 심신미약 상태에서 일어난 자살 충동을 온전한 의사표시로 받아들일 수 있는 잘못된 용어라는 의미다.

이 표현은 유가족에게도 죄책감과 상처를 주는 제2의 가해라는 지적도 있다. "오죽 했으면 그러한 선택을 했을까"라는 상황을 연출하기 때문이다. 이 경우 '가족으로서 책임과 의무'를 되새기게 함으로써 유가족에게 고통과 짐을 안길 수 있다.

한편 대통령 직속 국민통합위원회의 '자살 위기 극복 특별위원회'는 지난 7월 '극단 선택'이라는 표현을 사용하지 않도록 '자살보도 권고기준' 개정을 제안할 방침이라고 밝혔다. 자살은 여러 사회경제적 요인에 영향을 받는데, 이 용어는 개인 의지의 선택인 것처럼 오해를 불러일으킬 수 있다는 것이다.

신문윤리위는 "우리나라 자살 사망률이 아직도 경제협력개발기구(OECD) 세계 1위라는 오명에서 벗어나지 못하고 있는 만큼 언론은 자살보도를 가급적 자제하고 굳이 보도하려면 '자살' '극단 선택'이란 표현대신 '숨졌다' '사망했다'고 하는 것이 바람직하다"고 강조했다.

〈신문윤리, 제285호 1면(2023. 11.)〉

14. '이선균 사망' 자살방법·유서 내용 공개한 기사 무더기 제재

기사·제목에 자살수단 '번개탄' 적시
'이것 밖에 방법이…' 유서 핵심 보도
신문 7개사·온라인 29개사에 '주의'

자살보도의 사회적 책임을 무겁게 여기고 엄격한 잣대를 들이대고 있음에도 부주의한 자살보도가 잇따르고 있다.

스스로 목숨을 끊은 배우 이선균씨의 죽음과 관련해 앞다퉈 무분별한 보도를 한 언론사들에게 제재가 내려졌다. 신문윤리위는 제982차 회의에서 서울경제 등 신문 7개사와 국제뉴스를 비롯한 29개 온라인신문·통신사에 대해 '주의' 조처했다. 제재 이유는 신문윤리실천요강 제3조 「보도준칙」 ⑧ (자살보도의 주의) 위반이다.

이들 기사는 제목 또는 본문에 자살수단인 '번개탄'을 적시했다. 일부 기사는 핵심 유서 내용도 공개했다.

서울경제와 스포츠동아, 한국일보는 지난해 12월 28일 자 기사에서 제목과 본문에 '번개탄'을 기술했다. 스포츠조선, 파이낸셜뉴스, 한국경제도 본문에서 "차량에서 번개탄이 발견됐다"고 서술했다. 매경닷컴 등 10곳의 온라인 기사도 차량에서 번개탄이 발견된 사실을 전했다.

조선일보는 12월 28일 자 기사에서 제목과 본문에서 '번개탄'을 적시하고 "미안하다. 이것 밖에는 방법이 없다" 는 유서 내용 일부를 공개했다.

국제뉴스 등 22개 매체는 TV조선 단독 보도를 인용, 이씨가 메모 형식으로 작성된 유서에 "어쩔 수 없다", "이것 밖에는 방법이 없다", "미안하다"는 등의 유언을 남겼다고 보도했다. 이들 가운데 스포츠조선과 스포츠서울은 이씨의 메모 내용을 그래픽으로 처리한 TV조선의 화면을 그대로 싣기도 했다. 제목과 본문에서 '번개탄'을 적시하거나 불을 피운 흔적이 있다고 표현한 것은 자살 방법 등을 구체적으로 묘사한 것으로, 대중의 호기심에 영합하는 보도를 했다는 지적을 피하기 어렵다.

매체들은 이선균 유서를 짧게 인용했을 뿐이지만 그 내용이 자살의 불가피성을 강조한 것이어서, 자살을 미화하거나 합리화할 수 있다는 점에서 문제가 있다. 또 유서에 나타난 당사자의 감정이 비슷한 처지이거나 비슷한 감상을 겪는 독자에게 전해져 모방 자살을 유발할 수 있다. 한국기자협회 등이 제정한 '자살보도권고기준 3.0'은 구체적인 자살 방법, 도구, 장소, 동기 등을 보도하지 않으며 자살의 미화를 방지하기 위해 유서 관련 보도는 최대한 자제할 것을 명시하고 있다.

신문윤리위는 "자살 관련 보도는 사회에 미치는 영향을 고려해 최대한 신중해야 한다"면서 "자살 방법을 묘사하고 유서 내용을 공개한 보도는 신문의 신뢰성을 훼손할 수 있다"고 밝혔다.

〈신문윤리, 제287호 2면(2024. 1.)〉

15. '극단 선택' 제목 3월부터 제재 예고 불구 여전히 개선 안 돼

2월 4일 하루 동안 19개 매체 사용
자살을 '선택지'로 받아들일 수 있고
유족 등에 죄책감·상처 주는 표현

3월부터 '극단적 선택'이나 '극단 선택'을 기사의 제목에 쓰면 신문윤리강령 위반으로 제재를 받는다. 그러나 상당수 매체가 여전히 이 표현을 사용하고 있어 우려된다.

한국신문윤리위원회가 '올 3월 제재 방침'을 마련한 것은 4개월 전인 지난해 11월 초 제980차 회의 때였다. 이 표현이 당초 자살의 대체어로 사용되었지만 현재는 자살과 동의어로 인식돼 '자살보도 권고기준'의 취지가 무색해졌기 때문이다. 신문윤리위는 올해 초 신문협회 회원사와 신문윤리강령 준수 서약사 발행인 모두에게 공개서한을 보내 제재 방침을 전했다. 또 소식지를 통해서도 이를 알렸다.

신문윤리위는 공개서한에서 "앞으로는 기사 제목에 자살을 '극단 선택'으로 표현할 경우 신문윤리강령 위반으로 제재키로 했다"면서 "오는 2월까지 계도 및 홍보기간을 거쳐 3월부터 이를 적용할 예정"이라고 밝혔다.

그러나 올 들어 최근까지 발생한 자살사건 기사를 검색하면 '극단적 선택' 혹은 '극단 선택'이라고 표현된 기사의 제목은 상당하다.

일례로 2월 4일 경기도 안성에서 모 지역농협 60대 조합원이 조합장을 흉기로 찌르는 사건이 발생했다. 조합원은 범행 직후 현장에서 이탈했으며, 이후 숨진 채 발견됐다. 이 사건을 보도한 연합뉴스 등 19개 매체는 이 조합원이 '극단선택'했다고 제목을 달았다.

'극단적 선택'이 자살 대체어로 언론 보도에 등장한 것은 2004년께부터였다. 당시 기사 제목에 자살이라는 단어를 쓰지 말 것을 규정한 '자살보도 권고기준'으로 자살 대신 이 용어를 쓰기 시작한 것이다. '극단적 선택'은 '극단 선택'으로 줄여 사용

되고 있고, 독자들에게는 사실상 자살 동의어로 받아들여지고 있다. 게다가 '극단 선택'은 자살이 선택의 일부인 것처럼 비치고 있어 문제가 있다. '선택'이라는 메시지 탓에 사람들이 삶이 힘들고 고통스러울 때 택할 수 있는 하나의 대안으로 자살을 받아들일 수 있기 때문이다.

그러나 자살 충동은 현실 판단 능력이 현저히 저하된 심신미약 상태에서 일어난 경우가 많으므로 '극단 선택'은 온전한 의사표시로 볼 수 없다는 것이 학계의 해석이다.

유족들도 이 표현으로 고통받고 있다. "사랑하는 사람이 왜 그런 선택을 했을까" "왜 막지 못했을까"라는 죄책감에 시달리고 있다.

자살 예방 전문가와 학계에선 '극단 선택'은 '극단적인 상황에서 고를 수 있는 선택지'로 자살을 인식시키기 때문에 이를 사용하는 것은 보도준칙

의 본래 취지에도 어긋난다고 지적한다. 이 용어 사용은 자살 고위험군이 당면한 문제를 직시하는 것을 방해하고 정신건강의학적 처방을 받지 못하게 한다는 것이다.

〈신문윤리, 제288호 1면(2024. 2.)〉

16. '극단선택' 제목 첫 제재… 3월 한달간 57건 '주의'

자살이 '선택인 듯 잘못된 신호 제공
'사망' '숨지다' 등 중립적 표현 써야

항의성 민원에 시달리다 온라인 카페에서 신상 정보가 공개된 김포시 소속 30대 공무원이 지난 3월 5일 차 안에서 숨진 채 발견됐다. 이 공무원은 김포 도로에서 진행된 포트홀 보수 공사와 관련해 차량 정체가 빚어지자 항의성 민원에 시달렸다. 경찰은 스스로 목숨을 끊은 것으로 보고 수사 중이다.

헤럴드경제 등 12개 온라인 매체의 기사가 3월 6일 이 사건을 다루면서 「30대 공무원 극단 선택」으로 제목을 달아 한국신문윤리위원회 제985차 회의에서 신문윤리실천요강 제3조 「보도준칙」 ⑧(자살보도의 주의) 위반으로 '주의'를 받았다. 신문윤리위가 '극단 선택' 제목을 제재키로 결정한 이후 첫 제재 사례다.

앞서 신문윤리위는 이 표현이 자살의 유의어로 사용되면서 '자살보도 권고기준'의 취지가 무색해졌다고 보고 지난해 11월에 제재 방침을 마련해 올 3월부터 시행키로 했다. 이에 따라 한국신문협회 회원사와 신문윤리강령 준수 서약사 발행인에게 서한을 보내 이러한 방침을 알린 바 있다.

이날 회의에서 자살보도 주의 위반으로 제재를 받은 기사 건수는 오프라인 4건을 포함해 무려 57건에 달했다. 대부분 '극단 선택', '투신' 등으로 제목에 자살을 묘사해 제재를 받았다.

'자살보도 권고기준 3.0'은 5가지 보도원칙 중 첫 번째로 기사 제목에 '자살'이나 자살을 암시하는 표현 대신 사망 사실을 알리는 표현을 선택할 것을 주문하고 있다.

'자살', '스스로 목숨 끊다', '목매 숨져', '투신 사망' 등과 같은 표현 대신 '사망', '숨지다' 등과 같이 객관적 사망 사실에 초점을 둔 표현을 사용할 것을 요구하고 있다. 자살 보도의 부정적인 파급력 때문이다.

특히 '극단 선택'이라는 표현은 자살을 선택의 일부인 것처럼 묘사하고 있어 자살을 염두에 둔 사람에게 잘못된 신호를 보낼 수 있다는 점을 신문윤리위는 강조하고 있다.

'선택'이라는 메시지 탓에 사람들이 삶이 힘들고 고통스러울 때 택할 수 있는 하나의 대안으로 자살을 받아들일 수 있다는 것이다.

게다가 자살 유족들도 이 표현으로 '예방하지 못했다'는 죄책감에 고통받고 있다.

전문가들은 이 용어 사용은 자살 고위험군이 당면한 문제를 직시하는 것을 방해하고 정신건강의학적 처방을 받지 못하게 한다는 지적하고 있다.

신문윤리위는 "'극단 선택'이라는 기사 제목은 자살을 생각하는 사람들에게 잘못된 정보를 제공할 수 있다"며 "이러한 점에 유의해 자살사건을 보다 신중하게 보도해야 한다"고 지적했다.

〈신문윤리, 제290호 3면(2024. 4.)〉

17. 자살 시도 가수 유서 공개 22개 매체 '주의'

유재환 SNS 글 인용 보도
'베르테르 효과' 우려

유명인이 자살을 시도했다가 5일 만에 회복한 뒤 당시 썼던 유서를 일부 또는 전부를 공개한 언론매체들이 무더기로 제재를 받았다.

신문윤리위는 제988차 회의에서 한경닷컴 6월 10일 「'사기 · 성희롱 논란' 유재환 "인생에서 하차"…의미심장 심경 글」 제목의 기사 등 비슷한 내용을 보도한 22개 매체에 대하여 '주의' 결정했다. 제재 이유는 신문윤리실천요강 제3조 「보도준칙」 ⑥(선정보도 금지) 위반이다.

이들 매체는 가수 겸 작곡가 유재환 씨가 자살을 시도했다가 5일 만에 회복한 뒤 자신의 사회관계망서비스(SNS)에 스스로 공개한 유서 내용의 상당 부분 또는 전문을 실었다.

유 씨는 유서에서 "저는 그만 인생에서 하차하렵니다" "어쩌다 내 인생이 이렇게 망가졌을까" "말을 끝내려니 이제 곧 눈앞으로 죽음이 다가온 것 같아서 솔직히 두렵다" "피해자들에게 진심으로 너무 미안하다. 가진 돈이 4000원뿐이라 환불 못 해줘서 너무 미안하다" "가는 마당에 진심으로 죄송하다" 등으로 신세 한탄과 자책, 넋두리를 늘어놨다.

신문윤리위는 "유 씨가 비록 자살을 시도했다가 회복하기는 했으나 자살시도 전 비정상적인 심정으로 적은 내용까지 지나치게 많이 노출한 것은 선정적"이라고 판단했다. 유명인이 자살 시도 전 유서를 스스로 공개했다고 해도 언론이 이를 독자들에게 노출하는 것은 신중해야 한다는 지적이다. 자살자의 주관적인 원망, 비탄 등이 자칫 사실관계를 왜곡할 수도 있고, 유사한 정서 상태의 독자들에게 불필요한 부정적 자극을 줄 수도 있기 때문이다.

특히 유명인이나 미디어에서 자살 사건이 보도된 후 자살률이 증가하는 현상인 베르테르 효과(Werther Effect)도 나타날 수 있다. 유명인의 자살 시도는 자칫 자살을 미화하는 것으로 독자들은 받아들일 수 있다. 자살을 앞두고 쓴 유서 또한 비슷한 처지의 사람들을 자극하고 모방 심리를 부추길 수 있기 때문이다.

〈신문윤리, 제293호 3면(2024. 7.)〉

제2절
마약 · 흡연 · 음주

1. 마약 이름 · 효능 · 거래상황 상세 기술한 매체 무더기 제재

'나비약' 사진 신고 본래 이름 표기
청소년들 호기심 · 구매 충동 자극
경향 · 뉴시스 등 8개 매체 '주의'

　마약 이름이나 효능, 그리고 투약방법과 유통실태는 청소년들의 호기심을 부추길 수 있는 불필요한 정보. 청소년을 대상으로 마약 캠페인을 구체적이거나, 대대적으로 하지 않는 이유이기도 하다. 그러나 상당수 언론은 마약 사건을 보도하면서 주의를 게을리 해 독자와 청소년들에게 해로운 정보를 노출하고 있다.

　한국신문윤리위원회는 제966차 회의에서 6월 16일 청소년들의 '나비약' 불법 판매 · 구매 사건을 다룬 경향신문, 뉴시스, 세계일보, 조선닷컴, 중앙일보 기사와 사진, 그리고 같은 달 19일 자 한겨레 「마약류 '나비약' 10대에 전파…마약사범 60%는 MZ세대」 제목의 기사에 대해 각각 '주의' 조처했다.

　또 5월 26일 자 머니투데이 「미스맥심 출신 女모델, 케타민 불법투약…」 기사의 제목, 같은 달 30일 자 뉴스1 「마약 '야바' 상습 투약…」 기사의 제목에 대해 각각 '주의' 결정했다.

　이들 매체의 기사와 사진들은 신문윤리실천요강 제3조 「보도준칙」 ⑥(선정보도 금지), 제13조 「청소년과 어린이 보호」 ③(유해환경으로부터 보호)를 위반했다.

　'나비약'을 보도한 경향신문 등 6개 매체의 기사들은 경남경찰청이 마약류로 지정된 식욕억제제 일명 '나비약(디에타민)'을 불법 유통 · 복용한 청소년 등 59명을 적발한 사건을 다루고 있다.

　경향신문은 처방전이나 약품의 모양 등 자세한 내용을 담은 사진을 사용하면서 '나비약'의 본래

이름인 '디에타민'을 표현했다. '디에타민'은 '펜터민' 성분의 전문 의약품으로 전문의의 처방이 필요하다. 경찰이 일반인들이나 청소년들의 호기심이나 구매 충동을 자극할 것을 우려해 약품 이름을 감췄는데도 이를 공개한 것이다.

　또 "해당 약 1통(30정 알약)을 3만 원대로 처방받아 구매한 뒤 청소년 등에게 1정에 5,000원씩을 받고 판매한 것으로 드러났다"고 SNS상 거래상황을 상세히 기술했다.

　뉴시스는 '나비약' 사진을 크게 쓰면서 약품의 이름을 밝혔다. 경찰이 제공한 '나비약' 구매 후기를 캡처한 사진도 사용했다.

　세계일보도 성분을 '펜터민'이라고 밝혔고, "한 달 간격으로 최대 90알을 처방받을 수 있다. 복용기간은 최대 3개월을 넘길 수 없다"는 복용 내용까지 알렸다. 중앙일보, 조선닷컴도 온라인상의 글들을 캡처한 사진을 사용했다. 조선닷컴은 '나비약'이 "1정에 5,000~6,000원씩 5~6배 차익을 내고 판매했다"고 알렸다. 한겨레도 '나비약'의 본래 이름인 '디에타민'을 표현했다.

　머니투데이와 뉴스1은 기사 제목에 전신마취에 사용하는 향정신성의약품 '케타민'과 환각성분이 혼합된 신종 마약 '야바'를 각각 적시했다. '케타민'과 '야바'는 일반인에게 잘 알려지지 않은 향정신성의약품과 신종 마약이다.

　신문윤리위는 "일반인에게 잘 알려지지 않은 향정신성의약품이나 신종 마약의 이름과 효능, 거래상황 등은 성인 독자들이나 청소년들에게 그릇된 정보"라며 "이를 보도하는 것은 마약류나 마약에 대한 경계심을 약화시킬 수 있다"고 제재 이유를 밝혔다.

〈신문윤리, 제271호 3면(2022. 7.)〉

2. 마약기사, 검사 회피 방법 · 유통 수법 구체적 소개… 피해 우려

아시아경제, 검사 피하는법 상세 기술
동아닷컴, '던지기 수법' 범행 영상
청소년 등에 그릇된 정보 제공 '주의'

　마약을 다루는 기사는 그 폐해를 알려 마약에 대한 경각심을 높일 수 있다. 그러나 자칫 그릇된 정보를 제공해 오히려 마약에 대한 경계심을 허물 수 있어 세심한 주의가 필요하다.

　한국신문윤리위원회는 제970차 회의에서 아시아경제 10월 23일 자 「우울증약 처방, 제모, 수액 맞기 … 마약 검사 피하는 꼼수 확산」 제목의 기사와 동아닷컴 11월 14일 자 「"던지기 수법 아시나요?"…경찰, '마약 전달책' 검거 영상 공개(영상)」 제목의 영상에 대해 각각 '주의' 조처했다. 신문윤리실천요강 제3조 「보도준칙」 ⑥(선정보도 금지), 제13조 「청소년과 어린이 보호」 ③(유해환경으로부터의 보호)를 위반했기 때문이다.

　아시아경제 기사는 마약 관련 범죄가 늘면서 마약 검사에 걸리지 않으려는 방법도 온라인에 성행하고 있다는 내용이다. 기사는 구체적인 사례를 들어 마약 검사를 회피하는 방법들을 상세히 기술하고 있다.

　기사는 우울증약을 처방받아 놓으라는 조언이 공유되고 있다고 기술했다. 우울증약 성분과 구조가 마약과 비슷해 마약을 투약하다 적발되면 약 처방을 성분 검출의 이유로 삼을 수 있다는 것이다. 또 소변 검사 기간을 단축하기 위해 병원에서 수액을 맞아 체내 농도를 낮추고 사우나를 통해 땀으로 배출하면 마약 성분 검출을 피할 수 있다고 보도했다. 모발 검사를 막기 위해 제모를 하는 것도 방법이라고 소개했다.

　편집자는 아예 「우울증약 처방, 제모, 수액 맞기 … 마약 검사 피하는 꼼수 확산」라고 제목을 달아 주요한 회피 방법을 소개했다. 비록 위 기사와 제목은 마약검사 회피방법이 확산돼 우려가 된다는 취지에서 작성된 것이나 불필요한 정보를 독자에게 제공하고 있다는 지적은 피하기 어렵다.

　동아닷컴 기사는 마약을 배달하다가 현장에서 검거된 사례를 들며 마약의 불법유통실태를 다루고 있다. 그러면서 경찰이 제공한 범죄현장을 담은 영상을 싣고 기사 제목을 "던지기 수법 아시나요?"라고 선정적으로 달았다. 영상 속 남성은 모자와 마스크로 얼굴을 가린 채 골목을 서성이다 주거지 실외기 근처에 검정색 테이프로 가린 마약을 숨겼다. 이어 휴대전화로 사진까지 촬영한 뒤 현장을 떠나는 장면까지 담았다. 이 영상은 이처럼 '던지기' 수법을 일반독자나 청소년들에게까지 중계하듯이 공개하고 있다.

　신문윤리위는 "두 매체의 보도내용은 청소년이나 일반인들의 호기심을 자극하고 마약에 대한 경계심을 흐리게 하는 부정적인 영향을 끼칠 수 있다"고 제재 이유를 밝혔다.

〈신문윤리, 제275호 3면(2022. 12.)〉

3. 마약류 가격 · 주문 · 결제 · 사용 등 위험 정보 담은 기사에 '주의'

구체적인 내용 여과 없이 내보내
조선 · 머니투데이 등 5개사 제재

최근 마약 확산 실태 등을 다룬 기획 기사가 부쩍 많아진 가운데 마약 종류 · 가격 · 주문 방법 · 결제 방식 · 사용 방법 등 부적절한 내용을 지나치게 상세히 보도한 조선일보 · 머니투데이 · 세계일보 · 헤럴드경제가 한국신문윤리위원회로부터 '주의'를 받았다.

제재받은 기사들은 기자의 텔레그램 채팅방 취재나 마약 사범 판결문 등에서 드러난 마약 거래의 실상을 공통적으로 다룬 것이다. 일부 약물의 오남용 위험성과 사용 실태를 기사화하면서 불법 구입 방법 · 가격 등 구체적인 정보를 실은 국민일보 · 세계일보도 같은 제재를 받았다.

신문윤리위는 "이들 기사가 기획 의도와 달리 마약이나 약물을 모르는 청소년 등 일반인의 호기심을 자극하거나 모방 범죄를 부추길 위험성도 있는 불필요한 정보 등을 여과 없이 담았다"면서 신문윤리실천요강 제3조 「보도준칙」 ⑥(선정보도의 금지), 제13조 「청소년과 어린이 보호」 ③(유해환경으로부터의 보호)를 어긴 것으로 보았다.

신문윤리실천요강을 위반한 기사의 제목은 조선일보 4월 7일 자 A4면 「주문 5시간 만에 마약 배송…버스 · 카페서 투약하고 인증샷까지」, 머니투데이 4월 10일 자 5면 「카페 · 코노서 버젓이…커지는 백색 공포」, 세계일보 4월 12일 자 11면 「일상 파고든 마약 유통망…처마밑 · 에어컨 실외기가 '거래 핫플'」, 헤럴드경제 4월 14일 자 3면 「직장인들 술자리에 대마초콜릿 성행」이다.

조선일보 기사는 리드에서 경찰의 단속 장면을 전한 뒤『"저 수서인데, 급(갑자기) 땡겨서 일어남. 아이스(필로폰) 0.5g 오늘 아침 되나요." 지난 5일 새벽 3시15분, 마약 구매자 A씨는 텔레그램 마약 판매 대화방에 접속해 이렇게 물었다. 1분도 되지 않아 판매책 B씨는 "가능"이라며 무통장입금 번호를 남겼다. A씨가 18분 뒤 "입금 완료"라고 보내자

B씨는 "장소 알려 드릴 테니 잠시 눈 붙이세요"라고 했다. B씨는 마약을 숨겨 놓은 장소 사진과 주소를 남겼고, A씨는 오전 7시55분 "출근하기 전 픽업 잘했습니다. 퀄(퀄리티) 죽입니다. 단골 확정입니다"라는 메시지와 함께 사진을 띄웠다. 사진 속 A씨 손에는 하얀색 가루가 든 봉투가 있었다.

신문윤리위는 "구체적인 마약 구입 방법, 단계별 소요 시간, 결제 방법 등을 두 사람의 대화 형식으로 생중계하듯 묘사했는데 기사에 따르면 이 내용은 마약 판매책이 판촉을 목적으로 올린 텔레그램 대화 캡처 글이었다"면서 "기사는 『인증샷과 구매 후기를 남기면 다음 구매 시 할인 혹은 마약을 더 주겠다』『"술, 담배 사는 비용과 맞먹으니 이 정도면 비용 대비 효율적인 거 아니냐'고 했다』(구매자 인터뷰 중)고 쓰기도 했다"고 지적했다.

머니투데이 기사는 텔레그램을 통해 구입 가능한 마약의 종류와 가격, 배달받는데 걸리는 시간, 입금 방법 등을 기자 체험 형식으로 전했고, 세계일보 기사는 마약 사범의 범행 사례를 통해 마약 종류, 가격 정보, 특정 지역의 노래방에서 구입한 가격과, 복용 방법까지 상세히 소개했다. 헤럴드경제 기사는 대마 젤리 · 초콜릿 등의 컬러 사진과 마약 종류별 가격 정보 등을 그대로 실었다.

신문윤리위는 "이 같은 정보는 기획 의도와 달리 청소년 등 독자들에게 불필요한 호기심을 불러일으키는 부작용이나 범죄적 정보를 노출할 위험이 있다"고 밝혔다.

세계일보 4월 17일 자 11면 「클릭 몇 번에…ADHD약 판매 광고 '주르륵'」 제목의 기사는 주의력결핍과잉행동장애(ADHD) 치료제의 오남용 가능성을 경고하는 내용을 담았고 국민일보 4월 18일 자 11면 「"던지기'로 받을 수 있다"…청소년에 침투한 '마약성 진통제〈펜타닐 패치〉」 제목의 기사는 마약성 진통제 펜타닐 패치가 청소년 등 사이에서 퍼지고 있다는 사실을 다뤘다.

〈신문윤리, 제280호 2면(2023. 5.)〉

4. 흡연 해악 지적하면서 '흡연사진' 게재 7개사 '주의'

"흡연 욕구 자극 등 부정적 영향"
작년보다 줄었지만 사라지지 않아

흡연이 건강에 치명적이라는 내용을 보도하면서 흡연 사진을 싣는 사례가 자주 나타나 우려를 낳고 있다.

한국신문윤리위원회 제944차 회의에서 흡연사진 또는 그래픽을 게재해 신문윤리실천요강 제3조 「보도준칙」 ④ (선정보도의 금지), 제13조 「어린이 보호」 ④(유해환경으로부터의 어린이 보호) 위반으로 '주의'처분을 받은 신문사는 모두 7개사. 기사의 대부분은 '흡연자 입속에는 질병유발 유해세균 가득', '간접흡연 중고생 우울가능성 1.3배 높아' '흡연자 코로나19 증상 악화될 위험성 커' 등 담배의 해악을 알리는 내용임에도 담배연기가 피어오르는 사진을 게재했다. 흡연 장면을 담은 사진은 지난해에 비해 많이 줄었으나 좀처럼 사라지지 않고 있다.

신문윤리위는 "흡연 장면은 어린이·청소년에게는 호기심을 촉발하고, 금연 중인 사람에게는 흡연 욕구를 자극하는 등 부정적 영향을 줄 가능성이 크다.

흡연이 건강에 미치는 해악을 경고하면서 이런 장면의 사진이나 그래픽을 누구나 접근할 수 있는 뉴스매체에 게재하는 것은 바람직하지 않다"고 밝혔다.

〈신문윤리, 제249호 3면(2020. 7.)〉

5. 두 살 배기 아들 강제로 흡연시키는 사진·동영상 게재 '경고'

연합뉴스·세계일보·서울경제·뉴스1
아동학대 모습 부적절한 보도에 제재

강제흡연으로 어린 아들을 학대한 아버지가 경찰에 체포됐다면서 흡연장면을 실은 신문사에 제재가 내려졌다.

한국신문윤리위원회는 제954차 회의에서 연합뉴스(이하 5월 6일 자) 「"두 살 아들에게 전자담배 물려"…말레이 경찰, 20대 아빠 체포」 기사의 사진, 세계일보 「"두 살 아들에게 전자담배 물려"…말레이 경찰, 20대 아빠 체포」 기사의 사진, 뉴스1 「켁' 2살배기에 전자담배 물리고, 아빠는 'ㅋㅋㅋ'…SNS 공분 [영상]」 기사의 영상, 「2세 아들에 전자담배 강제로 물린 아빠…'괴로워'[영상]」 기사의 사진과 영상, 서울경제 「두 살 아들에 전자담배 물린 父, 촬영한 母···"단순한 장난"」 기사의 사진에 대해 각각 '경고' 결정을 내렸다.

제재 이유는 신문윤리강령 제2조 「언론의 책임」, 신문윤리실천요강 제3조 「보도준칙」 ⑥(선정보도 금지), 제13조 「청소년과 어린이 보호」 ③(유해환경으로부터의 보호) 위반이다.

연합뉴스, 세계일보, 뉴스1은 말레이시아에서 두

두 살 아이에게 전자담배를 물리고 있는
아버지. 얼굴을 가렸지만 보도사진으로
부적절하다는 지적을 받았다.

살배기 아들에게 전자담배를 물리고 연기를 흡입
하도록 한 20대 아버지가 경찰에 체포됐다면서 네
티즌의 비판이 빗발치고 있다고 전했다. 아버지는
아기에게 담배를 물리고, 엄마는 이 상황을 동영상
으로 촬영해 자신의 인스타그램 계정에 올렸다.

게재한 사진은 아기가 전자담배를 입에 물고 담
배 연기를 내뿜으며 캑캑거리며 괴로워하는 장면
을 동영상에서 캡처해 세 컷 연속으로 보여주고 있
다. 서울경제는 아기가 전자담배를 입에 문 모습
한 컷만 게재했다. 사진은 얼굴 일부를 흐리게 처
리했지만, 사진 속에서 아기를 학대하는 상황은 고
스란히 드러난다.

뉴스1은 1분 차이로 기사 2건을 송고하면서 아
기가 담배를 피우고, 괴로워하는 전 과정을 담은
동영상을 올렸는데, 한 영상은 화면을 블러 처리조
차 하지 않았다. 연합뉴스는 상당 기일이 지난 뒤
전자담배 자료사진으로 대체했다.

신문윤리위는 "사리 분별 능력이 없는 어린 아
기에게 담배를 피우게 하는 아동학대 현장의 사진
과 영상을 여과 없이 게재하는 것은, 최근 친족의
폭력으로 아기가 희생되는 반인륜적 참사가 잇따
라 발생해 우리 사회 전체가 정서적 학대를 함께
겪는 상황에서 또 다른 폭력이며 지나치게 선정적
이다"고 지적했다.

신문윤리위는 이어 "이같은 보도는 자칫 아동학
대에 대한 경각심을 누그러뜨릴 위험이 있다"면서
"언론이 사회의 공기로서 담당해야 할 막중한 책임
에 비추어 사회에 부정적 영향이 매우 큰 사안을 선
정적으로 다루는 편집은 자제해야 한다"고 밝혔다.

〈신문윤리, 제259호 3면(2021. 6.)〉

6. 운전대 잡고 음주 연출 사진 '주의'

연합뉴스는 7월 31일에 송고한 '대구경찰의 휴
가철 음주운전 단속' 기사에 운전대를 잡고 소주를
마시는 사진을 실었다. 음주운전을 노골적으로 연
출해 선정보도 금지 위반으로 주의를 받았다.

〈신문윤리, 제283호 3면(2023. 9.)〉

제3절
잔혹한 범행 또는 폭력

1. 휴대전화로 머리 내려치는 지하철 폭력영상에 '경고'

국민 · 세계일보 보도 청소년에 악영향
이데일리는 하루 지나 모자이크 처리
매경닷컴 · 서울경제 폭행장면도 '주의

폭력영상이 청소년과 어린이들에게 미치는 해악은 크다. 폭력영상을 시청한 어린이들은 불안, 공포, 분노 증오의 감정과 공격성을 드러낸다는 연구결과는 널리 알려진 내용이다. 어린이일수록 스펀지처럼 폭력영상을 받아들일 수 있다는 것이다. 이러함에도 상당수 매체는 독자의 호기심을 끌기 위해 여전히 폭력적인 영상을 게재하고 있다.

한국신문윤리위원회는 963차 회의에서 이데일리 3월 17일 자 「(영상)"경찰 빽있다" 휴대전화로 노인 폭행한 20대女」, 세계일보 3월 18일 자 「9호선서 딸뻘에 휴대전화로 가격 당한 60대…[영상]」, 국민일보 3월 19일 자 「폰으로 머리 때린 딸뻘 승객…[영상]」기사의 영상에 대해 각각 '경고' 결정을 내렸다. 이들 매체가 신문윤리강령 제2조 「언론의 책임」, 신문윤리실천요강 제3조 「보도준칙」 ⑥(선정보도 금지), 제13조 「청소년과 어린이 보호」 ③(유해환경으로부터의 보호)를 위반했기 때문이다.

신문윤리위는 또 다른 폭력영상을 보도한 매경닷컴 3월 18일 자 「[단독] "특근에 불만있냐"…」, 서울경제 3월 18일 자 「[영상] "특근 불만있냐"…」 기사의 영상에 대해서도 '주의' 조처했다.

이데일리, 세계일보, 국민일보는 서울 지하철에서 시비가 붙은 승객들의 폭행 사건을 보도하면서 관련 영상을 실었다. 이 영상은 20대 여성이 60대 남성을 폭행하는 장면이다. 여성은 휴대폰 모서리로 수차례 반복적으로 남성의 머리를 내려쳤다. 이데일리는 게재 다음날 영상에 모자이크 처리를 했으나 이미 상당 시간 노출된 후였다. 세계일보와 국민일보도 영상에 일부 모자이크 처리를 했으나 끔찍한 폭행 장면이 거의 그대로 노출됐다.

매경닷컴과 서울경제는 LG화학에서 벌어진 폭행 사건을 다루면서 실제 폭행 장면을 촬영한 영상을 그대로 첨부했다.

두 매체는 영상 일부를 모자이크 처리 했으나 남성이 주먹으로 다른 남성의 복부를 반복해 때리는 장면이 그대로 보이도록 했다.

신문윤리위는 "노골적인 폭력 장면은 청소년과 어린이의 정서에 심각한 악영향을 미칠 수 있다"며 언론의 주의를 촉구했다.

신문윤리위는 또 "독자에 미치는 폭력성의 정도를 감안해 제재 수위를 경고와 주의로 나눠 결정했다"면서 "이런 폭행 장면을 여과 없이 싣는 것은 '위법적이거나 비윤리적 행위를 선정적이거나 자극적으로 보도해서는 안 된다'는 신문윤리강령을 위반한 것"이라고 제재 이유를 밝혔다.

〈신문윤리, 제268호 3면(2022. 4.)〉

2. 집단폭행·美총격전 영상 그대로 실은 7개사 무더기 '경고'

폭력적 범죄 영상 여과 없이 게재
부산·중앙일보 등 보도 10건 제재
이데일리 3차례·조선닷컴은 2차례

이데일리는 울산 집단폭행 영상과 함께 이를 캡처한 사진도 싣고 폭행장면을 빨간 원에 담아 돋보이게 처리했다.

폭력적인 범죄 영상이 기사와 함께 무차별 노출되고 있다. 인터넷커뮤니티에 올라온 국내의 영상들이 주요 뉴스 소스로 떠오르면서 나타나고 있는 현상이다. 이 영상을 스펀지처럼 받아들일 가능성이 높은 청소년과 어린이들의 피해가 우려된다.

한국신문윤리위원회는 6월 제965차 회의에서 울산 도심 한 복판서 벌어진 집단폭행사건의 영상을 보도한 부산일보, 뉴시스, 헤럴드경제, 조선닷컴, 이데일리와 10대 집단폭행 영상을 실은 이데일리, 한경닷컴 등 온라인신문사에 대해 각각 '경고' 결정을 내렸다.

또 미국 담배가게에서 벌어진 총격사건의 영상을 보도한 조선닷컴, 중앙일보, 이데일리에 대해서도 '경고'했다. 이로써 이달 회의에서 이데일리는 세 차례, 조선닷컴은 두 차례 경고를 받았다. 폭력영상은 신문윤리실천요강 제3조 「보도준칙」 ⑥(선정보도 금지), 제13조 「청소년과 어린이 보호」 ③(유해환경으로부터의 보호) 조항에 저촉된다.

부산일보 등은 울산에서 폭력조직 추종 세력인 피의자 5명이 행인에 시비를 걸어 집단 폭행한 사건을 보도하면서 당시 폭력장면을 담은 2건의 영상을 실었다. 첫 번째 영상은 3명의 건장한 남성이 쓰러진 남성을 폭행하다가 이를 말리는 행인에게 주먹질하는 장면이고, 두 번째 영상은 2명의 남성이 쓰러진 남성을 발로 차며 폭행하는 장면이다.

이들 온라인매체는 이 장면을 거의 그대로 노출했거나 선명하게 보이도록 처리했으며, 일부 매체는 반복적으로 보여 줬다.

이데일리와 한경닷컴은 서울 강동구 천호동에서 벌어진 청소년 폭행 사건을 기사화하면서 10대 여학생들이 한 명의 여학생을 폭행하는 영상을 실었다. 영상에서 가해 학생들은 피해 학생에게 담뱃불로 위협하며 뺨을 때리거나 돌아가며 엉덩이를 발로 차며 집단폭행했다. 기사는 또 위협적인 대화 내용 등을 여과 없이 기술했다. 기사는 가해 학생들은 피해자가 눈을 맞아 아파하자 "눈 뜰 수 있잖아", "뭐가 아파", "이 XX, 엄살 XX 심해"라며 비웃었다" 등의 내용을 적시했다.

조선닷컴 등 3개 언론사는 미국 로스앤젤레스에서 발생한 총격 사건을 영상과 함께 기사화했다.

해당 영상을 보면 4명의 무장 강도가 한 가게로 들어와 점원에게 총을 쏘고, 점원은 부상을 입은 듯 쓰러지면서도 총을 꺼내 응사하는 등 충격적인 모습이 담겨 있다.

특히 조선닷컴과 중앙일보 영상은 여기에 그치지 않고 강도들이 넘어지며 후퇴하면서도 계속 점원을 향해 권총을 난사하는, 근접 총격전 장면도 담았다. 영상은 총격전으로 매대와 진열 물건은 박살나고 파편은 튀는 등 생생한 장면을 적나라하게 노출했다. 더구나 기사를 보면 강도 중 한 명은 총상을 입어 숨졌다. 결과적으로는 사람이 총에 맞아 죽는 장면까지 담고 있는 영상을 여과 없이 게재한 셈이 됐다.

신문윤리위는 "언론이 SNS에 올라온 영상을 기사화하면서 폭력영상이 크게 늘고 있다"며 "이들 영상에 노출된 청소년 및 어린이에게 피해가 우려된다"고 지적했다.

〈신문윤리, 제270호 1면(2022. 6.)〉

3. 아동학대 영상 실은 매체 무더기 제재 ··· 피해아동 · 가족에 고통

3살 아이 던지고 때리는 영상 게재
뉴스1 · 경기신문 · 국민일보 '경고'
조선닷컴 · 뉴시스 등 6곳은 '주의'

아동 학대는 그 아동에게 씻을 수 없는 상처를 남기는 범죄다. 학대받은 아동은 성인이 된 이후에도 후유증을 안고 살아간다.

학대장면을 담은 영상은 독자에게 고통을 주고 해당 아동과 가족에게 2차 피해를 줄 수 있다. 어린이와 청소년에게 미치는 부정적인 영향도 크다. 아동 학대 보도에 대한 신문윤리의 잣대가 엄격한 이유다. 그러나 일부 매체는 여전히 아동 학대 범죄를 흥미 위주 혹은 자극적으로 보도하고 있다. 9월에도 이 보도로 9개 매체가 제재를 받았다.

한국신문윤리위원회는 제968차 회의에서 친엄마와 외할아버지가 3살, 5살 난 아동을 상습적으로 학대한 사건을 보도하면서 관련 영상을 실은 뉴스1, 경기신문, 국민일보에 대해 신문윤리실천요강 제3조 「보도준칙」 ⑥(선정보도 금지), 제13조 「청소년과 어린이 보호」 ③(유해환경으로부터 보호) 위반으로 각각 '경고' 했다.

또 이 사건을 보도하며 영상과 사진을 게재한 머니투데이, 조선닷컴, 서울신문, 한경닷컴, 파이낸셜뉴스, 뉴시스에 대해서도 같은 내용으로 '주의' 조처했다.

경고를 받은 3개 매체는 아이들의 아버지가 도움을 요청하며 공개한 가정 내 폐쇄회로(CC)TV 영상을 실었다. 이 영상엔 20대 엄마가 아이를 이불에 소리가 날 정도로 세게 내던지거나 욕설을 하고 소리 지르는 모습이 담겼다. 또 50대 외조부는 큰 베개로 아이의 얼굴을 누르고, 우느라 얼굴이 빨개진 아이의 머리를 때렸고, 이불로 감싸 숨을 못 쉬게 하고, 발로 아이의 머리를 차기도 했다. 이들 매체는 이 영상 일부를 모자이크 처리했으나 유아들을 상습적으로 학대한 장면은 그대로 노출했다.

주의를 받은 매체들은 영상을 캡처한 사진을 실었다. 사진은 외할아버지가 아이의 머리를 발로 차는 장면이다. 영상을 실은 매체도 나름 주의를 기울여 모자이크 처리한 점이 정상참작 돼 주의를 받았다.

신문윤리위는 "아동 학대를 담은 영상이나 이를 캡처한 사진은 피해 아동과 가족은 물론 독자에게 고통을 준다"며 "이러한 보도는 선정적이며, 어린이와 청소년들의 정서에 부정적 영향을 미칠 수 있다."고 제재 이유를 밝혔다.

〈신문윤리, 제273호 3면(2022. 10.)〉

제4절
혐오 · 차별

1. 지역차별 발언 악플, 기사 · 제목에 그대로 게재 '경고'

'보수 네티즌 민식이 엄마 공격' 기사
한경닷컴 '까고 보니 전라도' 표현
뉴스스탠드엔 제목까지 고쳐 달아

　네티즌의 댓글을 비판하기 위한 목적이었다 하더라도 특정 지역을 혐오하는 발언을 그대로 인용하고 제목에도 반영한 것은 신문윤리강령의 중대한 위반이라는 결정이 나왔다.

　한국신문윤리위원회는 제938차 회의에서 한경닷컴 2019년 12월 3일 자(캡처시각) 「까고 보니 전라도…민식이 엄마에 무슨 일이…」 기사와 제목에 대해 '경고' 결정을 내렸다.

　이 기사는 보수 성향의 네티즌이 지난해 9월 학교 정문 앞 횡단보도를 건너다 차에 치여 숨진 고 김민식군 어머니 ○○○씨를 공격하고 있다는 내용을 다뤘다. 박씨는 아들 민식군이 숨진 이후 '민식이법' 통과를 촉구해왔고 법안 처리를 미뤄온 자유한국당을 비판했다. 이에 대해 "한 네티즌은 민식이 엄마의 정치편향을 지적하며 '박씨가 전북 금산에서 고등학교를 다녔다. 민주당 편들 때부터 알

아봤다. 까보전(까고 보니 전라도)은 과학'이라고 비난했다"고 기사는 전했다.

　한경닷컴은 당초 이 기사의 제목을 「보수 네티즌들에게 공격받는 민식이 엄마 "신상 털리고 SNS에 악플…얼굴 반쪽 됐다"」고 달았다. 그러나 네이버 뉴스스탠드에는 「까고 보니 전라도~」라고 제목을 고쳐 달았다.

　신문윤리위원회는 "한경닷컴은 보수 네티즌의 비판 내용을 구체적으로 전하기 위한 방편이라 해도 전라도를 폄하하는 한 네티즌의 악플을 기사로 소개하는 것으로도 모자라 제목에까지 올렸다. 게다가 민식 엄마의 고향이 전라도라는 것은 네티즌의 주장일 뿐 확인된 사실도 아니다"면서 "이는 신문윤리실천요강 제1조 「언론의 자유 · 책임 · 독립」 ④(차별과 편견의 금지)를 위반하는 것"이라고 밝혔다. 신문윤리실천요강은 '언론인은 지역간 계층간 갈등을 야기하는 보도를 해서는 안되며 이에 근거해 개인을 차별해서도 안된다'고 강조하고 있다.

〈신문윤리, 제243호 3면(2020. 1.)〉

2. "우리가 호구냐" 지역민심 자극 제목 · 격리 어린이 사진 제재

한국경제, 기사에 없는 제목 달아
연합뉴스, 격리 시설 어린이 촬영
코로나19 우한 교민 보도에 '주의'

　코로나19 관련 보도가 연일 쏟아지고 있는 가운데 우한 교민 수용시설 지역민을 '호구'로 지칭하는 자극적 제목을 단 한국경제 기사와 시설에 수용된 교민 어린이를 촬영한 연합뉴스 보도가 신문윤

리강령과 재난보도준칙 위반으로 제재를 받았다. 이번 제재는 코로나19 관련 보도가 본격화하기 전인 1월 중 이뤄진 보도만을 대상으로 한 것이어서 위반 사례는 더 나올 것으로 보인다.

　한국신문윤리위원회는 2월 12일 열린 제939차 회의에서 한국경제 1월 30일 자 A4면 「"천안 간다더니 우리가 호구냐"…아산 · 진천 주민, 트랙터로 도로 봉쇄」 기사의 제목과 연합뉴스 1월 31일 자 「'14일간 격리' 진천 도착한 우한 교민 어린이」 제

목의 사진에 대해 각각 '주의' 조처했다.

한국경제 기사는 신문윤리실천요강 제3조 「보도준칙」 ⑥(재난보도), 제10조 「편집지침」 ①(표제의 원칙)과 재난보도준칙 제16조(감정적 표현 자제)를 위반한 것으로, 연합뉴스 사진은 신문윤리실천요강 제3조 「보도준칙」 ⑥ (재난보도), 제13조 「어린이 보호」 ① (어린이 취재보도)와 재난보도준칙 제21조(미성년자 취재)를 각각 위반한 것으로 인정됐다.

한국경제 기사는 정부가 코로나19 발생과 관련해 중국 우한 거주 교민의 격리 수용 장소를 아산과 진천으로 결정한 것에 대한 해당 지역 주민의 반발 여론을 정리한 것으로, 큰 제목 「"천안 간다더니 우리가 호구냐"」가 문제가 됐다.

기사에 주민 반발 여론을 전하는 인용문은 "당초 천안으로 결정했다가 주민 반대로 아산으로 다시 정한 것은 용납할 수 없다"(송달상 아산시 온양 5동 이장단협의회장), "천안에서 갑자기 아산으로 변경한 것은 합리적 판단이 아니라 내부적인 힘의 논리로밖에 볼 수 없다"(아산시의회 기자회견) 등 5개였으나, 어디에도 '호구' 또는 '우리가 호구냐'라는 감정적이고 자극적인 표현은 등장하지 않았다.

그럼에도 기사는 이 같이 민심을 자극할 수 있는 단어를 골라 제목에 쓰고, 이 표현이 마치 지역 주민의 발언인 양 인용부호까지 썼다.

윤리위는 "제목이 본문 내용을 왜곡한 것인데, 재난이나 대형사건 보도에서 자극적이거나 선정적인 용어를 사용하지 않도록 규정한 윤리강령에 어긋난다"고 지적했다.

연합뉴스 사진은 우한 교민들이 진천 국가공무원인재개발원에 도착한 1월 31일 촬영한 것으로 시설 창밖을 내다보고 있는 한 어린이를 망원렌즈로 클로즈업해 포토뉴스로 내보낸 것이다. 윤리위는 "교민들의 움직임이 국민의 관심사이기는 하지만 재난 상황에 처한 사람들의 숙소를 허락 없이 망원렌즈로 촬영한 것은 사생활 침해라는 비판을 피하기 어렵다"며 "특히 얼굴을 모자이크 처리했다 해도 13세 미만 어린이를 보호자 동의 없이 촬

연합뉴스가 보도했다 삭제한 격리조치된 어린이 사진

영, 공개한 것은 신문윤리강령을 어긴 것"이라고 지적했다. 사진에 찍힌 어린이는 보호자 없이 귀국한 8세, 10세 중 한 명으로 추정됐다.

연합뉴스는 누리꾼의 항의가 잇따르자 관련 사진을 삭제했지만 일부 포털 사이트에는 여전히 남아 사후관리를 제대로 하지 않았다는 지적도 받았다.

신문윤리강령 외에도 2014년 세월호 참사를 계기로 제정된 재난보도준칙은 '재난 보도는 사회적 혼란이나 불안을 야기하지 않도록 노력해야 하며, 재난 수습에 지장을 주거나 피해자의 명예나 사생활 등 개인의 인권을 침해하는 일이 없도록 각별히 유의해야 한다.'(보도준칙 전문), '개인적인 감정이 들어간 즉흥적인 보도나 논평은 하지 않으며 냉정하고 침착한 보도 태도를 유지한다. 자극적이거나 선정적인 용어, 공포심이나 불쾌감을 줄 수 있는 용어는 사용하지 않는다'(제 2장 취재보도 제 16조 「감정적 표현 자제」)는 내용을 담고 있다.

〈신문윤리, 제244호 1면(2020. 2.)〉

3. '포항패싱' '경기파워'… 지역정서 과도하게 부추긴 제목

방사광가속기 후보 탈락 "정치 입김"
국회의장 경합 기사 '김진표 대세론'
경북도민일보 · 경기일보에 '주의'

지역 현안사업 유치나 출신 인사에 대해 일방적으로 편을 드는 제목을 단 지역 신문 2곳이 제재를 받았다.

한국신문윤리위원회는 제943차 회의에서 경북도민일보 5월 8일 자 1면 「결국 '정치적 입김'에 밀렸다…'포항패싱' 사실로」, 경기일보 5월 12일 자 4면 「'51석 경기파워'…차기 국회의장 '김진표 대세론' 천군만마」 기사의 제목에 대하여 각각 '주의' 조처했다. 제재 사유는 신문윤리실천요강 제3조 「보도준칙」 ①(사실과 의견구분), 제10조 「편집지침」 ①(표제의 원칙) 위반이다.

경북도민일보는 다목적 방사광가속기 후보지에서 포항이 탈락한 뒤 지역 반응 등을 전하면서 「결국 '정치적 입김'에 밀렸다…'포항패싱' 사실로」라는 제목을 달았다.

기사에서는 '지역 정치권의 한 관계자'와 지역구 김정재 · 김병욱 당선자말고는 '정치적 입김에 밀렸다'고 말한 사람은 없다. 이들의 주장은 사실관계에 근거한 것이라기보다는 지역 정서에 편승한 것으로 보인다. 이들의 멘트 말고는 「정치적 입김에 밀렸다」고 볼만한 근거를 찾을 수 없는 것.

더구나 신문은 포항 탈락 이유에 대해 '과기정통부는 포항이 3 · 4세대 2대로는 연구자들 수요에 대응하는 데 한계가 있다고 봤다'고 썼다. 또 하루 뒤 공개한 방사광 가속기 후보지별 점수에 따르면 청주 90.54점, 나주 87.33점, 춘천 82.59점, 포항 76.72점으로, 워낙 점수차가 커 포항이 '정치적 입김'에 밀려 탈락했다는 신문의 주장은 설득력이 떨어진다.

경기일보는 경기 수원 출신의 김진표 의원과 대전 출신의 박병석 의원이 차기 국회의장 후보로 겨루고 있다고 전하면서 「'51석 경기파워'…차기 국회의장 '김진표 대세론' 천군만마」라는 제목을 달았다. 제목만 보면 김진표 후보가 거의 승리할 것으로 예상된다. 그러나 본문에서는 '김진표 대세론'이라거나 '천군만마'와 같은 표현을 찾을 수 없다. 비슷한 내용으로는 '경기지역 당선인들이 결집해 김 의원을 지지할 경우'와 '경기지역 의원들의 지지를 받을 가능성도 있다'라고 전제를 달고 쓴 표현뿐이다.

기사의 내용을 감안하면 아직 경기지역 의원들이 누구를 지지할지 알 수 없는 상황이다. 윤리위는 "변수가 많은 상황에서 「김진표 대세론」 천군만마」란 제목을 단 것은 사실관계에도 맞지 않고 편집자가 기사 내용을 과장하거나 왜곡했다는 지적을 피하기 어렵다"고 지적했다.

〈신문윤리, 제248호 2면(2020. 6.)〉

4. '혐오표현' 비판 보도가 오히려 차별 · 편견 조장 우려

'월거지' '기생수' '엘사' 등 적시
선의 목적 보도라도 상대 비하 표현
매일경제 기사 · 제목 · 편집에 '주의'

혐오표현이 범람하는 세태를 비판하는 선의의

목적의 보도라 할지라도 상대를 비하하는 표현을 구체적으로 적시한다면 오히려 차별과 편견을 조장할 수 있다는 내용의 결정문이 나왔다.

한국신문윤리위원회는 제947차 회의에서 매일경제가 10월 26일 자 A31면에 보도한 「엘사 · 착짱죽짱〈LH임대 사는 아이들 · 착한 중국인은 죽은

매일경제가 기사와 함께 게재한 '혐오비하 표현' 표.

중국인〉…아이들 입에서 이런 거친 말이」기사와 제목, 그리고 편집에 대해 '주의' 결정을 내렸다. 기사와 제목, 편집이 신문윤리강령 제7조 「언론인의 품위」, 신문윤리실천요강 제1조 「언론의 자유·책임·독립」 ④(차별과 편견의 금지), 제3조 「보도준칙」 ④(선정보도의 금지), 제10조 「편집지침」 ①(표제의 원칙)을 위반했다는 이유에서다.

기사는 사회 양극화 등으로 상대를 비하하는 혐오표현이 초등학교까지 침투해 친구들과 공유되면서 일상 속에 자리 잡고 있다는 내용이다.

기사는 이를 전하며 혐오표현의 구체적인 내용을 적시했다. 기사는 "착짱죽짱은 코로나19 발발 원인이 중국인에게 있다며 중국인을 비하하는 단어인 '짱×'를 사용해 '착한 중국인은 죽은 중국인'이라는 뜻을 지닌 혐오 표현"이라고 소개했다. '엘사'는 'LH 임대아파트에 사는 아이들'을 뜻하고, 월셋집에 사는 아이들은 '월거지', 빌라에 사는 아이들은 '빌거지', 기초생활수급자 가정 학생들은 '기생수'로 줄여 불린다고 설명했다.

편집자도 「청소년이 최근 사용하는 혐오·비하 표현」이라는 제목으로 표를 만들어 이러한 표현을 정리해 상세히 전하고 있다. 표만 보면 쉽게 혐오 표현과 뜻을 알 수 있다.

또 기사 큰 제목에도 '엘사·착짱죽짱…' 표현을 넣었다. 이러한 기사와 제목은 혐오표현의 실태와 심각성을 강조하기 위한 것으로 보인다.

언어생활은 시대에 따라 달라지고, 언론이 이를 기사에 반영하는 것은 당연한 일이다. 최근 유행하는 줄임말 표현은 어법에는 맞지 않지만 언론 보도에도 자주 등장한다.

그러나 언론은 줄임말은 물론이고 표준어라 할지라도 차별과 편견을 조장하는 표현을 사용할 때는 주의를 기울여야 한다. 또한 언론은 우리말과 글을 다루는 최일선에 있는 만큼 바르고 고운 언어생활을 이끄는 데 앞장설 의무가 있다.

하지만 위 기사에서 언급된 혐오표현인 '기생수', '월거지', '엘사' '빌거지' 등은 표준어도 아니며, 우리 사회의 구성원 일부를 대상으로 편견과 차별을 조장하는 내용이다.

신문윤리위는 "일부 청소년이 이러한 표현을 사용한다고 해서 욕설에 가까운 축약된 혐오표현을 제목에 달고, 설명을 곁들인 표를 만들어 독자에게 전하는 것은 언론의 품위를 훼손하는 것"이라며 "이러한 보도는 독자의 호기심을 겨냥한 선정보도라는 지적을 받을 수 있고, 신문의 신뢰성을 훼손할 수 있다"고 제재 이유를 밝혔다.

〈신문윤리, 제252호 2면(2020. 11.)〉

5. '눈먼 돈' 등 장애 차별적 보도 여전…올 들어 35건 제재

꿀먹은 벙어리 · 귀머거리 · 외눈박이 등
기사 · 제목 · 칼럼 · 사설에 빈번히 사용
브릿지경제 · 매일신문 등 무더기 제재

신문의 장애차별적 표현 사용이 심각하다. 기사, 칼럼, 사설 등 보도 형식을 가리지 않고 장애차별적 표현이 남발되고 있다.

한국신문윤리위원회는 10월 제968차 회의를 열고 브릿지경제 등 인쇄매체 기사 4건과 머니투데이 등 온라인신문 기사 14건 등 18건에 대해 무더기 '주의' 조처했다. 이들 기사는 각종 정부 보조금의 허술한 관리를 비판하거나 주먹구구식 예산 집행을 지적하면서 '눈먼 돈' 등의 표현을 썼다.

브릿지경제는 9월 14일 자 정부 보조금의 부당 집행과 관리 소홀을 지적하는 기사에 「혈세는 눈먼 돈? '복마전' 국책 · 보조금 사업」이란 제목을 달았다. 세계일보는 9월 15일 자 사설에서 문재인 정부 탈원전 정책의 상징인 태양광 관련 사업에서 드러난 위법 · 부당사례를 비판하면서 「'눈먼 돈' 태양광 사업, 철저 조사해 책임 물어야」란 제목을 붙였다. 매일경제는 허술한 실업급여 집행을 지적하는 9월 16일 자 사설에서 「23년 상습수령까지… 눈먼돈 된 실업급여 구멍 안막을건가」란 제목을 달았고, 사설 본문에는 '눈먼 돈으로 전락한 실업급여'라고 썼다.

매일신문은 9월 8일 자 사설에서 이준석 전 국민의힘 대표가 대구경북(TK) 초선 의원들을 무기력의 표상으로 낙인찍었는데도 초선 의원 대다수가 무대응하고 있다고 비판하면서 제목으로 「'꿀 먹은 벙어리' 모멸까지…TK 초선 의원들 목소리 내라」로 달았다.

앞서 신문윤리위 9월 제967차 회의에서도 일간 스포츠를 비롯한 4개 신문이 기사와 사설에서 '눈먼 돈'이란 표현을 사용해 제재를 받았다.

신문윤리실천요강 제1조 「언론의 자유 · 책임 · 독립」 ⑤(사회적 약자 보호)는 '장애인 · 노약자 · 성 소수자 등 사회적 약자의 권리 보호에 적극 나서야 하며, 이들에 대해 편견을 갖지 말아야 한다'고 명시하고 있다. 신문윤리위는 이 조항에 따라 장애 차별적 표현에 대해 엄격한 잣대를 들이대고 있지만 신문은 여전히 장애인을 차별하고 혐오를 부추길 우려가 있는 부적절한 표현을 예사롭게 사용하고 있다.

올들어 장애 차별적 표현으로 신문윤리위 제재를 받은 기사(온라인 포함)는 모두 35건에 이른다. 이들 기사에 사용된 표현으로는 '눈먼 돈', '벙어리 냉가슴', '꿀 먹은 벙어리', '장님 코끼리 만지기', '외눈박이', '귀머거리', '병×', '앉은뱅이' 등이 있다.

'눈먼 돈'은 '주인 없는 돈', '꿀 먹은 벙어리'는 '말을 못 하는', '장님 코끼리'는 '주먹구구식', '귀머거리'는 '청각장애인' 등으로 바꿔 쓸 수 있다.

신문기사의 장애 차별적 표현은 대부분 부정적인 상황을 묘사하는 데 쓰인다. 이러한 표현은 장애란 비정상적이고 비합리적인 것이라는 이미지를 형성해 장애인에 대한 고정관념과 편견을 심어줄 우려가 크다. 그런데도 언론 보도에서 장애 비하 표현이 빈번히 쓰이는 것은 장애인의 처지를 헤아리지 못하고 공감하지 못하는 일부 언론의 그릇된 태도 때문이라고 할 수 있다. 장애에 대한 차별적 시선을 바꾸고 장애에 대한 차별을 깨는 데 언론이 앞장서야 함은 두말할 나위가 없다.

〈신문윤리, 제273호 1면(2022. 10.)〉

6. 피부 · 눈동자 색으로 인종 구분 관례적 표현 첫 제재

인요한 혁신위원장 '푸른눈의 한국인'
다문화사회 추세에 바람직하지 않아
문화일보 등 10개 매체 제목 '주의'

푸른 눈의 혁신위원장─워, 인요한 교수 임명 관망 국민의힘 혁신위원장으로 임명된 인요한 연세대 교수가 서울 여의
도 이제 국민의힘 당사로 출근하고 있다. 그가 국민의힘 혁신위원장으로 임명된 이후 첫 업무를 시작한 것이다. 가서시문

'푸른 눈의 혁신위원장'이라고 제목을 단 한 언론사의 보도.

한국신문윤리위원회는 제980차 회의에서 인요
한 국민의힘 혁신위원장 임명 소식을 전하면서 '푸
른 눈'이라는 차별적 표현을 제목에 사용한 문화일
보 등 10개사에 대해 '주의' 조처했다. 문화일보, 헤
럴드경제, 국민일보, 매일경제, 서울경제, 서울신문,
세계일보, 이데일리, 조선일보, 한국일보 등 10개사
(보도일 기준 순서)는 지난 10월 23~28일 외국인
으로 한국 국적을 취득한 귀화인인 인요한 연세대
교수가 여당의 혁신 전권을 쥐게 됐다고 보도하면
서 '푸른 눈의 한국인', '푸른 눈의 의사' 등의 표현
을 제목으로 사용했다.

신문윤리위는 "서구인 혈통으로 한국 국적을 취
득한 인요한 교수를 백인종의 인류학적 특징 중의
하나인 '푸른 눈'으로 상징적으로 묘사한 것이지만
이와 같은 묘사는 자칫 인종주의적인 표현으로 인
식될 수 있고 차별과 편견을 조장할 위험이 있다"
며 이 같이 결정했다.

이와 같은 제목들은 선입견이나 편향된 시각이
반영됐다는 지적을 받을 수 있으며, 신문의 공정성
· 신뢰성을 훼손할 수 있으므로 신문윤리강령 제2
조 「언론의 책임」, 신문윤리실천요강 제1조 「언론
의 자유 · 책임 · 독립」 ④(차별과 편견 금지)를 위
반했다는 것이다.

신문윤리위는 "최근 이주 외국인들이 늘어나고
다문화 가정들이 증가하고 있는 국내 현실에서 피
부나 눈동자 색으로 인종을 구분짓는 방식은 바람
직하지 않으며, 이는 신체적 차이에 따른 차별로
여겨질 수 있다"고 강조했다.

신문윤리위는 "비하적인 표현이 아니라 선한 의
도였다 할지라도 굳이 한국으로 귀화한 외국인에
게까지 인종적 색깔로 차이를 강조하고 우리와 구
분지어서 배제하는 방식의 보도는 바람직하지 않
다"고 덧붙였다. 또, "이 같은 표현은 인요한 교수
가 이방인으로서 한국의 정치 풍토 속에서 어떻게
동화될 수 있을까 하는 시선이 담겨 있는 것으로도
해석될 여지가 있어 향후 그의 활동에 대해 부정적
인 이미지를 주거나 희화화하는 요인으로도 작용
할 수 있다"고 지적했다.

신문윤리강령과 실천요강에 따르면 '언론은 사
회의 공기로서 막중한 책임을 지고 있으며'(신문윤
리강령 제2조) '지역, 계층, 성별, 인종, 종교 간 갈
등이나 혐오를 부추기는 보도를 해서는 안되며, 이
에 근거해 개인이나 단체를 차별해서도 안 된다'
(신문윤리실천요강 제1조 ④)'고 돼 있다.

언론이 장애인에 대해 표현의 자유보다 사회적
책임을 우선하는 것만큼 인종적 차이로 서로 구분
짓는 그 어떠한 표현에 대해서도 관례라는 이유로
쉽게 용인해서는 안 된다는 것이 신문윤리위의 입
장이다. 이런 이유로 그동안 '살색'이라는 표현과
아프리카를 '검은 대륙'으로 부르는 언어 관행이
자취를 감추고 있다는 것이다.

서양인을 묘사할 때도 흑인 등 유색인종에 대한
표현에 주의하는 것과 마찬가지로 신체 차별적 요
소가 내포된 '푸른 눈'이라는 표현 역시 가급적 삼
가야 마땅하다는 것이 신문윤리위의 설명이다. 이
런 인식에 비춰 볼 때 '금발', '검은 머리' 등의 표현
역시 자제돼야 한다는 것이다.

이날 회의에서 "은연중에 신체적인 특징으로

'우리'와 '남'을 가르는 차등적 편견과 혐오의 프레임을 심는 것으로 제노포비아(외국인혐오증)으로 이어질 수 있다는 점을 유의해야 할 것"이라는 의견도 나왔다. 또 "서구인을 '푸른 눈'으로 흔히 써왔던 우리의 언어 관습상 용납될 수 있는 표현이 아니냐는 주장도 있겠지만, 차별적이고 배타적인 표현을 자제하자는 뜻에서 제목에 이를 사용한 신문사에 대해 우선적으로 제재가 이뤄진 것"이라는 배경설명도 있었다.

신문윤리위는 "앞으로 본격화되는 다문화 사회에서 보다 다양한 인종적 표현이 등장할 수 있기 때문에 언론이 바른 언어관습을 이끌기 위해서는 신체적 특징에 따른 인종 구분짓기나 한국에 대한 동화를 강요하는 표현 등의 사용에 더욱 신중해야 할 것"이라고 밝혔다.

〈신문윤리, 제285호 2면(2023. 11.)〉

7. "호텔청소도 동남아 아줌마가" "병신이 진료하네" 제목 제재

조선일보, 특정 계층에 차별과 편견
문화일보, 사회적 약자 보호 소홀
세계·중앙 등 18개사도 장애인 폄훼

　　　　특정 계층에 대한 차별과 편견을 드러내거나, 장애인 등 사회적 약자의 권리보호에 미흡한 보도가 여전한 것으로 드러났다.

한국신문윤리위원회는 제983차 회의에서 조선일보 2023년 12월 30일 자 12면 「이젠 호텔 청소도 동남아 아줌마가」 기사의 제목에 대해 '주의' 조처했다. 신문윤리강령 제2조 「언론의 책임」, 신문윤리실천요강 제1조 「언론의 자유·책임·독립」 ④(차별과 편견 금지)를 위반했다는 이유에서다.

조선일보는 정부가 일손 부족에 시달리는 호텔과 콘도업에 외국인 노동자의 고용을 허용키로 했다는 소식을 전하면서 제목을 「이젠 호텔 청소도 동남아 아줌마가」로 달았다.

신문윤리위는 "이 같은 표현은 으레 호텔이나 콘도의 청소는 아줌마들이 하고 있으며, 확대 투입되는 외국인 인력도 동남아 지역 출신이 대부분을 차지할 것이라는 특정한 선입관과 편견에서 비롯된 것"이라며 "기사 어디를 봐도 호텔·콘도업에 투입되는 외국인이 '동남아', '여자', '아줌마'로 제한한다는 내용은 찾아볼 수 없다"라고 지적했다.

3D업종의 비숙련 노동을 맡을 외국인은 동남아 출신 외국인들밖에 없다는 인식이나 호텔·콘도의 청소를 맡는 노동자들은 중년 여성들밖에 없다는 성 역할에 대한 차별적 프레임이 드러난 제목이라는 것이 신문윤리위의 입장이다.

신문윤리위는 특히, "사회의 건전한 여론을 주도해야 하는 언론이 이런 인식에서 벗어나지 못한다면 우리 사회에 널리 퍼진 편견과 선입관을 더욱 강화하는 부작용이 크다고 할 수 있다"라고 강조했다.

신문윤리위는 이와 함께 문화일보 12월 29일 자 22면 「"병신이 진료하네" 환자의 욕설 실력 증명하란 죽비 소리 같았죠」 기사의 제목에 대해서도 '주의' 결정을 내렸다.

문화일보는 이 기사에서 전신마비를 딛고 치과 교수가 된 이규환 분당서울대병원 교수와의 인터뷰를 통해 그의 인생 역경과 성공담을 전하면서 장애인으로서 진료 현장에서 상처받은 일화들을 밝혔다.

신문윤리위는 "이 교수의 일화 중 환자의 선입관과 편견이 담긴 거친 표현을 제목에 직접 인용해 사용한 것은 장애인에 대한 차별을 딛고 일어선 그의 인간 승리를 강조하기 위한 것으로 보이지만, 이 표현은 장애를 차별하며, 은연중에 장애에 대한 부정적인 이미지를 퍼뜨릴 수 있다"고 지적했다.

이젠 호텔 청소도 동남아 아줌마가

"'병신이 진료하네' 환자의 욕설
실력 증명하란 죽비소리 같았죠"

조선일보(왼쪽)와 문화일보 보도 내용

국립국어원 표준국어대사전에 따르면 '병신'은 '신체의 어느 부분이 그 기능을 잃어버리거나 기능에 제약이 있는 상태 또는 그런 사람'을 낮잡아 이르거나 '모자라는 행동을 하는 사람'을 일컫는 말로 남을 욕할 때에 쓴다고 나온다.

신문윤리위는 "아무리 극적인 효과를 위해 그가 겪었던 가장 비참한 경험의 일화에서 생생한 표현을 그대로 뽑아 사용했다 하더라도, 이 같은 표현을 제목에 그대로 사용한 것은 장애에 대한 편견을 부추길 우려가 있으며, 신문의 신뢰성을 훼손할 수 있어 신문윤리실천요강 제1조 「언론의 자유·책임·독립」⑤(사회적 약자 보호)를 위배했다"라고 밝혔다.

신문윤리위는 이날 세계일보·한겨레·중앙일보·매일신문 등 18개 언론사의 온라인 기사에 대해서도 각각 '주의' 조처했다.

이들 신문은 부산북구청장이 발달 장애인에 대해 "(장애인을) 안 낳아야 하는데, 왜 낳았나"라고 말한 발언을 지적한 기사에서 해당 발언을 제목에 사용했다.

신문윤리위는 "기사의 제목과 부제에 '발달장애인 안 낳아야 하는데 왜 낳았냐' '장애인 낳은 게 죄' 등으로 장애인에 대한 편견과 폄훼를 드러내는 표현을 그대로 쓴 것은 매우 부적절하다"고 지적했다.

〈신문윤리, 제288호 2면(2024. 2.)〉

제4장
저작권 보호

제1절
표절

1. 수원시 보도자료 그대로 베껴 쓴 6개 지역신문 제재

지자체 보도자료 무분별 받아쓰기
자사 기자 이름까지 달아 내보내
언론의 독립성·신뢰성 훼손 우려
기호·경도·경인종합·도민 등 '주의'

　지방자치단체 보도자료를 그대로 베껴 보도한 신문들이 무더기로 제재를 받았다.
　한국신문윤리위원회는 제942차 회의에서 기호일보, 경도신문, 경인종합일보, 도민일보, 아시아일보, 수도일보 등 6개 신문에 대해 '주의' 결정을 내렸다. 신문윤리강령 제3조 「언론의 독립」, 신문윤리실천요강 제1조 「언론의 자유·책임·독립」, 전문, 제3조 「보도준칙」 ⑦(보도자료의 검증)을 위반한 데 따른 것이다. 이들 6개 신문은 각각 4월 15·16, ·23일 자로 「코로나19 극복 응원하는 '선한 릴레이' 시작합니다」, 「재난기본소득, '착한기부'로 날개를 달다」, 「수원시, 공무원·민간단체·시민 등 코로나19 극복 씨앗 뿌려」 등의 제목을 붙인 기사를 각각 1개면에 할애해 실었다. 기사는 염태영 수원시장의 제안에 따라 코로나19로 어려움을 겪는 취약계층을 위해 재난기본소득을 기부하자는 '착한 기부' 캠페인이 벌어지고 있다는 내용이다.
　이 기사들은 그러나 일부 토씨만 다를 뿐 동일한 내용이다. 기자들이 직접 취재해서 쓴 것이 아니라 수원시 언론담당관 신문팀이 4월 14일 배포한 「재난기본소득, '착한기부'로 날개를 달다」 제목의 보도자료를 거의 그대로 옮겼기 때문이다. 기사 본문 뿐만 아니라 제목도 보도자료의 제목과 같고,

사진도 수원시가 제공한 것들이다. 그런데도 기사 끝에는 각각 자사 기자의 이름을 달았다. 언론은 정부 기관이나 기업 등이 배포한 보도자료를 토대로 기사를 쓰는 일이 많다. 그러나 별도의 검증 과정도 없이 보도자료 원문을 그대로 인용하면서 자사 기자의 이름을 달아 기사로 내보내는 것은 언론의 신뢰 문제와 직결된 사안이다.
　정부 기관 등은 별도 전담 부서까지 두고 보도자료를 경쟁적으로 쏟아내고 있다. 자신들이 원하는 방향으로 기사를 작성하도록 유도하고 자신들에게 유리한 여론을 형성하기 위해서다. 보도자료는 주요 정책을 국민에게 널리 알리는 홍보 수단이기도 하지만 특정인의 치적을 알리고 미화하는 선전 수단으로 활용되기도 한다.
　따라서 언론이 보도자료를 무분별하게 베껴 보도할 경우 언론의 자유와 책임, 독립을 훼손할 우려가 있다.
　신문윤리위는 "이런 홍보성 보도자료를 언론이 검증 과정 없이 받아쓰기 하듯 그대로 전재해 보도하는 것은 독자의 신뢰를 깎아 먹을 수 있다"면서 "사실을 정확하고 객관적이며 공정하게 보도해야 하는 언론의 사명을 저버리는 것이나 다름없다"고 지적했다.
　차제에 언론계 일각의 무분별한 보도자료 '받아쓰기' 관행에 대해 심각한 고민이 필요한 것으로 지적된다.

〈신문윤리, 제247호 1면(2020. 5.)〉

2. 외신 등 인용한 해외뉴스에 출처 안 밝힌 4개 매체 제재

파이낸셜뉴스 · 한국 · 헤경 · 한겨레
美 양적환화 · 프랑스 총선 기사 등
전문가 발언 외신 · 방송 인용하며
상당수 출처 안밝힌 기사에 '주의'

미국의 양적긴축 돌입, 프랑스 총선 결과 등을 보도하면서 외신 등을 인용하고도 출처를 밝히지 않은 파이낸셜뉴스, 한국일보, 헤럴드경제, 한겨레 등 4개 신문이 제재를 받았다.

한국신문윤리위원회는 7월 제966차 회의에서 이들 4개 신문에 대해 '주의' 조치하면서 "이러한 보도는 신문윤리 실천요강 제8조 「저작물의 전재와 인용」, ②(타 언론사 보도 등의 표절 금지)를 위반한 것이며, 신문의 신뢰성을 훼손할 우려가 있다"고 밝혔다.

파이낸셜뉴스의 6월 3일 자 10면 「美, 양적긴축 돌입… 내년까지 연준 자산 1870조 줄인다」 제목의 기사는 미국 중앙은행인 연방준비제도(연준) 가 보유 자산규모를 9조 달러 축소하는 양적긴축에 들어가면서 경제와 금융 시장에 미칠 파장을 다뤘다.

기사는 양적긴축과 관련한 연준의 경제동향 보고서 '베이지북' 내용, 웰스파고 은행의 설명, 영국 런던 소재 경제컨설팅 기관 캐피털이코노믹스의 선임 이코노미스트 조너스 골터먼과 미국 경제 담당 이코노미스트 앤드루 헌터의 분석, 제이미 다이먼 JP모간 회장 겸 최고경영자(CEO)의 발언 등을 소개하고 있으나 전문가들의 발언은 기자가 직접 취재해 작성한 것으로 보기 어렵고 외국 언론매체의 보도 등을 옮겨 정리한 것으로 보인다. 그런데도 기사는 대부분 내용의 출처를 일절 밝히지 않았다.

한국일보 6월 18일 자 11면 「유럽 빅3, 우크라 EU 가입 지지… 휴전론 자취 감췄다」 제목의 기사는 프랑스, 독일, 이탈리아, 루마니아 4개국 정상이 우크라이나 수도 키이우에서 젤렌스키 우크라이나 대통령과 회담한 뒤 공동 기자회견에서 우크라이나의 유럽연합(EU) 가입 지지 입장을 밝혔다고 전하고 있다.

기사는 또한 4개국 공동 기자회견 다음날 EU 집행위원회가 우크라이나에 후보국 지위를 부여할 것을 권고했고, 존 커비 미 백악관 국가안보회의 (NSC) 대변인이 정례 브리핑에서 우크라이에 대한 군사 지원을 계속할 것임을 밝혔다는 내용을 덧붙였다. 이러한 보도 내용은 외국 방송이나 신문매체의 보도 또는 관련 기관 홈페이지 등에서 옮겨 정리한 것으로 보이지만 출처를 밝히지 않았다.

헤럴드경제 6월 20일 자 21면 「佛 20년 만에 '여소야대'… 마크롱, 재선 두 달 만에 위기」 제목의 기사는 프랑스 총선 결과를 전하면서 장뤼크 멜랑숑 굴복하지않는프랑스(LFI) 대표와 마린 르펜 국민연합(RN) 대표 등의 발언을 소개하고 있다. 각 당 대표의 발언은 외국 매체의 보도 또는 관련 기관 홈페이지 등에서 옮겨 정리한 것으로 보이지만 출처를 밝히지 않았다.

한겨레 6월 30일 자 16면 「입장 바꾼 튀르키예 "핀란드 · 스웨덴 나토 가입 동의"」 제목의 기사는 튀르키예(터키)가 핀란드와 스웨덴의 북대서양조약기구(나토) 가입에 동의하는 조건으로 자국 내 무장 독립세력인 쿠르드족에 대한 지원을 끊겠다는 약속을 받아냈다는 소식을 전하고 있다.

기사는 3국 정상이 합의한 양해각서 내용을 상세히 소개하고 3자 합의를 환영하는 옌스 스톨텐베르그 나토 사무총장의 기자회견, 조 바이든 미국 대통령의 트위터 내용 등을 자세히 다뤘으나 출처를 일절 밝히지 않았다.

신문윤리위는 "외국의 통신, 신문, 방송 등의 매체가 보도한 내용이나 관련 기관의 홈페이지, SNS에 실린 내용의 출처를 분명히 밝히지 않고 인용하는 것은 명백한 표절이다"고 지적했다.

〈신문윤리, 제271호 1면(2022. 7.)〉

3. 통신 등 베끼고 출처 안 밝힌 기사 표절 여전…무더기 제재

연합뉴스·방송·외신 인용하면서
자사 기사인 것처럼 포장해 보도
문화·e대한경제 등 8개 신문 '주의'

남의 기사를 베낀 기사가 신문 지면을 어지럽히고 있다. 언론계가 여전히 기사 표절을 관행으로 여기고 있다는 방증이다. 다른 매체 기사를 인용보도하면서 출처를 밝히는 것은 언론의 기본 전제이다. 언론이 이러한 기본원칙조차 지키지 않는 것은 스스로를 해치는 행위다.

통신기사를 전재하면서 자체 기사로 위장하거나 다른 매체의 보도를 인용하면서 출처를 분명하게 밝히지 않은 표절 기사들이 무더기로 제재를 받았다.

한국신문윤리위원회는 9월 제967차 회의를 열고 문화일보, e대한경제, 매일경제, 조선일보, 파이낸셜뉴스, 국민일보, 동아일보, 스포츠조선 등 8개 신문에 대해 표절 책임을 물어 '주의' 조처했다.

문화일보는 8월 2일 자 13면 「탈레반 재집권 1년 맞은 아프간/"인신매매 횡행·주민은 마약중독"」 제목의 기사에서 연합뉴스의 아프간 언론인 페르다우스 카위시 인터뷰 기사를 인용하면서도 출처를 구체적으로 밝히지 않고 "'반탈레반계 인사'로 유명한 아프간 언론인 페르다우스 카위시(35)는 최근 한 언론과의 인터뷰에서"라고만 기술했다.

e대한경제 8월 16일 자 6면 「이준석 여론전에…여권 '맞불'」 제목의 기사, 매일경제 8월 16일 자 A6면 「李 "국힘, 지금은 어떤 대표가 와도 폭탄 터질 것"」 제목의 기사, 조선일보 8월 16일 자 A4면 「이준석 "윤대통령 100일 성적은 25점"…홍준표 "더는 이준석 신드롬 없다"」 제목의 기사는 국민의힘 이준석 전 대표가 8월 15일 CBS라디오 '김현정의 뉴스쇼'와 CBS라디오 유튜브에 출연해 발언한 내용을 정리해 보도한 것이다.

이들 신문은 이 전 대표의 방송 출연 발언을 전하면서 출처를 '라디오에 출연해'(e대한경제), '한

라디오 프로그램'(매일경제), '라디오와 유튜브에서 진행된 인터뷰에서'(조선일보)라고만 쓰고 구체적인 출처를 밝히지 않았다.

파이낸셜뉴스는 8월 19일 자 6면 「"국민도 속고 나도 속았다" 이준석, 또 尹대통령 직격」 제목의 기사에서 이 전 대표가 KBS라디오에 출연해 윤석열 대통령과 새 정부를 겨냥해 "국민도 속고 나도 속았다"고 비판한 발언을 인용 보도하면서 이 전 대표 발언의 출처를 구체적으로 밝히지 않고 '한 라디오 인터뷰에서'라고만 썼다.

방송사들은 언론매체의 빈번한 방송 보도 표절을 겨냥해 자사의 인터뷰 방송 내용을 온라인에 게재할 때 방송 보도의 저작권을 언급하고 "인용보도 시 출처를 밝혀달라"고 요청하고 있다.

또한 파이낸셜뉴스 7월 28일 자 8면 「제품가격 인상→소비감소… '인플레 악순환'에 빠진 美경제」, 국민일보 7월 29일 자 8면 「우크라 사태 후 미·러 외교수장 첫 만남… 돌파구 마련되나」, 문화일보 8월 10일 자 10면 「바이든, 반도체법 서명… "美 지원 받으면 中 투자 제한」, 동아일보 8월 27일 자 8면 「우크라 자포리자 원전 한때 폭발 위기」 제목의 기사는 기자가 직접 취재해 작성한 것으로 보기 어렵다. 외국 매체의 보도 등을 인용해 정리한 것으로 보인다. 그런데도 기사에는 출처가 일절 표시되지 않았다.

스포츠조선의 8월 10일 자 18면 「(↓)세입자에게 안 준 전세금 지난달 사상 최대(872억) 기록」 제목의 기사는 연합뉴스가 8월 8일 오전 9시 42분에 송고한 「집주인이 세입자에 안 돌려준 전세금 지난달 872억 원…역대 최대」 제목의 기사를 거의 그대로 옮겨 실었다. 연합뉴스 기사 가운데 일부 토씨를 바꾸거나 몇몇 문장을 삭제했을 뿐이다. 그런데도 기사에는 자사 기자의 이름을 붙였다.

신문윤리위는 "이 같은 보도는 타 언론사의 저작권을 침해하는 것으로 신문의 신뢰성을 훼손할 수 있다"면서 "이 기사들은 신문윤리실천요강 제8조 「저작물의 전재와 인용」 ①(통신기사의 출처 명

시) 또는 ②(타 언론사 보도 등의 표절 금지)를 위
반했다"고 밝혔다.

〈신문윤리, 제272호 1면(2022. 9.)〉

4. 정치 · 외신기사 '타 언론 보도 표절' 늘어⋯작년 98건 제재

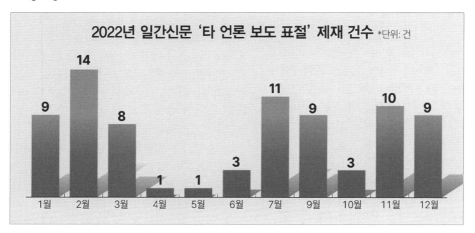

2022년 일간신문 '타 언론 보도 표절' 제재 건수 *단위: 건

1월	2월	3월	4월	5월	6월	7월	9월	10월	11월	12월
9	14	8	1	1	3	11	9	3	10	9

인용 출처 구체적으로 안밝히고
'한 언론' '라디오에서' 등 표기
일간신문 78건 · 온라인매체 20건

최근 라디오 방송 시사 프로그램 등에 출연한
정치인의 발언을 인용해 기사를 쓰면서 출처를 구
체적으로 밝히지 않고 '한 언론에서' '라디오 방송
에서' 등으로만 표기해 한국신문윤리위원회의 제
재를 받는 사례가 늘고 있다.

신문윤리위 제재는 신문윤리실천요강 제8조
「저작물의 전재와 인용」, ②(타 언론사 보도 등의
표절 금지)를 위반한 데 따른 것으로, 신문윤리실
천요강 제8조는 '저작물을 전재 또는 인용할 때는
출처를 구체적으로 밝혀야 한다'고 규정하고 있다.

이 조항을 위반해 제재받은 사례가 지난 한 해
일간신문 78건, 온라인 20건에 이르렀다.(이 통계
는 타 매체 보도의 핵심 내용을 인용하고도 구체적
으로 출처를 밝히지 않아 제재를 받은 사례이며,
통신기사 표절은 제외됨)

신문윤리위원회는 지난 11일 제971차 회의에서
조선일보 2022년 12월 2일 자 A5면 「"민주당 분당
가능성" 친명 · 비명계가 동시에 거론」 제목의 기사
등 6건, 문화일보 12월 9일 자 5면 「화해 투샷 하
루만에 ⋯또 볼썽사나운 '브라더 갈등'」 제목의 기
사 등 2건, 한국경제 12월 8일 자 A6면 「유승민
"나 한명 이기겠다고/전대 룰 변경은 삼류 코미
디"」 제목의 기사, 한국일보 12월 8일 자 4면 「수
도권 · MZ세대 대표론?⋯ 유승민 · 안철수 "적임자
는 바로 나"」 제목의 기사에 대해 각각 '주의' 조처
했다.

조선일보 「"민주당 분당 가능성" 친명 · 비명계
가 동시에 거론」 기사는 "이재명 대표의 '사법 리
스크'로 시끄러운 더불어민주당에서 '분당(分黨)'
가능성에 대한 언급이 공개적으로 나오기 시작했
다. (중략) 박영선 전 중소벤처기업부 장관은 지난
달 30일 라디오에서 민주당 분당 가능성을 재차
거론했다"고 쓴 뒤 박 전 장관의 발언을 상세히 전
했다.

박 전 장관의 관련 발언은 SBS라디오 '김태현의

정치쇼'에서 나온 것인데 기사는 출처를 구체적으로 밝히지 않은 채 '라디오에서'라고만 썼다.

문화일보 「화해 투샷」 하루만에 …또 볼썽사나운 '브라더 갈등'」 기사는 국민의힘 장제원 의원과 권성동 의원의 만남 관련 내용을 전하면서 윤 대통령 관련 내용은 채널A 보도에서 나온 것인데도 기사는 '한 언론은'이라고만 썼다.

신문윤리위는 "타 언론의 보도 내용을 인용하면서 출처를 구체적으로 밝히지 않는 것은 '타 언론사 보도 등의 표절 금지'를 규정한 신문윤리실천요강 제8조 「저작물의 전재와 인용」 ②항을 위반한 것"이라고 밝혔다.

신문윤리위는 "최근 타 언론의 정치인 발언 보도를 인용한 정치면 기사가 부쩍 느는 추세"라며 "특히 소수 언론이 제8조 ②항 위반을 반복하는 경향을 보이고 있으며 일부는 온라인에서는 출처를 명시하고 지면 기사에서 출처를 밝히지 않는 경우도 있었다"고 지적했다.

실제로 지난 한 해 제8조 ②항 위반 건수는 조선일보가 13건으로 가장 많고, 매일경제 9건, 중앙일보·문화일보 각 5건 순으로 나타났다.

한편 신문윤리위는 매일경제 2022년 12월 7일 자 A8면 「14억명 3분간 멈췄다… 시진핑 "중화민족 부흥위해 분투"」 제목의 기사, 한국일보 12월 23일 자 1면 「젤렌스키 "영토 타협 없다"」 바이든 "22억불 추가 지원"」 제목의 기사, 헤럴드경제 12월 26일 자 8면 「中 코로나에 4분기 애플 순익 8% ↓」 제목의 기사 등 3건의 외신기사에 대해서도 신문윤리실천요강 제8조 「저작물의 전재와 인용」 ②항을 위반한 것으로 결정해 '주의' 조처했다.

매일경제 기사는 베이징 인민대회당에서 열린 장쩌민 전 중국 국가주석의 추도식 현장 모습 등을 전한 것이다. 윤리위는 "추도식은 방송, 통신 등 중국 언론 등을 통해 보도됐으나 인터넷으로 공개된 시진핑 국가주석의 추도사 외에도 자세한 장례절차 등 베이징 현지 스케치를 담았음에도 인용한 내용의 출처를 표시하지 않았다"고 밝혔다.

〈신문윤리, 제276호 1면(2023. 1.)〉

5. 경향신문 단독보도 인용하며 '구체적 출처' 안 밝힌 8개 사 제재

대통령실 행정관 발언 인용 보도
'한 언론에 따르면' 등으로 표기
동아·서울·헤럴드경제 등 '주의'

인용하면서 출처를 구체적으로 밝히지 않는 사례가 잇따르고 있다. 이 같은 신문윤리강령 위반은 특히 정치면 기사에 많은 것이 특징이다.

한국신문윤리위원회는 제974차 회의에서 헤럴드경제 3월 6일 자 6면 「막판 '불공정' 논란 거센 국힘 전대」 제목의 기사 등 8개 신문 기사에 대해 신문윤리실천요강 제8조 「저작물의 전재와 인용」 ②(타 언론사 보도 등의 표절 금지)를 위반한 것으로 인정해 '주의' 조처했다. 신문윤리실천요강 제8조는 '저작물을 전재 또는 인용할 때는 출처를 구체적으로 밝혀야 한다'고 규정하고 있다.

이들 기사는 국민의힘 3·8 전당대회를 앞두고 경향신문이 단독 보도한 3월 6일 자 1면 「대통령실 행정관이 '김기현 홍보물' 전파 요청」 기사, 즉 대통령실의 개입 의혹 파장을 다룬 것이다. 안철수 후보는 경향신문 보도와 관련해 긴급 기자회견을 열었고 대부분 신문은 안 후보의 발언 내용을 전하면서 경향신문 보도 내용을 덧붙이는 식으로 보도했다.

신문윤리위는 "경향신문이 공개한 음성 파일 중 대통령실 행정관의 발언 내용을 직접 인용한 보도도 있었고, '대통령실 행정관이 당원에게 김 후보를 지지하는 홍보물을 카카오톡 단체 채팅방에 전파해달라고 요청했다'는 식으로 경향신문 보도 내용을 한 문장으로 압축해 덧붙인 보도도 있었다"고 설명했다.

신문윤리위는 "그러나 '경향신문 보도에 따르면'으로 출처를 정확하게 밝힌 언론은 소수에 그쳤고 많은 기사가 '한 언론에 따르면', '~했다는 보도와 관련해' '언론 보도에 따르면' 등으로만 표기해 출처를 구체적으로 밝히지 않아 언론에 대한 신뢰성을 훼손할 수 있다고 판단했다"고 밝혔다.

제재받은 기사는 東亞日報 3월 7일 자 A4면 「金"안철수 결선 갈 일 없을 것" 安"대통령실 전대 개입 밝혀야」 제목의 기사, 대한경제 3월 7일 자 5면 「대통령실 '전대개입' 파문 安"답변 없으면 법적 조치」 제목의 기사, 서울신문 3월 7일 자 6면 「'역대급 흥행' 與'전대… 막판 대통령실 선거 개입 논란에 시끌」 제목의 기사, 세계일보 3월 7일 자 6면 「"김·나 연대로 피날레 장식…"대통령실 개입 범법 행위"」 제목의 기사, 朝鮮日報 3월 7일 자 A6면 「대통령실 행정관 '김기현 지지활동'의혹…安 "중대한 범법"」 제목의 기사, 파이낸셜뉴스 3월 7일 자 9면 「대통령실 개입 의혹'판세 흔들까…거리두는 金 vs 띄우는 安」 제목의 기사, 한국경제 3월 7일 자 A6면 「막판 협공 나선 安·千·黃 "李 물러나라"…결단 압박」 제목의 기사다.

〈신문윤리, 제279호 2면(2023. 4.)〉

6. 타 언론사 보도 표절 · 홍보성 기사 늘어…온라인 선정 보도 심각

신문윤리위, 1~7월 제재 사례 분석

표절, 일간신문 125건 · 온라인 66건
일간신문 홍보성 기사 지난해의 2배
장애인 차별 · 과장 · 왜곡 제목도 34건

한국신문윤리위원회의 일간신문 · 통신 기사 심의 결과 남의 기사를 함부로 베끼는 기사 표절이 여전한 것으로 나타났다. 특정 상품이나 브랜드를 알리려는 목적으로 만든 광고 · 홍보성 기사도 넘쳐나고 있다.

신문윤리위원회가 올 1월부터 7월까지 일간신문과 통신의 기사를 심의한 결과 신문윤리강령 및 신문윤리실천요강을 위반해 제재를 받은 건수는 모두 547건으로 집계됐다.

이 가운데 기사와 사진 등 다른 언론사나 사람의 저작물을 인용하면서 출처를 밝히지 않는 저작권 침해 사례가 눈에 띄게 많았다.

신문윤리실천요강 제8조 「저작물의 전재와 인용」은 '언론사와 언론인은 타인의 저작권을 침해해서는 안 되며, 저작물을 전재 또는 인용할 때는 출처를 구체적으로 밝혀야 한다'며 규정하고 있으며, ①(통신기사의 출처 명시), ②(타 언론사 보도 등의 표절 금지), ③(출판물 등의 표절 금지), ④(사진, 영상 등의 저작권 보호)가 세부조항이다.

통신사의 기사나 사진을 전재하면서 자체 기사인 양 꾸민 통신기사 전재가 38건, 국내외의 다른 언론사 기사를 인용 보도하면서 구체적인 출처를 밝히지 않은 사례가 57건, 개인이나 단체의 사진 · 영상 · 그림 등을 사용하면서 출처를 밝히지 않은 사례가 30건이었다. 지난 해 같은 기간 심의에서 각각 제재받은 23건, 47건, 3건 보다 오히려 늘었다.

온라인의 경우 출처를 표시하지 않고 통신기사를 전재한 사례가 66건이었다.

이는 언론계가 그동안의 자정 노력에도 불구하고 남의 콘텐츠를 도용하는 것을 여전히 관행으로 여기고 있음을 보여준다.

장애인·노약자·성 소수자 등 사회적 약자의 권리 보호를 명시한 신문윤리실천요강 제1조 「언론의 자유·책임·독립」 ⑤(사회적 약자 보호) 위반 건수도 20건에 달했다. 이 기사들은 기사 본문이나 제목에 '눈먼 돈' '꿀먹은 벙어리' '벙어리 냉가슴' 같은 표현을 남발, 특정 계층을 비하하고 편견을 부추길 우려가 있다는 지적을 받았다.

사실상 광고나 다름없는 광고·홍보성 기사의 보도 방식도 개선이 필요한 것으로 지적됐다. 종이신문의 경우 경제세력의 부당한 압력이나 금전적 유혹, 청탁을 거부하도록 한 신문윤리실천요강 제1조 「언론의 자유·책임·독립」, ②(사회·경제 세력으로부터의 독립) 위반 사례가 163건, 취재원이 제공하는 보도자료는 검증을 거쳐 보도하도록 한 제3조 「보도준칙」, ⑤(보도자료 검증) 위반 사례는 338건이었다. 이 기사들은 별도의 검증 과정없이 특정 업체나 제품을 홍보하는 기사를 싣거나 기사와 관련된 광고도 게재해 제재를 받은 경우다.

지난 해 같은 기간 심의에서 제재 건수는 각각 82건, 177건으로, 광고·홍보성 기사가 올들어 오히려 2배 가량 늘었다.

이밖에 기사 내용을 과장하거나 왜곡하는 제목을 달아 제10조 「편집지침」 ①(제목의 원칙)을 위반한 사례는 14건이다.

온라인신문에선 전체 998건 중 선정보도 관련 위반이 압도적으로 많았다. (한 결정에 결정이유가 2개 이상인 경우가 있음)

신문윤리실천요강 제3조 「보도준칙」, ⑥(선정보도 금지) 위반 618건, ⑧(자살보도의 주의) 위반 144건, 제13조 「청소년과 어린이 보호」, ③(유해환경으로부터의 보호) 위반 334건이었다.

종이신문의 관련 위반은 ⑥(선정보도 금지) 10건, ⑧(자살보도의 주의) 9건, ③(유해환경으로부터의 보호) 10건으로 온라인신문에 비해 상대적으로 적었다.

종이신문에 비해 온라인에서 선정보도가 많은 것은 잘못된 취재보도 관행과 함께 매체간 경쟁으로 인해 선정주의적 보도로 독자의 관심을 유도하려는 그릇된 풍토때문인 것으로 지적된다.

광고의 경우 신문광고윤리강령 위반 건수가 종이신문 227건, 온라인 230건이다.

〈신문윤리, 제282호 1면(2023. 7.)〉

제2절
사진의 출처 표시 누락

1. 출처 표기 없는 사진 여러 차례 실은 지역신문 제재

호남일보 4월 25일 자 1면 사진(왼쪽)과 연합뉴스 4월 24일 11시 36분 송고 사진.

통신사 등 사진 출처 안밝히고 전재
호남일보 · 대구광역일보 '주의' 조처

통신사 등의 사진을 아무런 출처 표기 없이 사용하는 보도 형태가 여전한 것으로 나타났다. 주목도 높은 지면에 타인의 저작물을 반복적으로 전재, 보도하면서 출처를 밝히지 않은 지역 신문사들에게 제재가 내려졌다.

한국신문윤리위원회는 5월 11일 열린 제964차 회의에서 호남일보 4월 25일 자 1면 「오늘 한덕수 총리 후보자 인사청문회」 제목의 사진과 대구광역일보 4월 5일 자 1면 「서서히 터트리는 튤립 꽃봉오리」 제목의 사진에 대해 각각 '주의' 조처했다. 신문윤리실천요강 제8조 「저작물의 전재와 인용」 ①(통신기사의 출처 명시)를 위반했기 때문이다.

호남일보의 위 사진은 연합뉴스가 이보다 앞서 송고한 「한덕수 총리 후보자 인사청문회 준비」 제목의 사진을 전재한 것이다. 가로 사진을 세로로 트리밍 처리해서 사용한 차이만 있을 뿐 동일한 사진이었지만 이 신문은 그 출처를 밝히지 않고 보도했다.

이 같은 제작 행위는 4월 19일 자 1면 「거리두기 해제 첫날, 일상 회복 기지개」, 4월 21일 자 1면 「함평나비대축제 성공 기원 '대형 꽃탑'」 제목의 사진 보도 등에서도 반복됐다.

이와 함께 4월 7일 자 1면 「'플럼코트' 인공수분」, 4월 14일 자 1면 「선거제도 개혁법안 즉각 처리 요구 촉구」, 4월 26일 자 1면 「"공무원, 선거 사무 투입 말라"」, 4월 28일 자 1면 「정진석 추기경 선종 1주기 추모미사」 제목의 사진 기사에서도 해당 사진들이 아무런 출처나 바이라인 등 구체적인 표시나 설명 없이 사용됐다.

대구광역일보의 사진도 뉴시스가 앞서 보도한 같은 제목의 사진을 출처를 밝히지 않고 그대로 전재한 것이다.

이 신문은 4월 한 달 동안 1일 자 1면 「활짝 핀 벚꽃 즐기는 상춘객」, 4일 자 1면 「'2002 대구국제마라톤대회'」, 7일 자 1면 「소화기 사용 체험하는 어린이 소방관들」, 8일 자 1면 「매화 가득한 에버랜드」, 11일 자 1면 「부산 해운대 백사장에 등장한 대형 모래조각 작품」 제목의 사진 기사 등에서 이 같은 제작행위를 반복했다. 아무런 출처나 기자 이름 등의 구체적인 표시나 설명 없이 사용된 사례가 10여건에 이른다.

신문윤리위는 "1면 독립 사진 기사의 경우 주목도가 높은 지면임에도 이 같은 제작 관행이 반복되는 것은 자칫 타인의 저작물에 대한 권리의식이 경시된 것으로 비춰질 수 있다"며 "이는 신문의 신뢰성을 훼손할 수 있다"고 지적했다.

〈신문윤리, 제269호 1면(2022. 5.)〉

2. 통신사 사진 출처 표기 없이 1면 게재

5회 '주의'에도 시정 안한 호남일보에 '경고'

'주의→경고' 서한 받고도 상습 위반

호남일보 8월 9일 자 1면 사진

한국신문윤리위원회는 통신사 사진을 출처 없이 1면에 게재해 세차례 이상 연거푸 '주의'를 받은 뒤에도 제작관행을 바꾸지 않은 호남일보에 대해 한 단계 높은 제재 수위인 '경고' 결정을 내렸다.

신문윤리위원회는 제978차 회의에서 호남일보 8월 9일 자 1면 「문재인 전 대통령 '섬진강 생명 위령제' 헌주」 제목의 사진에 대하여 '경고' 조처했다. 제재 이유는 신문윤리실천요강 제8조 「저작물의 전재와 인용」 ①(통신기사의 출처 명시)를 위반이다.

이 사진은 뉴시스가 8월 8일 13시 31분에 송고한 「위령제에 참여한 문재인」 제목의 사진을 그대로 전재한 것이다. 그러나 신문은 출처를 밝히지 않았다.

저작권은 중요한 지적재산권이다. 신문윤리실천요강은 '언론사는 타인의 저작권을 침해해서는 안 되며, 저작물을 전재 또는 인용할 때는 출처를 구체적으로 밝혀야 한다'고 규정하고 있다.

앞서 신문은 1면 사진의 출처를 밝히지 않아 올해 들어 지난 2, 3, 4, 5, 6월에 '주의'를 계속 받았다. 7월에는 신문윤리위원회가 "이같은 행위가 시정되지 않을 경우 제재 수위를 '주의'에서 '경고'로 높이겠다"는 위원 전원 명의의 서한을 발행인에게 보낸 바 있다. 그러나 신문은 8월 들어서도 출처 없이 사진을 게재했다. 신문윤리위는 "호남일보가 기사의 출처를 밝히지 않는 제작 관행을 반복하는 것은 다른 회사의 저작권을 경시하는 것"이라며 '경고'를 결정했다.

신문윤리위는 앞으로도 제작행태가 개선되지 않을 경우 제재 수준을 높일 방침이다.

〈신문윤리, 제283호 2면(2023. 9.)〉

3. 출처 표시 않고 쓴 사진 · 이미지 3년 새 4배 가까이 증가

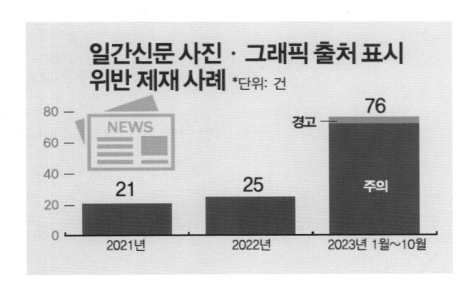

2021년 21건서 올들어 76건으로
이달에도 통신사 사진 · 유료 이미지
출처 안밝히고 실은 9개 매체 제재
호남일보, 두달 연속 1면 게재 '경고'

최근 일간신문에서 각종 사진이나 이미지를 아무런 출처 표시 없이 사용하는 사례가 늘고 있다. 생생한 뉴스 현장의 사진이나 각종 그래픽에 사용되는 이미지를 아무런 출처를 표시하지 않고 사용하는 제작 태도는 자칫 타인의 저작물에 대한 권리를 경시한 것으로 비칠 수 있어 신중한 접근이 요구되고 있다.

한국신문윤리위원회(위원장 김재형)는 10월 제979차 회의에서 호남일보, 전북 중앙, 경인매일, 브릿지경제 등 4개사에 대해 신문윤리실천요강 제8조 '저작물의 전재와 인용' ①(통신기사의 출처 명시)를 위반했다며 각각 '경고', '주의' 결정을 내렸다. 이들 신문은 연합뉴스, 뉴시스 등 통신사가 송고한 사진을 지면에 그대로 사용하면서도 출처 표시를 하지 않았다.

특히 호남일보는 9월 27일 자 1면에 뉴시스가 송고한 사진을 「사열하는 윤석열 대통령」 제목의 사진으로 게재하면서 그 출처를 밝히지 않아 '경고'를 받았다. 호남일보는 같은 이유로 올 들어 '주의'를 5차례나 받은 데 이어 지난 8월에 '경고'를 받고도 9월에도 시정하지 않았기 때문이다.

신문윤리위는 이에 앞서, 지난 7월 호남일보에 대해 '향후 위반할 경우 제재 수위를 높이겠다'라는 윤리위원 전원 명의의 서한을 보낸 바 있지만 사진의 출처나 바이라인 등의 구체적인 표시나 설명 없이 사용하는 사례가 계속 반복됐다.

신문윤리위는 "1면 독립 사진 기사의 경우 주목도가 높은데도 이 같은 제작 관행이 반복되는 것은 자칫 타인의 저작물에 대한 권리를 소홀히 한 것으로 비칠 수 있어 신문의 신뢰성을 훼손할 수 있다"라고 밝혔다.

각종 그래픽에 쓰이는 이미지나 배경 사진을 출처 표시 없이 사용하는 경우도 여전한 것으로 나타났다.

제979차 회의에서 헤럴드경제, 아시아경제, 세계일보, 대구일보, 대전일보 등 5개사가 신문윤리실천요강 제8조 '저작물의 전재와 인용' ④(사진, 영상 등의 저작권 보호) 위반으로 각각 '주의'를 받았다. 이들 신문은 기사를 뒷받침하는 각종 자료 그래픽의 배경 사진이나 주요 이미지에 게티이미지나 아이스톡 등 유료 이미지 제공업체에 등록된 이미지를 그대로 가져다 쓰면서도 아무런 출처를 밝히지 않았다.

신문윤리실천요강은 '개인이나 단체의 사진, 영상, 그림, 음악, 인터넷 게시물과 댓글 등의 저작권을 보호해야 하며, 보도나 평론에 사용할 때는 출처를 밝혀야 한다'고 규정하고 있다.

최근 3년간 사진이나 그래픽 이미지를 쓰면서 출처를 밝히지 않아 제재받는 사례는 급증하고 있다. 신문윤리강령 제8조 「저작물의 전재와 인용」 위반으로 제재를 받은 사례는 2021년 21건, 지난해 25건에 머물다가 올 들어서는 10월 현재 76건으로 3년 사이 3.6배나 증가했다. (그래프 참조)

김재형 윤리위 위원장은 "최근 들어 저작권에 대한 보호가 강화되는 추세에 비춰볼 때 저작권이 존재하는 그래픽 이미지나 사진을 출처 표시 없이 사용한 것은 저작권 보호를 등한시한 것으로 보일 수 있다"라며 "앞으로 신문윤리강령 서약사를 대상으로 제재의 효율성을 높이고 지속적인 지도와 교육을 이뤄나갈 방안을 마련할 방침"이라고 밝혔다.

〈신문윤리, 제284호 1면(2023. 10.)〉

제5장
비속어 사용

1. '존버' '돔황챠'…비속어 · 국적불명 신조어 사용 제재

서울신문, 욕설 유래 단어 제목 뽑고
한경닷컴, 일본어 '나시' 사용 '주의'

「'존버'할까요 '돔황챠'할까요」(서울신문), 「제니, 나시 위에 속옷을? 군살 없는 허리 라인」(한경닷컴)

신문과 온라인신문이 기사 제목에 쓴 표현들이다. '존버' '돔황챠'는 온라인 커뮤니티에서 특정한 사람들이 쓰는 신조어이고, '나시'는 일본어다. 서울신문은 '존버'와 '돔황챠'라는 단어를 제목에 사용하면서 이 단어의 의미가 '수익날 때까지 버틴다'와 '도망쳐'라면서 작은 글씨로 함께 썼다. 일부 사람들만 아는 신조어나 외국어 등을 무분별하게 사용한 신문사와 닷컴이 제재를 받았다. 대중이 사용하는 언어가 시대에 따라 달라지고 언론이 이를 반영하는 것은 당연한 일이지만, 비속어(卑俗語)나 국적불명의 줄임말 또는 신조어를 사용해 언어습관에 나쁜 영향을 미치는 일은 곤란하다는 취지다.

한국신문윤리위원회는 제954차 회의에서 서울신문 5월 25일 자 6면, 한경닷컴 5월 18일 자 기사의 제목에 대해 각각 '주의' 조처했다. 제재 사유는 신문윤리실천요강 제3조 '보도준칙'⑩(표준어 사용) 위반이다.

서울신문은 각종 코인 가격이 폭락하면서 우울증을 앓고 있는 경우가 있다면서 「'존버'〈수익날 때까지 버틴다〉할까요 '돔황챠'〈도망쳐〉할까요… 코인 폭락에 일상이 마비됐다」라는 제목을 달았다. '존버'는 '존나(졸라) 버틴다'라는 뜻이고, '존나'는 욕으로부터 유래한 비속어다. 요즘 청소년들이 욕인지도 모르고 빈번하게 쓰고는 있지만, 신문이 제목으로 쓸 정도로 권장할 만한 표현은 아니다. '돔황챠'도 일부에서 쓰는 신조어이기는 하지만 맥락을 찾을 수 없는 표현이다.

또 한경닷컴은 그룹 블랙핑크의 제니가 파격적 패션의 사진 몇 컷을 자신의 인스타그램 계정에 올렸다고 소개하면서 「제니, 나시 위에 속옷을? 군살 없는 허리 라인」이라는 제목을 달았다.

'나시'는 일본어 '소데나시[袖無, そでなし]'의 줄임말로, '일본 어투 생활 용어 순화집'(1995, 문화체육부)에도 '맨팔(옷)'이나 '민소매'로 순화하도록 올라 있는 단어다.

이 같은 표현들은 '보도기사를 작성할 때는 표준어 사용을 원칙으로 하며, 저급한 비속어 사용 등으로 독자에게 불쾌감을 주지 않도록 한다'는 신문윤리실천요강의 규정에 어긋나는 것이다. 신문윤리위는 "이 같은 보도는 신문의 정확성과 신뢰성을 훼손할 수 있다"고 지적했다.

〈신문윤리, 제259호 2면(2021. 6.)〉

2. '단도리 · 무대뽀' 일본어 잔재 사용 '주의'

매경닷컴 · 뉴시스, 표준어 사용 위반

한국신문윤리위원회는 제978차 회의에서 매경닷컴이 7월 5일 보도한 「"현금성 자산 77조 3,000억 있다"…새마을금고, 뱅크런 단도리」 제목의 기사와 뉴시스가 같은 달 26일에 보도한 「"인터넷 약정 끝날 쯤 해지해도 위약금 11만 원?" 무대뽀 해지 위약금 사라진다」 기사의 제목에 대해 각각 '주의' 조처했다. 이들 매체의 기사와 제목이 신문윤리실천요강 제3조 「보도준칙」 ⑩ (표준어 사용)을 위반했기 때문이다.

매경닷컴의 기사는 예금인출 사태가 번지자 새마을금고가 진화에 나섰다는 내용을 전하면서 기사 제목을 「…뱅크런 단도리」라고 달았다. 기사 본

문에도 '새마을금고중앙회가 단도리에 나섰다' 며 단도리라는 표현을 사용했다. 단속 등의 의미로 쓰이고 있는 단도리(だんどり)는 원래 일을 해나가는 순서, 방법, 절차를 뜻하는 순 일본어이다.

뉴시스의 기사는 국내 통신4사가 초고속인터넷 상품의 약정 기간내 해지 위약금을 줄이기로 했다는 소식을 전하면서 제목을 '…무대뽀 해지 위약금 사라진다'라고 달았다.

'무대뽀'는 무데뽀(無鐵砲 muteppo)의 잘못된 표기로, 사전에는 〈 (일본어) 일의 앞뒤를 잘 헤아리는 신중함이 없음을 속되게 이르는 말 〉이라고 풀이하고 있다. '데뽀'는 16세기 중엽 일본에 도입된 화승총을 뜻하며 무데뽀는 화승총도 없이 무모하게 돌격하는 어리석은 장수를 일컫는 표현으로 알려져 있다.

〈신문윤리, 제283호 3면(2023. 9.)〉

제6장

광고

1. '음란소설' 광고 온라인신문 무더기 '경고'

음란소설 광고를 게재해 '경고' 처분을 받은 신문사의 홈페이지 캡처

제재 피하려고 다른 내용으로 게재
청소년에 무방비 노출 14개사 15건

　온라인신문에 게재되고 있는 일부 음란소설·만화 광고에 대해 엄한 제재가 내려지고 있는 가운데 기존에 게재됐던 것과 다른 내용의 음란소설이 새롭게 등장해 우려를 낳고 있다.

　한국신문윤리위원회는 제940차 회의에서 세계일보 2월 3일 자(캡처시각)「과장님? 과장님은 내가 왜 좋아요? 맨날 욕만 하는데/으응…?! 너…싼티나서…」제목의 광고를 비롯해 뉴시스, 매일신문, 서울신문, 충청타임즈, 파이낸셜뉴스, 아시아경제, 이데일리, 헤럴드경제, 스포츠서울, 스포츠경향, 넥스트데일리 등 12개 통신·신문사가 게재한 광고 12건에 대해 각각 '경고' 처분했다.

　또 중앙일보 2월 20일 자(캡처시각)「나의 노예가 되어 줄래요?/(거부할 수가 없어…)… 네…주인님 오빠」제목의 광고 등 3개 언론사가 게재한 비슷한 유형의 광고 3건도 '경고' 결정을 받았다.

　제재 사유는 '신문광고는 공공질서와 미풍양속을 해치거나 신문의 품위를 손상해서는 안 된다'고 규정한 신문광고윤리강령 2, '혐오감이나 어떤 욕

정을 불러일으키는 음란, 추악, 또는 잔인한 내용'을 금지한 신문광고윤리실천요강 강령 2의 (2) 위반이다.

　「과장님? 과장님은 내가 왜 좋아요?…」제목의 광고(사진 왼쪽)는 가슴골이 드러난 여성에게 '싼티가 나서 네가 좋다'고 말하는 남성을 등장시킨 배너 형태이다. 이를 클릭하면 '야왕 성귀남'이라는 웹소설이 나오는데, 빈 집에서 남성 고객과 '색기 넘치는' 중년의 공인중개사 여성과의 섹스를 상상하는 성적 판타지를 소개하면서 교성과 욕설을 섞어 성교에 이르는 장면을 노골적으로 묘사하고 있다.

　또 상대 여성을 (나에 대한) 호감도, 성욕, 성개방 지수 등 수치화해 여성과의 성관계를 마치 '게임' 과정처럼 표현하기도 했다.

　「나의 노예가 되어 줄래요?/…네…주인님 오빠」제목의 광고는 남녀관계를 '주인과 노예'로 설정하고 있다.

　웹소설의 내용을 살펴보면 성과 관련해 자극적 단어나 음란한 표현이 등장하지 않지만, 초콜릿처럼 보이는 알약을 먹으면 여성은 눈빛이 흐려지고 수동적으로 변하며 남성이 지시하는 대로 고분고분 따르게 된다는 매우 위험한 설정이 내포돼 있

다. 마약에 의한 성폭행을 연상시킨다. 소설은 "옷 좀 벗어볼래?"로 끝나, 약을 먹고 '알몸 노예'가 된 여성을 상대로 주도권을 넘어 지배권을 쥔 남성이 어떠한 행위들을 펼칠 것인가에 대한 호기심을 자극하고 있는 것이다.

이 두 소설은 모두 '19세 미만 금지'이지만 '맛보기' 1화는 해당 언론사에 접속해 배너를 누른 누구에게나 공개되고 있다.

신문윤리위는 "이 소설은 여성들에게 무력감과 모욕감을 안겨주고, 성관계가 마치 재미있는 놀이인양 전파될 위험이 있다. 여성이 자신의 의지와 상관없이 수동적 피해자가 되는 모습이 그려지고 공유되어져서는 안 된다"면서 "이 같은 소설이 성에 대한 가치관이 완성되지 않은 청소년에게 무방비로 노출될 경우 그릇된 성인식을 심어 줄 수 있어 심히 우려된다"고 밝혔다.

〈신문윤리, 제245호 3면(2020. 3.)〉

2. "의견성 광고, 명예훼손 · 위법 없으면 게재 책임 물을 수 없다"

독자 "일방적 주장 담아 반공익적"
'신문광고윤리강령' 위반 불만제기
윤리위 "광고에도 표현의 자유" 기각

 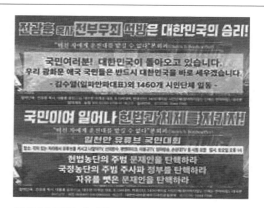

독자가 불만을 제기한 주요 신문의 의견성 광고들. 왼쪽부터 시계방향으로 광고①, 광고②, 광고③.

정치적 주장을 담은 의견성 광고는 개인에 대한 명백한 명예훼손이나 업무방해 같은 실정법을 위반하지 않는 이상 광고를 게재한 신문사에 책임을 물을 수 없다고 한국신문윤리위원회는 밝혔다. 기사는 물론 광고에서도 표현의 자유는 존중되어야 한다는 취지다.

신문윤리위는 제950차 회의에서 한국교회언론회와 시민단체 등의 명의로 국민일보, 동아일보, 문화일보, 중앙일보, 동아일보 등 5개 신문에 게재된 광고가 신문광고윤리강령을 위반했다는 독자의 불만제기에 대해 '기각' 결정을 내렸다.

신문윤리위 '독자제보센터'를 통해 불만을 제기한 독자는 해당 광고가 허위 사실에 근거한 일방적 주장을 담고 있는 등 반 사회적, 반 공익적이라고 주장했다. 불만제기 독자는 "서울 성북구 사랑제일교회를 포함해 여러 교회들이 대면예배 강행 등으로 방역수칙을 지키지 않았고, 광복절 집회 등을 통해 대규모 감염에 영향을 끼친 점은 방역당국조차 인정한 사안"이라고 주장했다. 또한 "정부가 중국인 관광객 입국금지를 하지 않아 국내 코로나19 확산이 이뤄졌다는 점도 허위사실을 포함한 주장"이라고 주장했다.

독자가 불만을 제기한 광고는 「문재인 정권은 헌법을 지켜라!」(광고①), 「전광훈 목사 전부무죄 석방은 대한민국의 승리!」(광고②), 「국민이여 일어나 헌법과 체제를 지키자!」(광고③) 등 3종이며, 지난해 12월 31일~1월 1일 각각 3~4개 신문에 게재됐다.

신문윤리위는 이에 대해 "특정 집단이 주도한 정치성 짙은 집회 광고와 현 정권에 대한 비판 광고가 신문광고윤리강령에 저촉되는지 여부에 대해 판단을 내리는 문제는 그 주장의 옳고 그름, 주장하는 내용에 대한 윤리적·사회적·정치적·실증적 판단을 내리는 것이 되므로 제재의 대상으로 볼 사안이 아니다"고 밝혔다. 특히 불만제기 독자가 "의견광고는 광고 내용에 대한 심의와 함께 광고가 끼치는 영향도 고려돼야 한다"며 제재를 요구한 광고②와 광고③에 대해서는 "단지 의견을 개진한 광고일 뿐"이라고 봤다.

신문윤리위는 "문제를 제기한 독자와 같은 생각을 가진 사람도 있겠지만 전광훈 목사와 같은 주장을 펴는 사람들도 있을 것"이라며 "어떤 주장이든 명백한 실체적 입증이 어려운 사례를 열거해가며 정치적 목적이나 의견을 두드러지게 드러낸 광고를 제재하는 문제는 언론 및 표현의 자유와 자유토론의 공론화라는 측면을 생각해볼 때 또 다른 차원의 사안"이라고 설명했다. 이어 "명백한 개인 명예훼손이나 실정법 위반이 아닌 이상 비록 정치적 색깔이 강하고 현 정권을 비방하는 내용일지라고 제재를 한 경우가 없다"고 밝혔다. 또한 "공공적 사안에 대한 의견성 광고 게재에 대한 판단은 언론사 내부의 토론과 숙의를 거쳐 내려지는 것이 바람직하다"고 덧붙였다.

앞서 지난해 10월에도 같은 독자가 조선, 중앙, 동아일보 등이 7~8월 중에 게재한 「8.15 광화문집회」, 「사랑제일교회 및 전광훈 목사 대국민 입장」 광고에 대해 제재를 요청한 바 있으나 신문윤리위는 같은 이유로 '기각' 결정을 내린 바 있다.

한편 서울중앙지방법원은 지난해 12월 30일 전광훈 목사의 공직선거법 위반과 문재인 대통령에 대한 명예훼손 혐의에 대해 전부 무죄를 선고하면서 "자유로운 의견 표명과 공개토론 과정에서 부분적으로 잘못되거나 과장된 표현은 피할 수 없고, 표현의 자유가 제 기능을 발휘하기 위해서는 그 생존에 필요한 숨 쉴 공간이 있어야 한다"고 밝혔다. 공공적 의미를 가진 사안일 경우 표현의 자유가 더욱 폭넓게 허용되어야 한다는 의미로 해석된다.

〈신문윤리, 제255호 1면(2021. 2.)〉

3. 음란 웹툰 · 웹소설 온라인 광고 무더기 '경고'

28개 온라인신문 광고 33건 제재
신문윤리위, 제재 수위 강화하기로

「잠겨진 양호실에서 선생님과」 만화의 문제 장면.

최근 음란 소설 · 만화 광고가 온라인신문에 급격히 늘어나 한국신문윤리위원회가 게재 중단을 촉구하고 제재 수위 강화를 알리는 서한을 심의대상 전 언론사 발행인들에게 보내는 등 적극 대처키로 했다.

한국신문윤리위원회는 제941차 회의에서 서울신문 3월 16일 자 「제가 긁지 않은 복권이라는데…오빠는 어떻게 생각해요?/오빠가 한번 벗…아니 긁어볼까…?」 제목의 광고 등 23개 통신 · 온라인신문에 게재된 음란 웹소설 광고 23건에 대해 '경고' 결정을 내렸다.

윤리위원회는 또 에너지경제 3월 11일 자 「잠겨진 양호실에서 선생님과」 외 2건, 연합뉴스 3월 1일 자 「"인공관절, 연골주사, 무릎수술" 절대 하지 마세요…」 외 1건, 부산일보 3월 24일 자 「숙모..오늘밤 준비됐어? 지금 바로 해버리자」 외 1건, 뉴스1 3월 17일 자 「오빠 뭐했어? 넘 좋아! 거기 찢어질거같아!」 외 1건, 서울신문 3월 10일 자 「깊숙히 박X줘!! 삽입 전 "이것"먹고 관계 5번!!」 등의 광고에 대해서도 각각 '경고' 처분했다.

이들 광고는 음란 웹툰을 게재하거나 제목에 외설적이고 저급한 표현을한 경우다. 이번 회의에서 '경고'를 받은 광고는 모두 28개사 33건에 이른다.

언론사 발행인에 '음란광고 중단 촉구' 서한

신문윤리위, 음란성 '도 넘었다' 판단
경고 많은 언론사는 '자사 공개경고'

음란 광고의 제재 사유는 '신문광고는 공공질서와 미풍양속을 해치거나 신문의 품위를 손상해서는 안 된다'고 규정한 신문광고윤리강령 2, '혐오감이나 어떤 욕정을 불러 일으키는 음란, 추악, 또는 잔인한 내용'을 금지한 신문광고윤리실천요강 강령 2의 (2) 위반이다.

신문윤리위원회는 서한에서 "일부 온라인 광고의 음란성과 선정성이 더 이상 간과하기 어려울 정도로 도를 넘었다고 판단, 한국 언론의 전반적인 품격과 신뢰를 훼손하는 광고들을 근절하기 위해 신문광고윤리강령을 엄격하게 적용해 조치 수준을 강화할 방침이다"고 밝혔다.

신문윤리위는 이어 "앞으로 일정 횟수 이상 경고를 받은 언론사는 홈페이지에 경고받은 내용을 의무적으로 게재해야 하는 '자사 공개경고' 조치도 고려하는 한편 경고 받은 언론사 명단과 그 내용을 매달 공개해 주의를 환기하는 방안도 강구 중이다"고 덧붙였다.

신문윤리위는 음란 웹툰광고 게재와 관련, 지난해 12월과 올 2월 서한을 통해 주의를 환기하고 협조 요청한 바 있으나 시정되지 않자 세번째 서한을 보내기에 이르렀다.

이번에 '경고' 결정을 받은 광고는 세 가지 유형으로 나뉜다.

첫째, 외설스러운 표현과 삽화를 앞세운 웹소설인데, 가슴골이 훤하게 드러난 여성이 자신은 긁지 않은 복권이라며 '오빠가 한번 긁어볼래(벗겨…)?'라고 선정적인 문구로 시선을 끌고 있다. 이를 클릭하면 '야왕 성귀남'이란 웹소설이 나오는데, 내용은 귀신이 여성과의 섹스에 도달하도록 돕는다는 설정 아래 비속어와 함께 여성을 성상품화한 표현 일색이다. 여기에 등장한 여성은 인격과 인권이 없으며 늘 남성들의 성욕 해소 대상자로만 묘사된다. 그런데도 무료인 맛보기 1화는 성인인증을 받지 않아도 볼 수 있도록 해놓았다. 웹툰의 경우 남학생과 여성 양호교사의 은밀한 만남, 숙모와 조카와의 섹스 등을 암시하는 패륜적인 설정인데, 역시 무료 1화분은 미성년자도 아무 제한 없이 볼 수 있도록 했다.

둘째, 광고 랜딩페이지 하단 인덱스에 음란 웹툰 제목을 게재하고 미성년자에게도 무료 맛보기 1화분을 공개한 경우다.

셋째, 「오빠 뭐했어? 넘 좋아! 거기 찢어질거 같아!!」, 「깊숙히 박X줘!! 삽입 전 "이것"먹고 관계 5번!!」 등 제목에 음란한 표현을 붙인 사례다. 성기 능을 개선시켜준다는 제품을 소개하는 광고인데, 낯뜨거운 표현으로 클릭을 유도하고 있다.

〈신문윤리, 제246호 1·3면(2020.4.)〉

4. 스포츠동아 음란 웹툰 광고 '경고'…결정문 자사 홈페이지 게재

패륜적 내용·성행위 장면 무방비 노출
1회분은 성인 인증 없이도 볼수 있어
결정내용 의무 게재 사실상 '공개경고'
동아일보 사주 등에 재발방지 서한도

한국신문윤리위원회가 성행위를 노골적으로 묘사한 음란 웹툰 광고를 게재한 스포츠동아에 엄중한 제재를 내리고 유감의 뜻을 표하며 재발 방지를 촉구하는 윤리위원 전원 명의의 서한을 스포츠동아를 비롯해 모기업인 동아일보 발행인 등에게 보냈다.

한국신문윤리위원회는 제958차 회의에서 스포츠동아 온라인판 10월 7일(캡처시각) 웹툰 「남의 아내」 제목의 광고에 대해 '경고' 결정을 내리고 결정주문 및 이유 요지를 자사 홈페이지에 게재하도록 했다. 스포츠동아는 결정을 통보받은 날부터 7일 이내에 신문윤리위가 지정한 보도문을 48시간 게재해야 하며, 홈페이지 및 포털에서 최소 3개월간 검색되도록 해야 한다.

이번 결정은 '경고'이지만 결정 내용을 자사 홈페이지에 게재하도록 해 '공개경고'에 준하는 제재 수준이라고 할 수 있다. 신문윤리위는 신문윤리강령 및 신문윤리실천요강을 위반한 신문사에 대해 '주의' '경고' '공개경고' '정정' '사과' '관련자에 대한 윤리위원회의 경고' 순으로 제재를 내리고 있다.

신문윤리위는 또 이번 웹툰 광고가 언론의 책임과 신뢰, 품위를 훼손한 중대한 위반사항인 만큼 다시는 게재되지 않도록 간곡한 당부를 담은 서한을 스포츠동아 발행인과 홈페이지를 실질적으로 관리하는 동아닷컴, 그리고 모기업인 동아일보 발행인과 사주인 대표이사 사장에게 각각 보냈다.

스포츠동아는 「남의 아내」 등 다수의 음란만화를 한데 모은 웹툰사이트 광고를 게재했는데, 패륜적인 내용의 외설물이 대부분이다. 반라의 남녀가 부둥켜 안고 있는 섬네일에 '엄마의 남자' '며느리' '형수' 등 불륜을 암시하는 제목을 단 웹툰이 즐비하다. 웹툰 대부분이 사회 통념상 허용되지 않은 성관계를 조장하고 성행위를 노골적으로 묘사하거나 여성을 성적 대상으로만 기술하는 등 성윤리를 왜곡시키는 내용으로 일관하고 있다. 웹툰 첫 화면에 회원가입을 하라는 팝업이 뜨지만, '창 닫기(×)' 버튼을 누르면 바로 사라진다. 회원가입 또는 성인 인증을 통해서만 볼 수 있도록 한 것처럼 보이지만, 실상은 무방비로 열려있는 것이다.

신문윤리위는 "이 웹툰은 패륜적이고 반사회적인 줄거리도 문제이거니와, 여성을 한낱 성적 노리개로 삼아 성행위를 하는 장면을 선정적이고 음란하게 묘사했음에도 1회분은 성인인증 없이 누구나 볼 수 있도록 했다. 이는 청소년과 어린이들에게 왜곡된 성적 호기심을 부추길 소지가 있을 뿐 아니라 신문의 품위를 크게 훼손할 수 있다"고 지적했다.

신문윤리위는 "이는 신문광고윤리강령 제4조 「사회적 책임」, 신문광고윤리실천요강 제12조 「선정·폭력 표현 금지」, 제13조 「청소년과 어린이 보호」를 위반했다"고 제재 이유를 밝혔다.

〈신문윤리, 제263호 1면(2021. 11.)〉

5. 여성 속옷 광고 선정성 '위험수위'··· 22개 매체 '경고'

'뽕브라몰' '스타일 크루' '서울스토어'
여성모델 맨살 드러낸채 선정적 포즈
온라인신문 쇼핑몰 광고 무더기 제재

'경고'를 받은 여성 속옷 쇼핑몰 광고페이지 사례
(편집자 모자이크 처리).

최근 온라인신문에 게재되고 있는 여성 속옷 쇼핑몰 광고의 선정성이 위험수위에 이르고 있다.

한국신문윤리위원회는 제961차 회의에서 아시아경제 1월 19일(캡처시각) 「뽕브라몰」 제목의 광고 등 이와 같거나 비슷한 내용의 쇼핑몰 광고를 게재한 22개 매체 22건의 광고에 대해 '경고' 결정을 내렸다.

이번에 적발된 여성 속옷 쇼핑몰 광고는 「뽕브라몰」, 「스타일 크루」, 「서울스토어」등 세 가지 브랜드인데, 여성 모델들이 하나같이 맨살을 드러낸 채 선정적인 포즈를 취하며 이용자의 시선을 끌고 있다. 광고를 클릭하면 연결되는 제품 소개 페이지는 사실상 여성 모델의 노출 화보라 해도 과언이 아니다. 가슴골이나 치골, 엉덩이 굴곡이 다 드러나고 사타구니 부분까지 클로즈업돼 있는데 레이스로 된 속옷이 많아 보기에 민망할 정도다. 포즈나 표정 역시 선정적 상상을 유발해 성인 잡지를 방불케 하고 있다. 한 제품을 보면 계속해서 다른 속옷 착용 모델들을 끝없이 볼 수 있다.

최근 모델이 속옷을 직접 착용하지 않고 손에 들거나 마네킹에 입히는 등 개선된 광고 방식과도 상당히 동떨어진 모습이다. 홈쇼핑 광고도 속옷 상의가 비치거나 윤곽이 드러나게 착용한 모델은 시청자의 불쾌감을 유발한다는 이유로 엄격히 제재되고 있는 현실에 비추어 볼 때 이 광고들은 심각한 수준의 문제점을 안고 있다고 할 수 있다.

신문윤리위는 "속옷 광고는 홈쇼핑에서도 시간대가 제한될 만큼 주의가 요구되며, 일부 성인 속옷 쇼핑몰에서 노출이 심한 의상은 연령 제한을 두고 있는 만큼 각별한 주의가 필요하다. 그럼에도 연령 제한 없이 모든 이용자가 볼 수 있도록 한 것은 신문광고윤리강령 제4조 「사회적 책임」, 신문광고윤리실천요강 제12조 「선정·폭력 표현 금지」, 제13조 「청소년과 어린이 보호」를 위반한 것이다"고 제재 이유를 밝혔다.

〈신문윤리, 제266호 3면(2022. 2.)〉

6. 일본인 모델을 한국인인양 속인 로또광고에 '경고'

로또광고에 부부로 등장한 남녀(왼쪽)와 일본 한 병원의 방문진료 홍보사진. 똑같은 사진이다.

70대가 20대 간호사와 결혼했다며
日 병원 홍보물 사진 실은 로또광고
뉴스1 · 뉴시스 · 서울신문 · 아경 제재

해외 인터넷사이트에 있는 인물을 국내 로또 1등 당첨자인 것처럼 속여 홍보한 로또광고가 적발됐다.

한국신문윤리위원회는 제962차 회의에서 뉴스1 2월 9일(캡처시각) 「정정한 70살 할아버지, 20살 미소녀와 결혼」 제목의 광고 등 같은 내용을 게재한 뉴시스, 서울신문, 아시아경제 등 4매 매체 4건의 광고에 대해 '경고' 결정을 내렸다.

이 광고들은 「정정한 70살 할아버지 미소녀와 결혼」, 「로또당첨 할아버지, 70억 뭐에 썼나 봤더니…」 등의 제목으로 로또 당첨번호 제공 업체를 홍보하고 있다. 광고 페이지에서는 로또분석협회 대표인 김일권씨(76)가 손녀뻘인 전직 간호사 김지애씨(26)와 결혼에 이르게 된 사연을 소개하고 있다.

국내 최초로 슈퍼컴퓨터로 로또 1등 번호를 맞춘 사람으로 소개된 김씨는 병원 입원 당시 간호사인 김씨에게 로또 번호를 알려줘 두 번 연속 1등에 당첨된 인연으로 결혼하게 됐다고 전하고 있다. 그러면서 두 사람의 사진까지 싣고 〈'50살' 차이나는 부부, "행복한 신혼생활 중이에요"〉라는 큼직한 크기의 배너를 달았다.

하지만 이 사진은 일본 한 병원의 방문진료 서비스, 간호사 모집 구인광고 등 일본 여러 사이트에 게재돼 있다. 해외에서 제작된 홍보사진을 로또분석협회 70대 대표와 20대 간호사라는 가공의 인물로 포장한 것이다. 이런 점으로 미뤄 1등 당첨자가 나왔다는 광고 내용도 신뢰성이 크게 떨어진다.

신문윤리위는 "이처럼 독자를 현혹하는 허위 광고는 신문의 신뢰를 크게 훼손할 우려가 있다"면서 "이는 신문광고윤리강령 제4조 「사회적 책임」, 신문광고윤리실천요강 제1조 「허위·과장 금지」를 위반했다"고 밝혔다.

〈신문윤리, 제267호 3면(2022. 3.)〉

7. "말기암도 치유 효과" QR코드 광고 내용 첫 제재

NK면역암센터 대리점 모집 광고
QR코드 스캔하면 허위 · 과장 내용
국민일보 · 스포츠동아 '주의' 조처

  광고지면에 게재한 QR코드 내용을 지적받은 신문사 2곳이 제재를 받았다. 신문윤리위원회가 QR코드 내용을 문제삼아 제재한 것은 이번이 처음이다.
  한국신문윤리위원회는 제967차 회의에서 국민일보 8월 11일 자 6면, 스포츠동아 8월 22일 자 「단기간에 면역력을 높여주는 NK면역돔 세계최초 개발성공」 제목의 광고에 대해 각각 '주의' 조처했다. 제재 사유는 신문광고윤리실천요강 제1조 「허위 · 과장 금지」, 제8조 「위법행위 금지」 위반이다.
  이 광고는 지면에 단기간에 면역력을 높여주는 'NK면역돔'을 세계최초로 개발했다면서 '면역력을 높여주니 현대의학에서도 포기한 말기암도 기적같은 일이 일어나고 있다'고 선전했다. 그러면서 광고에 '홈페이지에서 확인하세요'라는 문구와 함께 QR코드를 함께 게재했다. 이 QR코드를 핸드폰 카메라로 스캔하면 자세한 광고내용을 확인할 수 있다.
  QR코드 내용에 따르면 『암 이제는 죽을 병이 아니다』라면서 『NK면역센터는 99% 말기암 또는 대학병원에서 치료 불가능하다는 여명(餘命) 20일에서 2~3개월 판정받은 말기암(도) 면역력이 높아지면 기적같은 일이 이러나고 있다. 완치라는 정답, 단기간에 회복되어 일상으로 도라갈 수 있다』고

주장하고 있다. 이어 『전이가 됐어도 NK면역돔은 암세포 활동을 동시에 정지시키며 단기간에 치유 효과로 본다』고 주장했다. 글에서 나오는 '기적같은' '이러나고' '도라갈 수' 는 각각 '기적같은' '일어나고' '돌아갈 수'의 오기(誤記)로 보인다.
  하지만 이 제품은 식품의약품안전처로부터 허가받은 의료기기가 아니다. 그런데도 이 제품을 사용하면 말기암도 치유할 수 있는 것처럼 주장하고 있다.
  이 광고는 의료기기가 아니면서 의료기기와 유사한 성능이나 효능 · 효과를 내세운 광고를 금지하고 있는 「의료기기법」 제26조를 위반한 것이다.
  신문윤리위는 지금까지 지면을 거쳐 나오는 QR코드에 대해서는 거의 제재하지 않았다. 광고 지면에서 직접 보는 광고가 아니라 한번 더 QR코드를 거쳐야 하는데, 그동안에는 QR코드를 볼 수 있는 사람들이 제한적으로 많지 않았기 때문이다. 그러나 지금은 남녀노소 대부분이 QR코드 접근에 어려움을 겪지 않고 있다.
  신문윤리위는 "QR코드가 지면에서 한 단계 더 거쳤다고 하더라도, 지면을 매개로 한 것이므로 신문광고윤리실천요강을 위반한 것으로 판단했다"고 밝혔다. 신문윤리위는 "이러한 광고를 신문에 게재하는 것은 독자인 소비자에게 잘못된 정보를 제공해 예상치 못한 피해를 줄 우려가 있으며, 나아가 신문의 공신력을 훼손할 수 있다"고 덧붙였다.

〈신문윤리, 제272호 2면(2022. 9.)〉

8. 다시 고개 든 온라인신문 음란 웹툰 · 웹소설 랜딩페이지 광고

게재중단 서한후 사라졌다 다시 등장
기사처럼 보이는 제목으로 독자 유인
클릭하면 노골적 음란광고로 넘어가
중앙일보, 선정 · 폭력금지 위반 '경고'

'뺑소니 당한 여대생, 잔인한 CCTV 영상보니…'
언론사 홈페이지 〈이 시각 관심정보〉 난에 이러한 제목이 뜨면, 독자들은 기사로 받아들일 수 있다. 그러나 클릭하면 광고다. 매체는 〈관심정보〉 타이틀 옆에 작은 글씨체로 'AD'라고 표시했지만 눈에 잘 띄지 않는다.

마치 기사인 것처럼 눈속임하고 있는 데다 제목을 클릭하면 광고 페이지 하단에 음란하고, 선정적인 내용의 광고가 다수 게재돼 있다. 소위 이러한 유형의 랜딩페이지(landing page · 홈페이지 방문, 배너 광고 등으로 유입된 인터넷 이용자가 최초로 보는 페이지) 광고가 최근 늘고 있다.

한국신문윤리위원회는 3월 제973차 회의에서 중앙일보 2월 11일 온라인판 「뺑소니 당한 여대생…」 제목의 광고에 대해 '경고' 결정을 내렸다. 이 광고가 신문광고윤리실천요강 제12조 「선정 · 폭력 표현 금지」, 제13조 「청소년과 어린이 보호」를 위반했다는 이유에서다.

이 광고는 국제면 기사 하단에 배치된 〈이 시각 관심정보〉 난에 실렸다. 클릭하면 이 광고는 「[화제] 차에 치인 여대생 정체 알고보니 충격」이란 제목 아래 유명 로또회사 대표의 막내딸이 뺑소니로 사망했다는 둥, 1등 당첨자들의 도움으로 가해자를 체포해 고인을 추모하기 위해 무료 이벤트를 연다는 둥 허황된 이야기를 앞세워 로또 1등 당첨 예상 번호를 추천하고 있다. 기사로 오인해 클릭한 이용자들로선 황당한 느낌을 가질 수밖에 없다.

정작 문제는 이 광고에 실린 또 다른 광고다. 광고 하단에는 〈당신이 좋아할 만한 콘텐츠〉 타이틀 아래 「극도의 오르가즘…그대로 뻗어버려」 제목의 웹툰과 「자궁까지 닿아…안에다 잔뜩OO…」 제목

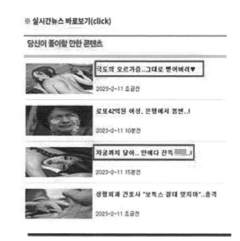

2월 11일 오전 10시 55분 캡처한 중앙일보 광고. 제목을 클릭하면 랜딩페이지 하단에 음란광고가 배치돼 있다.

의 웹소설 광고 등이 섬네일 이미지와 함께 줄줄이 게재돼 있다. 제목부터 지나치게 선정적이다. 특히 프롤로그 형태로 누구나 볼 수 있는 웹소설은 음란 행위를 지나치게 자세히 묘사했다. 일반 성인이 보더라도 민망하고 부끄러운 내용으로 가득해 지면에 소개하기 곤란할 정도이다. 비록 19세 미만 구독 불가라는 문구가 달렸지만 읽는 데 아무런 제약이 없다. 이를 읽은 어린이와 청소년에게 잘못된 성의식을 심어줄 가능성이 있어 우려된다.

이러한 랜딩페이지 광고는 2019년부터 나타나

제재를 받았다.

당시에도 광고는 로또 정보 제공업체 '희망로또'를 소개하면서 「女교사 "6억" 받고, 제자 7명과 돌아가며…경악!」이라는 제목을 달았고, 하단에는 수시로 화면을 바꿔가며 「형수님 오늘 집에 우리 둘 뿐이야…한번 어때?」, 제목의 웹툰 '형수' 안내 광고를 노출시켰다. 이 광고 역시 성인인증 장치가 없어 미성년자도 '맛보기' 1회분을 볼 수 있도록 했었다.

이후 제재를 받은 언론사를 비롯해 온라인 심의 대상 전 매체의 발행인들에게 게재중단을 촉구하는 윤리위원 전원 명의의 서한을 보내는 등 노력 끝에 자취를 감추었다.

최근 다시 고개를 들고 있는 랜딩페이지 광고는 종전과 같이 기사처럼 보이는 제목으로 독자를 유인하고, 클릭하면 허무맹랑한 내용으로 현혹한 뒤 노골적인 음란 광고를 안내하고 있다. 게다가 이들 광고는 어린이와 청소년들에게 그대로 노출되고 있어 문제점이 크다.

신문윤리위는 "이러한 광고는 신문의 공신력을 훼손할 수 있다"고 지적했다.

〈신문윤리, 제278호 1면(2023. 3.)〉

9. '언론사 로고' 도용 '암호화폐 허위광고' 두 달 새 17건 적발

한라 · 머니투데이 8개 매체에 '주의'
5월에도 9건 제재…엄격 관리 필요
피해 언론사 일부 법률 대응 검토

머니투데이에 게재된 '손석희 광고'. 손씨와 관련이 없는 허위 내용의 광고다.

손석희 전 JTBC 사장을 앞세운, 허무맹랑한 내용의 광고가 상당수 언론사 홈페이지에 노출되고 있다. 이 광고는 가상자산(암호화폐) 거래 프로그램을 선전하는 내용이다. 해당 광고에 KBS, MBC, EBS, SBS 그리고 조선일보 등 언론사도 등장한다. 그러나 이들 광고는 손 전사장과 언론사와는 아무런 관련이 없다. 해당 광고가 이름과 로고를 도용한 것이기 때문이다.

한국신문윤리위원회는 제976차 회의에서 4월 16일과 5월 1일 사이 홈피에 게재한 한라일보와 머니투데이 등 8개 매체의 '손석희 광고'에 대해 신문광고윤리실천요강 제1조 「허위 · 과장 금지」 위반으로 각각 '주의' 결정했다.

이들 매체는 '손씨의 가치있는 행동' '라이징 스타 석희' '석희의 말은 유용' '석희님의 지식에 경의를 표한다'는 제목의 광고를 실었다. 이들 광고는 250달러를 입금하면 수익을 보장하겠다는 암호화폐 자동거래 프로그램 'Bitbotapp Pro'를 선전하는 내용이다. 광고 상세페이지에선 〈특별 보고서: 손석희 사장의 최근 투자 소식에 전문가들과 은행업계가 공포에 떨고 있습니다〉라는 제목아래 KBS, MBC, EBS, SBS 그리고 조선일보 로고까지 내세워 선전하고 있다. 또 손 사장과 JTBC 안나경 아나운서의 사진까지 무단 사용하고 있다.

광고에서는 손 전 사장이 안 아나운서와의 영상통화 인터뷰를 통해 엄청난 돈을 벌 수 있는 방법을 폭로했다면서 "제가 돈을 만들어내는 최고의 방법은 "Bitbotapp Pro라는 프로그램"이라며 "은행들이 끼어들어서 막기 전에 빨리 움직여야 한다"고 선전했다고 강조하고 있다. 또 Bitbotapp Pro는 일론 머스크, 빌 게이츠 등도 인정한 기술이라고 자랑하고 있다.

손 전사장을 내세운 허위 과장광고는 제975차 회의(5월)에서도 제재를 받았다.

아시아경제 등 9개 매체는 '손석희 구속 이후 수천명의 인파 현금인출기로 몰려' '손석희가 판결 후 눈물을 흘려; '손석희가 방송 출연이 금지'라는 허위 사실을 적시한 제목의 광고로 같은 내용의 암호화폐 자동거래 프로그램을 홍보했다. 일부 매체는 손 전사장이 구속된 것으로 보이는 사진을 사용했다.

이처럼 이들 광고는 허위의 사실을 적시해 독자의 클릭을 유도하고 있다. 이로 인해 손 전사장과 로고를 도용당한 언론사들이 피해를 보고 있다. 실제 일부 매체는 회사 이름과 이미지 도용에 대해 법률 대응을 검토 중이다.

문제는 이들 광고가 알고리즘에 의해 자동으로 노출되는 구글 광고인 탓에 매체사들이 관리에 어려움을 겪고 있다는 점이다. 그렇다 하더라도 이들 광고로 인한 피해를 감안하면 보다 엄격한 관리가 요구된다. 신문윤리위는 "유명인과 언론 매체의 이미지까지 도용한 이런 허위 광고는 신문에 대한 신뢰를 크게 훼손할 우려가 있다"고 지적했다.

〈신문윤리, 제281호 3면(2023. 6.)〉

10. 송중기 등 연예인 · 대기업 대표 도용한 허위광고 또다시 고개

지난해 '손석희 허위광고'와 유사
대전·신아일보 등 3개 매체 '주의'

지난해 기승을 부렸던 유명인 도용 허위광고가 근래 또다시 고개를 들고 있다. 광고에 등장하는 유명인도 다양해지고 있어 당사자는 물론이고, 허위광고에 따른 독자들의 피해도 우려된다.

한국신문윤리위원회는 제986차 회의에서 대전일보와 신아일보, 대한경제가 4월 홈페이지에 게재한 「송중기, 법정에 출석」, 「법원에 체포된 송중기 씨」 제목의 광고에 대해 신문광고윤리실천요강 제1조 「허위·과장 금지」 위반으로 각각 '주의' 조처했다. 또 같은 달 이데일리가 게재한 「유익한 정보와 리소스를 무료로 제공합니다」 제목의 광고에 대해서도 같은 내용으로 '주의' 결정했다.

대전일보 등 3개 매체는 송중기-강지영 아나운서 사진을 실어 암호화폐 자동거래 프로그램을 홍보하고 있다.

광고 제목을 클릭하면 '한국은행, 송중기 생방송에서 한 발언에 고소'라는 동아일보 경제면 기사가 나온다. 한국은행이 고소한 이유는 송중기가 '누구나 쉽게 돈버는 방법'을 누설했기 때문이라고 한다.

JTBC 강지영 아나운서와 가진 생방송 대담에서 송중기가 암호화폐 자동거래 프로그램에 언급하자, 위기감을 느낀 한국은행이 즉각 방송 중단을 요청했다는 터무니 없는 주장을 펴고 있다.

광고에서 송중기는 생방송 도중에 강지영 아나운서에게 휴대폰을 받아 'Bit Soft 4.0'이라는 암호화폐 자동거래 프로그램에 가입했다면서 "최소 예치금 34만 9,600원이면 최대 4개월 동안 첫 10억원을 벌 수 있다"고 전한다. 이 광고는 동아일보 3월 20일 자 송중기- 강지영 대담 기사 형식으로 꾸몄고 '윤우열 동아닷컴 기자 cloudancer@donga.com'이라는 바이라인까지 적어놓고 있다. 동아닷컴 사이트에선 검색되지 않는 바이라인이다.

이 광고는 지난해 7차례에 걸쳐 지적을 받았던 JTBC 손석희 전 사장 실명과 사진을 도용해 'Bit Soft'라는 가상화폐 자동거래 광고와 흡사하다.

이데일리의 광고는 카카오톡 주식 리딩방 가입을 유도하고 있다. 그러나 이 광고는 주식 리딩방 운영이 불가능한 정신아 카카오톡 대표이사를 사칭해 가입을 유도하는 허위광고다.

광고상세페이지 맨 위에는 정신아의 MBN 출연 당시의 사진과 함께 연세대와 미시건대학 경영대학원 석사 등 이력을 적어놓았다. 광고에선 정 대표가 "1주일만에 1000만 원에서 수억 원 번 회원도 있다. 1월말까지 회원의 절반 이상이 400%를 달성했다. 전체 회원의 주간 평균 복리 수익률은 368%"라고 밝혔다면서 광고 곳곳에서 카톡방 링크를 걸어두고 있어 피해가 우려된다.

〈신문윤리, 제291호 3면(2024. 5.)〉

제7장
한국신문윤리위원회
세미나 · 신문윤리교육

1. 네트워크 대행사 감시 · 감독 등 자정노력 더 필요해

5월 29일 제주KAL호텔에서 열린 신문윤리위원회 세미나에서 참석자들이 토론을 벌이고 있다.

'온라인신문 선정광고 문제점' 세미나
코로나19 이후 선정적 광고 증가
'광고도 콘텐츠의 일종' 의식 필요
"대행사 문제, 비난은 신문이 받아"

"수익성을 포기하지 못 하니 선정성을 못 막는다. 온라인신문은 네트워크 대행사에 화면 영역을 팔고 블록으로 광고를 받는다. 광고 내용에 대한 사전 가이드라인이 있지만 잘 안 지킨다. 차단하면 수익이 줄기 때문에 쉽지 않다. 신문윤리위원회 경고 서한이 오면 지키겠다고 하다가 보름쯤 지나면 다시 돌아간다." (ㄱ신문사 디지털사업부 부장)

"지난주에 네트워크 대행사(구글) 담당자를 만났다. 영어로 보면 문제가 없어서 모니터링에서 걸러지지 않는 경우도 많다고 하더라. 웹툰에서 문제를 발견해 그 주소(URL)를 차단하면 웹툰 주소를 바꿔 싣기도 한다. 언론사가 선제적으로 대응하지 않으면 막을 수 없다. 뭔가 강력한 조치가 필요하다." (ㄴ신문사 온라인신문 광고팀장)

온라인신문 광고의 선정성 문제의 심각성을 공유하고 현업 담당자들의 의견을 듣고 해소 대책을 모색하는 세미나의 주요 발언이다.

한국신문윤리위원회는 5월 29일 제주시 제주 KAL호텔에서 '온라인신문 선정광고의 문제점'을 주제로 세미나를 열었다. 이 자리에는 8개 일간지 온라인신문 제작책임자와 신문윤리위원회 윤리위원 · 심의위원 · 전문위원 등 28명이 참석했다.

발제를 맡은 유승철 이화여대 커뮤니케이션 · 미디어학부 교수는 "코로나 사태를 겪으며 광고 미디어 산업도 결정적 전환을 맞고 있다"면서 "소비자 구매의 무게중심이 오프라인에서 온라인으로 옮겨감에 따라 광고 비중도 브랜드 이미지 광고보다는 즉각적 성과를 극대화할 수 있는 퍼포먼스 광고로 기울어 선정 · 자극적 메시지를 포함한 광고가 빠르게 늘고 있다"고 진단했다.

유 교수는 선정광고 규제에 대해 "협회 · 기업 단위 자기규제를 정부가 직간접적으로 보조하는 것이 가장 효과적"이라고 전제하고 "자발적 규제와 조정 과정을 통해 광고가 일종의 콘텐츠 문화로 자리 잡도록 하는 게 바람직하다"고 제안했다. 아울러 "광고 수용자, 특히 유소년들에게 광고 내용에는 페이크(fake; 가짜)도 있다는 사실을 읽어내는 안목, 즉 문해력(literacy)을 높여 선정적 광고에 대한 저항력을 키워주는 교육이 절실하다"고 덧붙였다.

발제에 이어 진행된 종합토론에서 장명국 윤리위원(내일신문 사장)은 "유소년 · 청소년에게 악영향을 미치는 광고는 자율적으로 기준을 정해 지켜줄 것을 호소한다"며 "미래세대의 인식 형성에 나쁜 영향을 끼치는 광고는 강하게 규제해야 한다"고 강조했다.

한기봉 신문윤리위원회 독자불만처리위원은 "온라인 신문의 선정광고에 대한 '경고' 사례가 증가했다. 내용이 심각해 위원회 전체 명의로 자정요청 서한을 발송하기도 했다. 웹툰·웹소설이 가장 심하다. 입에 담을 수 없게 저급하고 저속하다. 비윤리적이고 패륜적인 내용이 숱하다. 신문 전반에 퍼져있어 언론의 신뢰를 깎아내리고 있다"고 말했다.

ㄷ신문사 미디어전략실장은 "윤리위원회 서한을 보고 놀라 광고를 공급하는 대행사 구글코리아에 물어보았더니 '미국 본사 지침대로 하기 때문에 우리가 결정할 수 없고, 신고하면 자동 차단된다'고 말하는데, 개별 언론사로서는 그렇게 하는 게 할 수 있는 조치의 전부"라고 실무의 어려움을 호소했다.

ㄹ신문사 온라인부장은 "편집·광고 부문간 갈등이 잦은데 윤리위원회에서 공문을 보내주면 편집에 도움이 된다"고 말하고 "경영층에서는 온라인에 기대가 크고 투자도 많이 해 수익을 요구하지만 광고 수익은 온라인으로 넘어오지 않아 대부분 종이신문에서 올리는 구조적 압박 때문에 나쁜 광고라도 실을 수밖에 없다"며 현실적 고충을 토로했다.

ㅁ신문사 미디어기획실장은 "문제는 네트워트 광고대행사에 있는데 손가락질은 온라인신문이 다 받는다"면서 "문제가 잦은 대행사는 일정기간 영업정지를 하든지 하는 행정규제가 있으면 좋겠다"고 제안했다.

ㅂ신문사 디지털미디어센터장은 "기자들이 신문의 품격을 걱정하며 문제의식을 갖고 계속 시정을 요구한다"면서 "취재기자들은 자신의 기사에 좋지 않은 광고가 실리는 걸 아주 싫어하기 때문에 없애려고 노력하지만, 네트워크 대행사가 모니터링이 뜸한 시간에 선정광고를 끼워 넣으면 속수무책"이라고 하소연했다.

ㅅ신문사 인터넷 미디어전략연구소장은 "상단 배너를 제외한 광고의 경우 독자가 어떤 광고를 싫다고 클릭하면 24시간 노출이 안 되도록 하는 서비스를 시작했다"며 "광고 영업부서에서는 원망이 크지만 이런 서비스를 하지 않으면 콘텐츠의 미래가 없다는 생각으로 시행하는데, 여러 부서에서 항의가 들어온다"고 대응 사례를 제시했다.

일선 신문 종사자들의 의견을 경청한 유규하 신문윤리위원회 심의실장은 "최근 문제가 큰 웹툰·웹소설이 많이 사라졌는데, 이는 여러 신문사가 연합해서 네트워크 대행사에 강력하게 요구해 얻은 결실이다"면서 "이런 노력이 일회성에 그치지 않고 지속적으로 이뤄져야 한다"고 말했다.

사회를 맡은 김유경 한국외대 미디어커뮤니케이션학부 교수는 "포스트 코로나 시대에 거리두기가 일상화된 원격사회가 되면 정보문화의 시대가 전개될 것이며, 그 시대에는 정화된 정보가 더 중요하고 절실해진다"며 언론사의 대비를 당부했다.

박재윤 신문윤리위원장은 "코로나19로 인한 사회적 거리두기 때문에 온라인 이용이 늘었고, 그런 상황을 노려 선정광고도 늘었는데 그런 시기에 귀중한 정보를 주고받는 좋은 자리였다"고 평가하고 "어떤 상황에서도 신문의 가장 소중한 가치는 신뢰와 품위라는 점을 잊지 말아야 한다"며 논의를 마무리했다.

〈신문윤리, 제248호 1면(2020. 6.)〉

2. "코로나 · AI 비대면 시대에도 신문의 생명은 독자의 신뢰"

경주 코모도호텔에서 열린 '지역 일간신문의 경쟁력 강화방안' 세미나에서 참석자들이 토론을 벌이고 있다.

신문윤리위 '지역신문 경쟁력' 세미나
포털 제휴 · 선정적 제목 단기전략보다
차별화된 독자적 콘텐츠 개발이 최선
보도과정 투명성도 갈수록 중요해져

언론에 대한 신뢰도는 날로 떨어지고 미래 독자인 젊은 층도 지면보다는 포털을 통해 뉴스를 접하고 있다. 게다가 코로나19 바이러스로 경제마저 활력을 잃으면서 점점 종이신문이 설 자리가 좁아지고 있다.

이런 상황 속에서 신문, 특히 지역 일간신문의 미래를 고민하고 논의해 보는 세미나가 열렸다. 한군신문윤리위원회는 10월 29일 경북 경주 코모도호텔에서 '지역 일간신문의 경쟁력 강화방안'을 주제로 세미나를 개최했다. 이 자리에는 부산 울산 대구 경북 경남 등 영남지역 일간신문 편집책임자 등30여 명이 참석해 해법을 찾아보고자 머리를 맞댔다.

발제에 나선 조성겸 충남대 언론정보학과 교수는 "제호가 있는 언론사가 2만 1,000여 개로 늘어날 정도로 과열 양상을 보이는 반면 최근 언론에 대한 신뢰도는 25%에 불과할 정도로 불신의 늪에 빠져 있다"며 서두를 꺼냈다.

특히 코로나 사태와 인공지능(AI) 발전으로 물건이나 정보만 이동하는 비대면이 대세가 되면서 신문산업이 더 큰 어려움에 직면하고 있다고 조 교수는 진단했다. 특히 AI 발전과 더불어 노령화사회에 진입하면서 텍스트보다는 오디오와 영상이 더 주목받는 시대로 접어들었다는 것.

조 교수는 "이런 환경 속에서는 지역 언론이 기존 전략으로는 살아남기 어렵고 새로운 전략을 마련해 대처해야 한다"고 말했다. 그는 지역 언론이 관심을 쏟고 있는 포털 제휴 전략을 예로 들면서 "현재 뉴스콘텐츠제휴사(CP) 50여 곳, 검색제휴사 1,000여 곳이 있는데 매년 가입이 늘어나면서 '선택된 뉴스'로서의 지위가 날로 희석되고 있다"며 "포털 제휴만이 정답은 아니고 장기적으로는 차별화된 독자적인전략을 찾아야 한다"고 제안했다.

그러면서 조 교수는 "시대가 급격히 변화하고 있지만 여전히 신문은 독자의 신뢰를 기반으로 한다. 독자의 신뢰는 언론의 생명"이라고 강조했다. 다만 "전에는 보도의 진실성이 중요했다면 요즘은 보도 과정의 투명성이 더 강조되고 있다"고 설명했다. 한마디로 '절차의 신뢰성'을 독자들이 중시하고 있는 추세라는 것.

그는 이와 관련, 절차의 신뢰성을 확보하기 위한 최소한의 조건을 꼽았다. 특히 요즘 유행인 네이티브 광고나 선정적인 제목 달기 등은 잠시 수익창출에 도움이 될지는 모르지만 결국 언론의 신뢰를 갉아먹어 독자층의 이탈을 불러온다는 것 또 표절이나 익명보도 등도 평판에 나쁜 영향을 미치는 요소라는 것.

지역언론이 살아남기 위해서는 이런 최소한의 윤리를 지키려는 노력과 함께 "독자적이고, 품위 있는 콘텐츠 개발이 최선의 생존전략"이라고 강조했다. 특히 "짧은 뉴스보다는 나름의 관점을 담은 긴 형식의 탐사보도 등도 차별적인 콘텐츠의 하나일 것"이라고 말했다.

그는 이와 함께 디지털 시대를 맞은 다른 나라의 언론산업 비즈니스 모델도 소개했다. 2018년 미국에서 시작된 웹사이트 디자인 공유, 교열자 공유 등 언론사간 협업도 시도 해 볼 만하다는 것. 또 미국에서 자선활동이나 정책대안 등을 통해 사회를 변화시키려는 조직인 '에머슨 콜렉티브'가 월간지 애틀란틱을 인수해 경영지원을 하는 '조직 후원 모델'이나 지방세를 통해 자금을 조달하는 지방자치단체 신문도 한국에 접목해볼만한 시도라고 말했다.

발제 이후 종합토론에서는 지역 언론이 처한 답답한 현실에 대한 토로와 함께 질의응답이 이어졌다.

조 교수가 현 뉴스제휴평가위원회 위원장도 겸하고 있는 때문인지 지역언론이 CP나 뉴스검색제휴사(EP)가 되기 위한 방법과 가입 완화방안에 대한 질문이 많았다. "현재 CP사 중 지역언론은 3곳뿐인데 확대가 가능한지", "휴대폰 위치기반시스템을 이용해 지역신문 기사가 먼저 뜨게 할 수는 없는지", "포털이 뉴스배열만 한다 해도 공익기능을 수행하기 때문에 지역언론과 공생방안도 고려해야 한다" 등의 발언이 이어졌다.

조 교수는 "원칙적으로 지역신문에 혜택을 주자는 쪽으로 의견이 모아지고는 있지만 실무적으로 쉽지 않고 제도적으로 기준을 완화해주는 것도 어려운 문제"라며 "결국은 개별 언론사가 품질 차별화로 살아남아야 한다"고 강조했다.

이에 대해 한 참석자는 "변화하는 독자를 따라잡기 위해서는 인력개발이나 디지털화 등 콘텐츠를 강화해야 하는 데 결국은 돈이 문제"라며 "정부 등에서 지원이 없다면 제살 깎아먹기 경쟁을 피할 수 없다"고 말했다.

이와 함께 지역신문의 콘텐츠 개발 등 '자구책'도 소개됐다. 최해주 경북일보 편집국장은 "우리는 '1시군 1사업'이라는 콘텐츠를 개발해 수익모델을 창출해가고 있다. 코로나 경기침체에도 비교적 수월하게 넘기고 있다"고 말했다.

〈신문윤리, 제252호 1 · 2면(2020. 11.)〉

3. 신문윤리강령 · 실천요강, 언론환경 · 시대 변화 맞춰 부분 개정

> 인권의식 강화 맞춰 '사회적 약자 보호' 등 4개항 신설
> 사문화 조항 삭제하고 1990년대식 용어 · 문장 현대화
> '표준어 사용' 조항 신설…신문의 날 언론3단체 선포

신문윤리강령과 신문윤리실천요강이 부분 개정됐다. 한국신문협회와 한국신문방송편집인협회, 한국기자협회 등 언론3단체는 4월 6일 한국프레스센터에서 열린 제65회 신문의 날 기념대회에서 신문윤리강령 및 실천요강을 개정해 선포했다. 신문윤리강령과 실천요강은 한국신문윤리위원회의 신문과 인터넷 기사 심의를 위한 구체적인 지침을 담고 있다. 개정된 윤리강령과 실천요강은 신문윤리위원회 홈페이지에서 볼 수 있다.

〈관련기사 2 · 4면〉

신문윤리강령은 1957년 제정되고 1996년 전면 개정됐으며, 2009년과 2016년 두 차례 부분 개정된 바 있다.

신문윤리강령 개정은 모바일 시대 진입 등 언론환경과 사회 전반의 변화, 독자들의 달라진 의식으로 새로운 윤리강령이 필요하다는 인식에 따라 추진됐다. 신문윤리위원회는 올해 창립 60주년을 앞두고 지난해 언론3단체에 달라진 시대상을 반영한 윤리강령 개정을 의뢰했고, 6개월여 개정 작업이 진행돼 왔다. 언론계 안팎의 환경 변화에 따라 신문 자율 규제의 내용도 달라진 것이다.

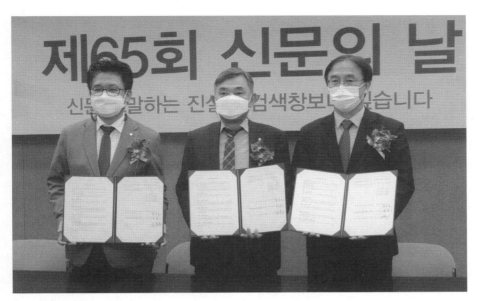

홍준호 한국신문협회장(가운데), 박홍기 한국신문방송편집인협회장(오른쪽), 김동훈 한국기자협회장(왼쪽) 등 언론3단체장이 4월 6일 신문윤리강령 및 신문윤리실천요강 개정안에 서명한 후 기념사진을 찍고 있다.

신문윤리강령은 저널리즘 가치 구현을 위해 언론과 언론인이 지켜야 할 덕목과 윤리를 선언적 조항으로 정리해 둔 제정 당시의 취지를 살리기 위해 필요한 내용과 개념만 추가하는 선에서 수정을 최소화했다. 대신 취재 현장과 기사 작성 과정에서 지켜야 할 내용을 구체적으로 담은 실천요강은 전면 개정에 준할 정도로 개정 폭이 컸다. 앞선 두 차례 부분 개정에서는 실천요강에 필요한 조항을 추가하는 최소한의 개정에 그쳤었다.

구체적으로는 1996년 전면 개정 이후 25년여 취재 환경 등의 변화를 감안해 사문화된 조항은 삭제하고 온라인과 모바일 기사 심의에 필요한 내용은 추가했다. 또한 지금은 사용하지 않는 1990년대식 용어와 문장은 전면 현대화하되 실천요강의 정신은 살리도록 했다. 사회의 인권의식 변화에 맞춰 '사회적 약자 보호' 등 4개 항이 신설(분리 신설 포함)됐고, 사문화됐거나 중복된 내용 등 6개 항은 삭제(유사조항 통합 포함)됐다.

특히 기사 등 각종 콘텐츠 제작과 직접적으로 연관되는 제3조 「보도준칙」과 제10조 「편집지침」을 강화했다. '자살보도의 주의'는 우리나라가 OECD(경제협력개발기구) 국가 중 자살률 1위라는 문제 해결에 언론의 역할이 중요하다는 차원에서 「보도준칙」으로 전진 배치했다. 최근 무차별적으로 늘고 있는 줄임말과 비속어 사용에 주의가 필요하다는 점에서 '표준어 사용' 조항이 신설됐다. 이에 따라 「보도준칙」은 종전 8개항에서 10개항으로 늘어났다. 「편집지침」은 온라인과 모바일 기사가 늘어남에 따라 독자 보호를 위해 '기사와 광고의 구분'을 독자가 명백하게 인식할 수 있도록 표시토록 했다. '이용자의 권리 보호' 항목도 내용을 보다 구체화했다.

실천요강은 또 '출판물의 전재와 인용'을 '저작물의 전재와 인용'으로 고치는 등 각종 법률 용어도 현대화했다.

〈신문윤리, 제257호 1면(2021. 4.)〉

4. 시대정신 반영 '사회통합' 추가…디지털 뉴스 대응 용어 수정

신문윤리강령 · 실천요강 달라진 내용

'성범죄 등 2차피해 방지' 조항 신설
온 · 오프라인 자료 '콘텐츠'로 통일
'표제→제목' '출판물→저작물' 변경

신문윤리강령과 신문윤리실천요강 개정은 취재 및 보도 과정에서 지켜야 할 기준을 구체적으로 담은 실천요강 중심으로 이뤄졌다.

윤리강령은 용어와 문장 등 표현을 현대화하는 선에서 개정을 최소화했지만 눈에 띄는 변화도 있었다. 특히 강령 전문에 명시된 언론이 지향해야 할 가치와 역할을 '민주발전, 민족통일, 문화창달'에서 '민주발전, 사회통합, 민족화합과 평화통일, 문화창달'로 확대했다. 시대정신의 변화를 반영한 결과다.

1996년 전면 개정된 강령과 실천요강의 표현이 요즘 세태와 맞지 않는다는 지적에 따라 용어와 표현을 모두 현대식으로 바꾼 것도 주요 변화 중 하나다. 실천요강을 중심으로 달라진 내용을 알아본다.

◆ 인권의식 강화=사회 저변의 인권의식 신장에 맞춰 관련 조항을 대폭 정비했다. 성소수자 등 '사회적 약자 보호'를 별도 항목으로 만들고(제1조 「언론의 자유·책임·독립」 ⑤항), '성범죄 등의 2차피해 방지' 조항도 신설했다(제7조 「범죄보도와 인권존중」 ④항). 사회적 약자와 성범죄 피해자에 대한 언론의 적극적인 역할을 요구하기 위한 장치다.

강령과 실천요강에 규정된 사생활 보호와 권리존중의 대상을 '개인'에서 '개인 또는 단체'로 확대하고, '인격권'의 개념도 도입했다. 어린이 보호 관련 조항(제13조)의 보호 대상은 '어린이'에서 '청소년과 어린이'로 확대했다. 모두 신문윤리위원회가 심의 및 결정 과정에서 적극적으로 해석해왔던 부분이기도 하다.

◆ 시대변화 반영=디지털 기기 활용 취재가 일반화되고 뉴스 소비도 온라인과 모바일 중심으로 이뤄지는 점을 반영해 관련 용어 등을 대폭 수정했다. 제2조 「취재준칙」에는 '자료 무단 이용 금지'(②항)를 신설하면서 '문서 등'과 '컴퓨터 등에 입력된 전자정보'로 온·오프 자료를 분리했던 규정을 '콘텐츠'로 하나로 묶었다. 취재 자료가 온라인인지 오프라인인지의 구분이 더 이상 의미가 없다는 판단에서다. 저작권 관련 조항에서도 온·오프 구분을 없앴다. 과거 저작권 분쟁은 오프라인 문서가 대부분이었으나 문서와 사진 등 각종 데이터가 온라인화한 데 따른 대응이다.

온라인 기사에서 간과하기 쉬운 '기사와 광고의 구분' '이용자의 권리 보호'는 그 내용을 구체적으로 밝혀 놓았다.(제10조 「편집지침」 ⑦,⑧항)

언론인이 사적 이익을 취해선 안 된다는 내용을 담은 '정보의 부당이용금지'(제14조)는 그 대상을 주식은 물론 최근 논란이 되고 있는 전자화폐까지 넓혔다.

◆ 용어 현대화=종전 실천요강에서는 기사의 제목을 '표제'라고 했으나 이를 '제목'으로 바꿨다. 언론계와 독자들의 일반적인 표현 방식을 따른 것이다. '보도보류 시한'(제6조)은 '보도유예 시한'으로, '출판물의 전재와 인용'(제8조)은 '저작물의 전재와 인용'으로 각각 달라졌다. 실천요강의 불명확하거나 중복된 표현 등도 어문기자협회의 자문을 받아 명확하게 정리했다.

◆ 기타 달라진 내용=자살보도 관련 규정은 종전엔 제7조 「범죄보도와 인권존중」에 포함돼 있었으나 그 중요성을 감안해 제3조 「보도준칙」에 포함시켰다. 최근 젊은 층들이 사용하는 신조어가 기사와 제목에도 자주 등장하는 점 등을 고려해 보도준칙에 '표준어 사용'이 바람직하다는 조항도 신설됐다.

사문화됐거나 중복된 내용을 담은 조항들은 과감하게 삭제했다. 병원과 보건소 등을 취재할 때 주의할 점을 담은 '병원 등 취재'가 대표적이다. 편집지침에 있던 '반론의 기회'는 보도준칙의 같은 조항(제3조 ③항)과 중복된다는 이유로 없앴다. 모두 6개 항이 관련조항과 통합하는 방식 등으로 삭제됐다.

〈신문윤리, 제257호 2면(2021. 4.)〉

5. 신문광고윤리강령 · 실천요강 개정… 광고제작 지침 활용 기대

강령 4개항 · 실천요강 19개항 구성
진실성 · 신뢰성 등 기본원칙 제시
조항에 제목 넣어 윤리기준 명확화

신문광고윤리강령과 신문광고윤리실천요강이 개정됐다. 한국신문협회와 한국신문윤리위원회는 유익한 상업 정보로서 신문광고의 신뢰 제고 등을 위해 신문광고윤리강령과 신문광고윤리실천요강을 개정했다. 시행은 6월 1일부터다. 〈관련기사 2면〉

개정된 광고윤리강령과 실천요강은 신문광고와 인터넷 광고 심의를 위한 구체적인 심사기준을 담고 있다. 특히 예전과 달리 각각의 조항에 제목을 넣어 광고윤리강령과 실천요강이 제시하는 윤리적 기준을 명확하고 정교하게 했다. 이에 따라 광고윤리강령과 실천요강은 신문 및 인터넷 광고 제작의 지침으로도 활용될 것으로 기대된다. 개정된 광고윤리강령과 실천요강은 신문윤리위원회 홈페이지에서 볼 수 있다.

광고윤리강령과 실천요강은 1976년 제정되고, 1976년 11월과 1996년 4월 두 차례 개정된 바 있다. 이번 개정은 25년 만에 이뤄진 셈이다.

개정된 광고윤리강령은 신문광고가 신문의 품위를 지키고, 독자의 신뢰를 받아야 한다는 목표 아래 4개 조항을 통해 기본원칙을 제시했다. 신문광고의 진실성, 신뢰성, 법규준수, 사회적 책임 등이 그것이다. 주된 내용은 신문광고가 진실해야 하며, 독자의 합리적 소비생활에 편익을 주고, 관계법규를 위반하지 말아야 하고, 공공질서와 미풍양속을 해쳐서는 안 된다는 것이다.

개정된 실천요강은 강령의 원칙을 구체화한 19개 조항으로 구성됐다. 상징적인 의미가 큰 조항은 제1조 「허위 · 과장 금지」이다. 허위광고가 신문의 신뢰와 독자의 소비생활에 미치는 영향을 고려했다. 광고 심의에서 제재 건수가 가장 많은 것도 허위광고다.

제8조 「위법행위 금지」도 언론사가 주목해야 할 조항이다. 이 조항은 신문광고는 국민건강을 위해 식품, 건강기능식품, 의약품 등에 관한 법규를 준수해야 한다는 내용을 담고 있다. 근래 이 조항을 위반하는 광고가 늘고 있다. 광고심의 과정에서 이 조항을 중요시하는 것은 식품, 건강기능식품, 의약품, 부동산 등 법규와 관련된 광고가 소비자에게 미치는 영향이 크기 때문이다.

실천요강은 특히 온라인을 비롯해 신문광고를 둘러싼 기술과 미디어, 그리고 소비자와 광고주 환경 변화를 반영해 부정적인 광고를 차단하고자 했다. 또 청소년과 어린이 보호 조항을 넣어 이들의 정서를 해치는 음란하거나 잔인한 광고를 제재하기로 했다. 아울러 저속한 표현이나 선정적이고 폭력적인 내용의 광고도 제재 대상이다. 신문광고로 인한 사생활 침해에 대한 우려도 점차 커지고 있는 점을 감안해 명예 · 신용 훼손 금지, 개인정보 사용 동의에 관한 조항을 뒀고, 차별과 편견을 조장하는 광고에 대해서도 제재할 수 있는 근거를 마련했다.

한편 신문협회와 신문윤리위원회는 학계에 '신문광고윤리강령 개정방안 연구'를 의뢰해 윤리강령 및 실천요강 개정안을 마련했다. 이후 대학 연구용역 팀과 신문협회와 협회 소속 광고협의회, 신문윤리위원회가 참여하는 개정위원회를 수차례 개

최해 최종안을 도출했고, 강령 개정은 신문협회와 신문윤리위원회의 승인을 거쳐 이뤄졌다. 앞서 신문윤리위원회는 올해 창립 60주년을 맞아 한국신문협회, 한국신문방송편집인협회, 한국기자협회 등

언론 3단체에 의뢰해 지난 4월 신문윤리강령을 개정한 바 있다.

〈신문윤리, 제258호 1면(2021. 5.)〉

6. 신문광고 기본원칙 제시…"윤리기준 높을수록 신문 신뢰"

개정된 신문광고윤리강령 · 실천요강

법규위반 광고 증가에 조항 신설
청소년보호 등 사회적 책임 강조

개정된 신문광고윤리강령은 4개 조항으로 신문광고의 기본원칙을 제시하고 있다. 실천요강은 모두 19개 조항으로 강령에 따른 세부 실천내용을 담고 있다.

특히 각 조항에 제목을 달았다. 예전에는 조항 제목 없이 강령과 실천요강을 숫자를 매겨 나열했다. 때문에 신문윤리위의 광고결정문은 "신문광고윤리강령 4, 신문광고윤리실천요강 강령 4의 (1), (4)를 위반했다"고 기술할 수밖에 없었다.

그러나 이번 강령과 실천요강 개정으로 조항 제목을 통해 위반 사실을 쉽게 확인할 수 있게 됐다. 향후 결정문은 "신문윤리강령 제4조 「사회적 책임」, 실천요강 제14조 「차별과 편견 조장 금지」위반" 식으로 적시된다. 광고 위반 저촉점이 보다 명료화돼 광고 제작에도 지침이 될 것으로 기대된다.

◆ 강령엔 광고 기본원칙 제시

개정 광고윤리강령이 제시하는 4대 원칙은 진실성, 신뢰성, 법규준수, 사회적 책임이다.

신문광고의 지향점을 진실성과 신뢰성으로 삼은 것은 광고가 신문의 신뢰도와 독자에게 미치는 파급력을 염두에 뒀기 때문이다. 일부 자극적이고 비윤리적인 광고가 신문의 신뢰를 떨어뜨리고 있는

것이 신문업계의 현실이다. 신문의 신뢰 회복을 위해선 기사의 품질과 콘텐츠 강화 못지않게 광고윤리도 중요해지고 있다. 진실성과 신뢰성을 가장 중요한 신문광고의 원칙으로 삼은 이유다.

법규준수는 신문광고의 현실을 반영한 원칙이다. 법규위반 광고가 점차 늘어나고 있는데 이는 식품, 건강기능식품, 의약품, 의료기기, 부동산 등 법규준수와 관련이 깊은 광고가 증가하고 있기 때문이다.

광고의 사회적 책임도 더욱 커지고 있다. 공공질서와 미풍양속을 해치는 광고는 결국 신문의 품위를 훼손하는 결과를 초래하기 때문이다.

◆ 광고의 진실성과 신뢰성

개정된 실천요강은 광고의 진실성과 신뢰성 확보를 위해 제1조 「허위 · 과장 금지」 조항을 뒀다. '불확실하거나 허위 · 과장된 표현 또는 기만적인 내용으로 독자를 현혹해서는 안 된다'는 것으로 신문광고가 가장 우선적으로 실천해야 할 핵심 내용이다. 지난해의 경우 신문윤리위 광고 심의에서 제재를 받은 허위광고 건수는 242건으로 전체 제재 건수에서 가장 많았다.

제2조에서부터 4조까지는 광고의 책임을 밝히는 광고주의 표시, 광고 내용의 근거를 제시하거나 추천과 보증이 진실해야 함을 규정하고 있다. 제5조 「미신 · 비과학 금지」 조항은 광고가 미신이나 비과학적 생활 태도를 조장하는 것을 경계한 것이고, 제6조와 제7조는 투기나 사행심을 부추기거나 부당한 비교 혹은 비방 광고를 제재해 공정한 거래

질서를 확립한다는 취지에서 마련됐다.

◆ 관계법규 준수 통해 거짓정보 차단

신문광고에서 법규 준수가 중요한 것은 광고 내용이 왜곡될 경우 나타날 수 있는 부작용 때문이다. 건강기능식품 광고를 하면서 관련법에서 규정하고 있는 광고금지 조항을 어겨 의약품처럼 효능이 있는 것처럼 선전할 경우 이를 구매한 소비자는 잘못된 정보로 건강을 해칠 수 있다. 또한 이를 광고한 언론은 건전한 거래질서를 어지럽히는 역할을 하는 셈이 된다. 이러한 광고는 소송으로 이어져 민사상 책임추궁과 함께 언론의 신뢰를 떨어뜨릴 수도 있다.

이에 따라 개정 실천요강은 제8조 「위법행위 금지」 조항을 둬 "공정거래를 위해 표시광고법 등을 위반해서는 안 된다"고 규정했다. 표시광고법은 광고가 마땅히 지켜야 할 기본적인 내용을 담고 있고, 이 외에도 약사법, 의료법, 의료기기법, 부동산 관련 공정거래법 등에서 광고 금지사항을 적시하고 있다. 법규위반 광고도 점차 늘고 있는 추세다. 지난해 법규위반 광고는 세 번째로 많은 73건에 달했다.

또 실천요강은 개인이나 단체의 명예나 신용 훼손을 금지하고(제9조), 개인정보를 동의없이 사용해서는 안되며(제10조), 타인의 저작권을 침해해서도 안된다(제11조)고 규정하고 있다.

◆ 청소년 보호 등 사회적책임 강조

강령 제4조 「사회적 책임」 조항은 신문광고가 '공공질서와 미풍양속', '신문의 품위'를 훼손해서는 안된다는 내용을 담고 있다. 지난해 이 조항 위반 건수는 두 번째로 많은 145건이다. 이 조항을 구체화한 것이 청소년 등 취약계층 보호 등을 위한 실천요강이다. 코로나19 이후 온라인을 통한 광고가 큰 폭으로 늘면서 청소년과 어린이 등 인지적 취약계층에 노출되는 비윤리적인 광고도 늘고 있다.

이에 따라 개정 실천요강은 취약계층을 보호해야 한다는 규정을 마련했고, 선정적인 광고를 차단할 방안도 강구했다. 제13조 「청소년과 어린이 보호」 조항을 통해 음란, 잔인하거나 혐오감을 불러일으키는 내용의 광고를 제재하기로 했다. 선정적이거나 폭력적인 내용의 광고(제12조)와 지역 계층 성별 등 간 갈등이나 혐오를 부추기는 광고(14조)에 대해서도 제재를 강화할 계획이다.

이밖에 바른 언어사용(제15조), 국가 존엄성 모독 금지(제16조), 국가기밀 게재 금지(제17조) 규정을 통해 공공질서를 해치는 광고를 규제하기로 했다.

기사와 혼동되기 쉬운 표현이나 편집체제로 된 광고(제18조)와 온라인에서 부당하게 기사를 가리는 광고(제19조)도 제재 대상이다.

이번 광고윤리강령 개정위원회에 참여한 유승철 이화여대 커뮤니케이션-미디어학부 교수는 개정 방안 연구보고서에서 "비윤리적 광고에 대해선 '소비자가 절대 침묵하지 않는다'"는 점을 강조했다. 광고의 윤리적 기준이 높을수록 신문의 신뢰 회복에 도움이 된다는 것이다.

〈신문윤리, 제258호 2면(2021. 5.)〉

7. "언론 자율규제 강화하고 제재결과 취재 · 보도에 반영해야"

12월 3일 제주 서귀포KAL호텔에서 열린 '언론의 사회적 책임과 제재의 실효성 검증 및 제고 방안' 세미나에서 참석자들이 토론을 하고 있다.

신문윤리위 '효율성 제고' 세미나

제재내용 언론사 스스로 공개해야
징벌적 손해배상은 언론 위축시켜
정부는 지원하되 간섭하지 말아야

지난 가을 초입 언론에 대한 정부와 정치권의 규제강화 움직임은 거셌다. 징벌적 손해배상 책임을 묻겠다는 것이 핵심이었다. 그러나 언론계의 반발, 여야 정치권의 첨예한 대립에다 대선정국에 접어들면서 관련 논의는 잠복기를 맞았다. 그러나 정부와 여권의 규제강화 의지는 분명해 보인다.

언론계는 언론단체를 중심으로 대응책 마련에 골몰하고 있다. 통합형 자율기구에 대한 논의도 진행 중이다. 이러한 시점에 한국신문윤리위원회는 12월 3일 제주 서귀포KAL호텔에서 '언론의 사회적 책임과 제재의 실효성 검증 및 제고 방안'이라는 주제로 세미나를 개최했다. 참석자들은 언론의 자율규제를 강화해 언론이 처한 현재의 상황을 타개해야 한다는 데 의견을 모았다. 신문윤리위를 비롯한 자율규제기구가 보다 강력한 제재 활동에 나서고, 언론 매체는 이를 스스로 국민에게 알려 변화하는 모습을 보여줘야 한다는 것이다. 세미나에는 신문윤리위 이사장과 임원, 신문윤리위 설립 주체인 한국신문협회와 한국신문방송편집인협회 사무총장, 윤리위원, 심의위원 등 20여명이 참석했다.

이재국 성균관대 미디어커뮤니케이션학과 교수는 주제발표에서 "신문윤리위의 제재 결과가 취재 보도 현장에 반영되어야 하며, 이를 위해 언론사 스스로 제재내용과 추이를 정기적으로 공개해야 한다"고 주장했다. 이는 언론이 윤리를 지키려는 동기와 압박으로 작용, 독자의 신뢰회복에 도움이 된다는 것이다.

안재승 한겨레 논설실장(신문윤리위원)은 토론에서 "클릭 장사 탓에 온라인 뉴스에 대한 데스킹 기능이 무너졌다"며 "심의하기조차 부끄러운 기사가 상당해 국민들은 막장 드라마 보듯 언론을 욕하며 뉴스를 소비하고 있다" 고 꼬집었다. 그는 외부 자율기구의 강력한 제재로 언론계 변화가 불가피한 환경을 조성해야 한다고 했다.

강홍준 한국신문협회 사무총장은 "언론계 위상이 지금보다 더 바닥으로 떨어지면 위험한 상황이 초래될 수 있다"며 "신문윤리위의 역할을 확대해 내실있는 공적기능을 강화해야 한다" 고 말했다. 그는 언론 현업단체가 언론중재법 개정안의 대안으로 '통합자율규제기구'를 논의하고 있다고 밝혔다.

징벌적 손해배상 등 언론에 대한 정치권과 정부의 규제강화 움직임에 대한 비판도 잇따랐다.

김소영 신문윤리위원장(전 대법관)은 "영국에서 시작된 징벌적 손해배상은 미국으로 건너가 기업에 주로 적용됐는데 우리 정치권은 언론부터 도입하려 하고 있어 의문스럽게 생각했다"며 "이에 반해 법원은 언론의 자유, 표현의 자유에 대해 확고한 입장"이라고 말했다.

이후혁 신문윤리위 이사(대구일보 사장)는 "최근 대구지역에서 언론 보도에 반발해 해당 기업이 기자는 물론이고, 제보자와 심지어 조사하는 경찰관에 이르기까지 무차별적으로 소송전에 나서고 있다"며 "이러한 언론 환경에서 징벌적 손해배상까지 도입되면 사주 입장에서도 고발기사 쓰라고 절대 얘기 못 할 것 같다"고 말했다.

장명국 윤리위원(내일신문 사장)은 "신문윤리위를 통한 자율규제가 바람직하지 (정부에 의한) 타율규제는 반대한다"며 "정부가 개입하면 (언론은) 정파적이 된다"고 우려했다.

이상택 신문윤리위 이사장(매일신문 사장)도 "정부는 지원은 하되 간섭은 하지 않는다는 원칙을 지켜야 한다"며 "언론 자유는 자율에서 성장하는 것"이라고 강조했다.

이날 세미나를 진행한 이승선 충남대 언론정보학과 교수는 "신문윤리위 등 자율기구에 공적기금이 투입되는 만큼 성과 평가가 불가피하다"며 '규제 받는 자율규제'가 바람직하다고 말했다.

신문윤리위 제재활동에 대한 평가와 관련해 학계와 심의 · 윤리위원 간 난상 토론도 벌어졌다. 발제를 한 이 교수는 "신문윤리위의 심의 건수가 줄어들고 예전보다 제재수위도 낮아진 점을 학계와 시민들은 비판적으로 바라보고 있다"고 지적하면서도 "자살보도, 선거보도, 재난보도가 신문윤리위 등 심의기구의 활동으로 크게 개선됐다"고 평가했다. 정량평가만으로 신문윤리위를 평가하는 것엔 무리가 있다는 논지였다. 신문윤리위에 언론학계의 참여가 필요하다는 제안도 나왔다.

〈신문윤리, 제264호 1면(2021. 12.)〉

8. 신문윤리 온라인 교육 첫 실시…199명 대상 동영상 자료 활용

비회원 서약사 대상 먼저 실시 후
1분기 신문협회와 공동으로 추진
'알기쉬운 신문윤리강령 1' 영상 활용
4개 대표적인 위반 사례 중심 교육

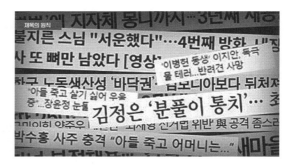

제목은 독자들의 시선을 끌어들이거나 언론사의 정치적 입장에 따라 왜곡 또는 과장하는 경우가 적지 않다.

성매매 사기절도 사건 기사의 삽화에 전혀 관련이 없는 조국 전 법무부장관의 딸 조민씨를 연상케 하는 사진을 썼다가 제재를 받은 사례.

한국신문윤리위원회(위원장 김소영)가 올 2월부터 신문윤리 온라인 교육을 시작했다.

신문윤리위가 그동안 권역별로 지역 언론사의 데스크, 기자와 만나 신문윤리에 관하여 오프라인 교육을 한 적은 있으나 온라인 교육에 나서기는 처음이다. 신문윤리강령 및 신문윤리실천요강에 대한 이해도가 갈수록 떨어지고, 그 위반 사례가 크게 줄어들고 있지 않다는 판단 때문이다.

먼저 신문윤리위는 '한국신문협회 회원이 아니면서 신문윤리강령을 준수하겠다고 서약한 신문사'(비회원 서약사) 80곳 중 교육을 받겠다고 신청한 16개사의 데스크와 기자 199명을 대상으로 지난 1일부터 온라인 교육을 실시하고 있다. 이 교육은 28일까지 진행한다. 이후 나머지 비회원 서약사들에 대해서도 신청을 받아 교육을 이어갈 계획이다(신청방법은 QR코드 참조). 신문윤리위는 또 신문협회와 공동으로 신문협회 회원사(53곳)의 데스크와 기자들에 대해서도 1분기 내에 온라인 교육을 실시하는 방안을 추진 중이다.

신문윤리위는 온라인 교육을 위해 '알기 쉬운 신문윤리강령 1'이라는 제목의 영상자료를 만들어 홈페이지(http://www.ikpec.or.kr/)에 올렸다. 영상자료는 14분 분량으로, 1961년 언론자율감시기구로 출범한 신문윤리위의 연혁 및 역할의 간략소개와 위반 사례를 중심으로 강령 및 요강에서 규정한 각 조항의 의미를 자세히 설명한다.

이번 영상자료는 지난해 심의결과 위반사례(683건) 중 3분의 1 정도(215건)를 차지한 4개 분야, 즉 △사실과 의견구분 △제목의 원칙 △명예 · 신용훼손 금지 △저작물의 전재와 인용 등 위반 사례를 중심으로 풀어간다.

◇"눈치보며 몰래" 코인 투자하는 금융당국 직원들」 -'사실과 의견구분' 위반 ◇「물가상승 전망 9년내 최고…집값 덩달아 뛴다」 -'제목의 원칙' 위반 ◇성매매 사기절도 사건 기사에 조국 전 서울대교수의 딸 조민 씨를 연상시키는 삽화사용-'명예 신용훼손 금지' 위반 ◇통신사 기사를 자사 기자 이름으로 그대로 전재-'저작물의 전재와 인용' 위반 등.

사실(fact)과 의견(opinion)을 명확히 구분하지 않고 기자 개인의 주관적 감정이나 판단을 넣거나, 기사의 요약된 내용이나 핵심 내용을 대표하지 않고 과장 또는 왜곡하거나, 타인의 명예나 개인의 사생활을 침해하거나, 통신사 기사나 타언론사의 기사를 인용하면서 출처를 밝히지 않은 사례들이다.

신문윤리위는 이런 4가지 외에 다른 유형의 위반 사례에 대해서도 연내에 '알기 쉬운 신문윤리강령 2, 3…'을 만들기로 했다.

특히 신문윤리위는 관련 기관들과 협의해 △언론재단 지원사업 △정부광고 지표(사회적 책임) △지역신문 발전기금 지원대상 신문사 선정 등 분야에 온라인 교육 참여도도 반영하도록 할 방침이다.

김소영 위원장은 "언론윤리강령 위반 사례가 줄지 않고 있는데다 최근 언론계 안팎에서 자율규제에 대한 요구가 거세지고 있어 온라인 신문윤리 교육을 강화하게 됐다"라고 말했다.

〈신문윤리, 제277호 1면(2023. 2.)〉

9. 신문윤리위, 개정 '운영규정 시행세칙' 2023년 6월부터 시행

> 경고 4회 이상 과징금… '폭력·혐오' 등 4개 카테고리
> 4~5회 100만 원부터 최대 1000만 원…1년 단위 일몰제
> 청소년·어린이 보호 조항 위반 대상

잔혹 또는 음란한 내용의 기사와 광고에 대한 경고가 누적되면 그 횟수에 따라 해당 신문·통신사에 과징금이 부과된다. 예를 들어 음란 광고 게재로 경고횟수가 4~5회이면 100만 원, 11회 이상일 경우 최대 1,000만 원의 과징금이 부과된다. 개정된 '과징금 운영규정 시행세칙'은 오는 6월부터 시행되며, 1년 단위로 일몰제가 적용된다. 따라서 올해는 6월부터 12월까지, 이듬해부터는 1월부터 12월까지 합산해서 경고횟수를 산정한다.

모든 기사와 광고가 과징금 부과대상은 아니다. '청소년의 심신을 그르치게 할 우려가 있는 잔혹 또는 음란한 내용'의 기사와 광고만 해당된다. △신문윤리실천요강 제13조 「청소년과 어린이 보호」 ③(유해환경으로부터의 보호) △신문소설·만화심의기준 △신문광고윤리실천요강 제13조 「청소년과 어린이 보호」 조항을 위반해 경고가 누적된 기사와 광고가 부과대상이다.

한국신문윤리위원회는 이 같은 내용으로 '윤리위원회 운영규정 시행세칙'을 개정해 오는 6월부터 시행키로 했다. 또 종전처럼 연단위로 일몰제가 적용된다. 신문윤리위는 과징금 부과를 위한 '내용별 세부기준'을 만들었다. 지난 2007년 세칙 제정 당시 온라인신문은 심의 대상에 포함되지 않았기 때문에 매체 환경변화에 따른 새 기준이 필요했기 때문이다. 이 기준에서 기사는 '폭력·혐오 등 콘텐츠'와 '학대·선정 콘텐츠'로, 광고는 '웹툰·웹소설', '선정 영상·사진 등'으로 각각 나뉜다. 이들 4개 카테고리에서 각각 경고횟수를 산정하고 4회 이상부터 과징금이 부과된다. 4회부터 5회까지 100만 원씩, 6회에서 7회까지 200만 원씩, 8회부터 10회까지 500만 원씩, 그리고 11회 이상부터는 1,000만 원씩 과징금이 늘어난다. 각각의 카테고리에서 경고횟수 3회까지는 서면경고에 그치지만 매체사의 경고횟수가 전체 카테고리를 통틀어 10회를 초과할 경우 1회 초과할 때마다 100만 원씩 부과한다.

이에 따라 각 언론사는 누적 경고횟수를 잘 살펴 과징금을 부과받지 않도록 세심한 주의를 기울여야 한다. 관련 콘텐츠를 노출하지 않도록 부단히 노력해야겠지만 제작과정에서 잘못된 판단으로 불가피하게 경고를 받을 수도 있기 때문이다.

기사는 2개 카테고리로 나뉘는데 〈폭력·혐오

등 콘텐츠)는 폭행, 성폭행, 학교폭력, 과다노출, 음란, 마약, 유서전문 공개 등이다. 자살사건의 유서 공개는 당장 비슷한 처지의 사람에게 영향을 미치기 때문에 제재를 받는 단골메뉴다. 〈학대 · 선정콘텐츠〉는 동물 · 아동학대 등 사회적 약자에게 가해지는 폭력행위, 잔혹하거나 선정적인 장면의 기사와 영상 등이다.

광고의 경우 웹툰과 웹소설에 대해 각별한 관심이 필요하다. 거의 대부분 음란한 내용이기 때문에

경계심을 갖고 어린이와 청소년들에게 노출되지 않도록 해야 한다. 광고에서 가장 경고횟수가 많은 것이 이러한 내용이다. 선정적인 영상과 사진을 내세운 광고도 별도의 카테고리로 경고횟수를 산정한다. 웹툰광고를 포함해 온라인 광고의 상당수는 광고대행사가 제작한 것들이다. 때문에 매체들의 각별한 주의가 요구된다.

〈신문윤리, 제279호 1면(2023. 4.)〉

10. "분석형 AI 활용 효율적 기사심의…데이터 자료분석이 관건"

제주 서귀포 KAL호텔에서 열린 'AI 기사심의 활용 방안 모색' 세미나에서 참석자들이 발제자의 발표를 경청하고 있다.

신문윤리위 'AI 기사심의 활용' 세미나

기사 수집 사람보다 인력 · 비용 절감
분석 모델 한계 등 최종판단 사람 몫

알파고, 챗GPT4o…. AI가 진화하면서 세상을 바꾸고 있다. 불과 몇 년 새 딥러닝을 바탕으로 소설 쓰기, 작곡, 그림그리기 등 인간의 창작 영역까지 넘보고 있다. 비교적 변화에 보수적인 법조계에

서도 'AI 법관이 가능할지'가 논의되고 있을 정도다. 언론계에도 자료검색은 물론 기사 작성까지 폭넓게 AI의 도움을 받고 있다.

이런 가운데 한국신문윤리위원회는 5월 16일 제주 서귀포 KAL호텔에서 현직 언론사 간부, 교수, 시민단체 대표 등 20여 명이 참석한 가운데 'AI 기사심의 활용 방안 모색'을 주제로 세미나를 열었다. 세미나에서는 △AI 기사심의가 어디까지 가능할지 △나아가 AI 심의 활용 방안 등에 대한 논의가 이뤄졌다.

발제에 나선 이종혁 경희대 미디어학과 교수는

'AI를 활용한 뉴스심의 기법의 고도화 가능성 탐색'이라는 주제 발표를 통해 "장기적으로 딥러닝을 통한 AI 기사 심의가 가능할 것"이라고 예상했다.

이 교수는 먼저 언론계의 AI 활용 현황에 대해 "AI가 기사나 그래픽 작성을 넘어서 폭넓게 활용되면서 세계신문협회(WAN)는 지난해 6월 '글로벌 AI원칙'을 발표할 정도"라고 소개했다. 한국신문협회를 비롯해 미국 유럽 영국 일본 등 언론단체와 기관 26곳이 동참해 지적재산권과 투명성, 책임성 등 12가지 기본원칙을 제시했다.

이 교수는 기사 심의와 관련, "생성형 AI로 기사 심의를 할 경우 데이터를 수집하고 분석하는 데 막대한 비용이 들어 한계가 있다"면서 "분석형 AI를 활용하면 소규모로 보다 효율적 심의가 가능할 것"이라고 제안했다.

기사를 심의하기 위해서는 기사를 '수집'하고 신문윤리강령에 위배되는 지를 심의하는 '탐지'라는 과정이 필요한데 AI가 큰 도움을 줄 수 있다는 것.

먼저 수집과 관련해서는 사람보다 AI가 월등히 효율적이라는 것. 방안 중 하나로 신문윤리위 심의대상사(신문 통신 133곳, 온라인신문 138곳)의 기사를 매 시간 수집하기보다는 하루에 1번 또는 2번 수집하는 방식을 제안했다. 비용이 덜 들 것이라는 말이다.

또 수집한 기사의 신문윤리강령 위배 여부를 '탐지'하기 위해서는 딥러닝을 통한 '컴퓨테이셔널 뉴스분석'을 활용하면 기사 심의가 가능할 것이라고 진단했다.

이 분석은 기사 수만 건을 딥러닝으로 학습시켜 판단하게 하는 방식. 이 방식은 구체적으로 △감성 · 감정분석(기사에 포함된 긍정 또는 부정적 정서를 파악하거나 행복 슬픔 놀라움 분노 공포 혐오 등 평가) △부도덕성 분석(비난 혐오 차별 폭력 성차별 등 요소 평가) △주제 · 일화 분석(기사가 주제 중심인지 사례 중심인지 평가) △제목 대표성 분석(기사 제목이 본문 내용을 잘 대표하는지 평가) △유사도 분석(기사 간의 유사성 측정) △개체명 분석(기사에서 인물 기관 지역 등 고유 개체명 인식하고 추출) 등이다.

이들 분석을 여러 개 중첩적으로 활용하면 △선정보도의 금지 △차별과 편견 금지 △사회적 약자 보호 △제목의 원칙 △표절 등 신문윤리강령 위반

여부를 어렵지 않게 탐지해낼 수 있다는 것. 이 교수는 다만 "현재 AI 활용을 위한 자료분석이 되지도 않은 상태이고, 모델에 한계가 있을 수 있으니 최종 판단은 사람이 해야 할 몫"이라고 말했다.

발제에 이어 종합토론에서는 AI가 언론계에 불러올 파장, AI 기사심의의 한계 및 활용방안 등에 대한 제안이 이어졌다.

문진헌 내일신문 발행인은 "언론계 내 AI 활용도와 발전 속도로 볼 때 곧 감원 바람이 불지 않을까 걱정"이라고 우려했다.

홍병기 심의위원은 "표절과 제목의 원칙 등 정량적 평가는 가능할 것으로 보이지만 정성적인 평가는 쉽지 않을 것으로 본다"고 말했다. 김용백 전문위원도 "보수 진보언론의 정파성에서 벗어나 AI가 중립적으로 심의할 수 있을지 의문"이라고 말했다.

김도진 대전보건대학교 교수는 "AI가 10만 건을 수집해 10~12개 정도 신문윤리강령 위반사례를 잡아낸다 해도 결국 최종 판단은 위원들이 해야 한다"며 "모델을 어떻게 만드느냐에 따라 타원이 될 수도 있고 원형이 될 수도 있다"고 한계를 지적했다.

이상기 독자불만처리위원은 "가짜뉴스(허위조작정보)에 대해 AI를 통한 제재가 가능할지"에 대해 질문했다.

이에 대해 이 교수는 "가짜뉴스는 패턴 찾기 모델을 적용하는 데 발화자 이름만 슬쩍 바꾸면 AI가 찾기는 어려울 것"이라고 회의적인 반응을 보였다.

이번 세미나에서는 △AI 윤리기준 마련 필요성과 △AI 심의를 위한 신문윤리 심의규정집의 데이터베이스화도 의견으로 제시됐다.

사회를 맡은 이민규 중앙대 미디어커뮤니케이션학부 교수는 "요즘 열리는 언론학회 세미나의 단골 주제는 AI"라면서 "시대에 발맞춰 신문윤리위가 AI윤리기준안을 만들어달라"고 주문했다.

김재형 신문윤리위원장은 "신문윤리위원회는 1961년부터 지금까지 62권에 달하는 심의결정집을 발간해 신문윤리강령 위반사례를 축적해 왔다"며 "이를 데이터베이스화해 AI를 기사심의에 적극 활용하는 방안을 강구해 볼 필요가 있다"고 강조했다.

〈신문윤리, 제291호 1 · 2면(2024. 5.)〉

11. "유튜브 · SNS 인용, 출처 표시 강화 · 제규정 정비 필요"

제주 서귀포KAL호텔에서 열린 '신문 제작에서 표절과 저작권을 둘러싼 쟁점에 대하여' 세미나에서 참석자들이 토론하고 있다.

신문윤리위 '표절 · 저작권 쟁점' 세미나

사전동의 · 출처표시 없는 사례 많아
애매한 규정 보완할 세부 지침 등
윤리위 차원 TF 만들어 논의 필요

온라인에 이어 오프라인 신문들의 유튜브나 소셜네트워크서비스(SNS) 인용 보도 사례가 최근 늘어나면서 표절과 저작권 침해의 우려가 커지고 있어 신문윤리강령 세부 규정을 이에 맞게 재정비해야 한다는 주장이 제기됐다.

한국신문윤리위원회는 5월 19일 제주 서귀포 KAL호텔에서 '가짜뉴스 시대에 진짜뉴스 읽기 - 신문 제작에서 표절과 저작권을 둘러싼 쟁점에 대하여'란 주제로 세미나를 개최했다. 이 자리에는 신문윤리위 김재형 위원장과 서창훈 이사장, 윤리위원, 심의위원, 온라인 전문위원 등 25명이 참석했다.

주제 발표를 맡은 손수호 인덕대 방송영상미디어학과 교수는 "언론 보도에서 남의 창작물을 자기 창작물인 것처럼 속이려는 '표절'과 이를 허락 없이 이용하거나 허락의 범위를 넘어서서 이용하는 '저작권 침해'는 법적으로 처벌받는 행위임을 알아야 한다"고 말했다. 손 교수는 "유튜브 등을 포함한 남의 저작물을 인용 보도할 때에도 원칙적으로 원저자에게 동의받거나 출처를 표시해야 법적 다툼을 예방할 수 있다"라고 강조했다.

뉴스 저작권과 관련, 저작권법 7조에는 단순 스트레이트 기사, 부음, 동정 등 '사실의 전달에 불과한 시사 보도'는 저작권을 보호받지 못하는 저작물로 따로 명시돼있지만, 창작성이 가미되거나 기자의 개성이 표현된 분석, 기획 기사나 칼럼 등은 저작권이 보호되는 저작물이기 때문에 이를 인용할 경우 당사자의 동의를 받거나 출처 표시를 해야 한다는 것이다.

손 교수는 "내용을 인용하더라도 원저작물의 시장 수요를 넘어서지 않는 '정당한 범위 내'에서 이뤄져야 하며, 인용 부호를 사용하고 출처를 정확하게 표시하는 등 '공정한 관행'의 개념에도 맞아야 한다"라고 지적했다. 그는 이어 "인용한 출처도 저작자와 제호 등을 확실하게 표시하는 등 '합리적으로 인정되는 방법'으로 해야 한다고 저작권법에서 규정돼 있다"라고 설명했다. 그는 특히, "사진을 인용할 경우 가장 분쟁이 많다"며 "화면 캡처 사진을 아무런 출처 표시 없이 사용해선 안 되며, 유명인이나 일반인의 페이스북 등 SNS 사진을 부정적으로 사용해선 안 된다"고 밝혔다.

그러나 "유튜브나 SNS의 출처 표시를 어디까지 해야 할지에 대해선 아직 애매한 규정들이 많다"라며 "기존의 윤리 기준만을 갖고 선제적으로 대응하기보다는 앞으로 구체적인 사례들이 쌓이면 그에 따라 시대 · 상황에 맞게 원칙이나 규정을 재정비해나갈 필요가 있다"라고 지적했다. 그는 이어 "현장에서 도제식으로 이뤄지고 있는 기자 교육과정에서 윤리 법제 교육이 반드시 필요하고, 신문윤리실천요강에서 밝힌 출처 표기와 표절 금지에 대한 구체적인 내용이 포함돼야 한다"고 제안했다.

이에 대해 김재형 위원장(서울대 법학전문대학원 교수 · 전 대법관)은 "저작권 인정은 좋은 콘텐츠 생산을 유발하는 요인으로 작용하지만, 표절이나 저작권 침해를 너무 쉽게 생각하는 경향이 아직까지 많이 남아있다"라며 "그러나 정작 언론에선 지금까지 이 문제에 너무 둔감해온 게 아닌가 싶다"라고 말했다.

박동근 신문윤리위 심의실장도 "신문윤리실천요강 8조 '저작물의 전재와 이용' 규정 등에 사진이나 영상 등을 보도나 평론에 사용할 때는 출처를 밝혀야 한다는 조항이 있지만 지금까지 엄격하게 적용되진 않았다"며 "최근 오프라인 신문들도 SNS의 기고나 사진을 인용하는 사례가 무분별하게 늘어나면서 새로운 문제가 되고 있다"고 밝혔다.

현창국 신문윤리위 온라인심의팀장은 "그간 온라인 심의내용을 살펴보면 사진이나 외신 기사, 통신 기사, 타사 보도 내용의 인용 보도 때 저작권 문제가 많이 발생하고 있어 이에 대한 각별한 주의가 요망된다"고 소개했다.

이를 해결하기 위한 구체적인 방안에 대해 참석자들은 각 언론사가 저작권 침해에 대한 이해와 경각심이 시급하다며 '언론의 자유'라는 저널리즘의 정신이 훼손되지 않도록 적절한 범위 안에서 본격적인 대응이 필요하다는 데 의견을 모았다.

구체적인 방안으로 "무절제한 출처미표시 사용을 줄이기 위해 유튜브 계정 주소를 한, 두 글자 정도 가리는 방식으로 표시하도록 해야 한다", "지나친 개인 정보 노출과 좌표 찍기식 공격에 노출될 가능성이 있는 만큼 개인계정 주소의 표기에는 신중해야 한다" 등의 의견이 제시됐다.

사회를 맡은 김경호 제주대 언론홍보학과 교수는 "최근 사진 하나를 찍어도 초상권 침해를 주장하는 등 개인 권리에 대한 시민의식이 높아진 상황을 신문 제작에서 고민해야 한다"며 "사전 동의를 받기 어렵더라도 제대로된 출처 표시를 한다면 정상적인 언론활동으로 보장받을 수 있다"고 밝혔다.

김 교수는 "저작권을 재산권 차원에서 보호하는 풍토가 조성되고 저작권 관련 제도가 정비된다면 언론사 수익에도 긍정적인 역할을 하게 될 것"이라고 덧붙였다.

우병현 윤리위원(아시아경제 발행인)은 "최근 콘텐츠 제작과정에서 폭탄보도, 제목 어뷰징 등과 같은 저작권 침해와 관련된 새로운 문제가 등장하고 있다"라며 "기사의 신뢰와 공정성을 높이기 위해 '저널리즘의 원칙'으로 돌아가자는 정신을 다시 생각하는 계기로 삼아야 한다"라고 진단했다.

김재형 위원장은 마무리 발언에서 "앞으로 위원회 차원에서 유튜브 등의 출처 표시 등 쟁점에 대해 대안을 만들기 위한 TF를 신설하고, 이 활동을 통해 저작권 보호를 위해 '합리적으로 인정되는 방법'이 무엇인지를 깊이 논의해서 이에 맞게 관련 규정을 재정비할 필요가 있다"고 덧붙였다.

〈신문윤리, 제280호 1면(2023. 5.)〉

12. 내년 1월부터 SNS 인용한 사진 · 동영상 출처 표기 의무화

신문윤리위, 실무 가이드라인 마련
SNS·메신저 계정 · 채널 명칭 필수
올해말까지 계도기간 거쳐 시행

SNS와 메신저, 동영상 플랫폼에서 인용되는 사진과 동영상의 출처 표기에 대한 기준이 마련됐다.

한국신문윤리위원회는 최근 사회관계망서비스(SNS)와 동영상 플랫폼의 콘텐츠 인용 보도 시 통일된 출처 표기 방식을 도입하기 위한 'SNS 등 저작물 출처 표기 가이드라인'을 발표했다. 이 가이드라인은 올해 말까지 홍보 및 계도기간을 거쳐 내년 1월1일부터 각 언론사의 지면 제작에 적용된다.

이번 가이드라인은 SNS 등에서 인용되는 저작물의 출처 표기 방식이 각 신문사별로 통일되지 않아 발생하는 혼란을 방지하고, 저작권 보호와 언론의 신뢰성을 높이기 위한 목적으로 제정되었다. 특히, 언론사들이 타인의 저작물을 사용할 때 출처를 명확히 밝히지 않는 사례가 잦아짐에 따라 이에 대한 규제의 필요성이 제기돼왔다.

신문윤리위는 신문윤리실천요강 제8조와 저작권법 제37조에 기반해 저작물 인용 시 출처를 구체적으로 밝히도록 권고하고 있다. 이를 통해 저작권 침해를 방지하고, 독자들에게 신뢰성 있는 정보를 제공하기 위한 조치다.

가이드라인에 따르면, 언론이 SNS나 동영상 플랫폼에서 사진이나 동영상을 인용할 경우, 해당 저작물의 계정 또는 채널의 정식 명칭을 명확하게 표기해야 한다. [SNS 갈무리], [SNS 캡처]와 같은 모호한 출처 표시는 인정되지 않으며, 반드시 계정 운영 주체를 알 수 있도록 명확히 명시해야 한다.

적용대상은 페이스북, 인스타그램, X(구 트위터) 등 주요 SNS 플랫폼을 비롯해, 유튜브, 카카오톡과 같은 메신저 및 동영상 서비스까지 포함된다.

하지만, 특정 상황에서는 출처 표기가 생략될 수 있다. 예를 들어, 명예훼손이나 사생활 침해 우려가 있을 경우, 또는 영리목적으로 악용될 가능성이 있는 경우 등에는 예외적으로 출처 표기를 하지 않을 수 있다. 또한, 사진이나 동영상에 워터마크가 포함된 경우, 별도의 표기가 필요없다.

김재형 신문윤리위원장은 "저작권 보호뿐만 아니라 언론의 책임성과 투명성을 확보하기 위해 가이드라인을 마련했다"며 "모든 언론사가 이를 준수함으로써 올바른 저작물 인용 문화를 정착시키는 데 기여할 수 있기를 바란다"라고 밝혔다.

신문윤리위는 향후 언론사들의 출처 표기 방식에 대한 모니터링을 강화하고, 가이드라인을 지속적으로 개선해 나갈 방침이다.

〈Q&A〉

Q1: 출처 표기는 어떻게 해야 하나?

A: 출처는 해당 저작물을 제공한 SNS 계정이나 채널의 정식 명칭 또는 운영 주체를 명확히 알 수 있는 방식으로 표기해야 한다. 예를 들어 '사진 = 정용진 신세계그룹 회장 인스타그램 캡처'라고 출처를 밝히면 된다. "SNS 갈무리" 또는 "유튜브 캡처"와 같은 포괄적인 표현은 출처 표기로 인정되지 않으며, 계정이나 채널명을 구체적으로 밝혀야 한다.

Q2: 출처 표기를 생략할 수 있는 경우도 있나?

A: 예외적으로 출처 표기를 생략할 수 있는 경우도 있다. 명예훼손이나 사생활 침해의 우려가 있는 경우, 또는 출처 표기가 영리 목적으로 악용될 가능성이 있을 때 생략이 가능하다. 또한, 사진이나 동영상에 워터마크가 명확히 표시된 경우에도 별도의 출처 표기를 하지 않아도 된다.

〈신문윤리, 제294호 1면(2024. 9.)〉

부록

신문윤리강령

우리 언론인은 자유롭고 책임 있는 언론을 실현해 주어진 사명을 다할 것을 다짐한다. 자유롭고 책임 있는 언론은 민주발전, 사회통합, 민족화합과 평화통일, 문화창달에 크게 기여한다고 믿는다.

우리는 이러한 신념에 따라 스스로 윤리규범을 준수하기 위해 1957년 4월 7일 「신문윤리강령」을 처음 제정했다.

이제 그 숭고한 정신을 바탕으로 한국신문협회, 한국신문방송편집인협회, 한국기자협회는 언론 환경과 시대 변화에 맞춰 새로운 신문윤리강령을 다시 채택한다.

제1조 언론의 자유

우리 언론인은 언론의 자유가 국민의 알 권리를 실현하기 위한 으뜸가는 가치임을 깊이 인식하고 대내외적인 모든 침해, 압력, 제한으로부터 이 자유를 지킬 것을 다짐한다.

제2조 언론의 책임

우리 언론인은 언론이 사회의 공기로서 막중한 책임을 지고 있다고 믿는다. 이에 다양한 여론을 형성하고 국민의 기본권을 보호, 신장하기 위해 적극적으로 노력한다. 또한 공공복지 증진, 민족화합, 문화창달 등을 위해 전력을 다할 것을 다짐한다.

제3조 언론의 독립

우리 언론인은 언론이 정치, 경제, 사회, 종교 등 외부 세력으로부터 독립된 자주성을 갖고 있음을 천명한다. 우리는 언론에 대한 일체의 간섭과 부당한 이용을 단호히 거부할 것을 다짐한다.

제4조 보도와 평론

우리 언론인은 사실의 전모를 정확하고, 객관적이고, 공정하게 보도함으로써 진실을 추구할 것을 다짐한다. 또한 공정하고 바르게 평론하며, 사회의 의견을 폭넓게 수용해 다양한 여론 형성에 기여할 것을 결의한다.

제5조 명예존중과 사생활 보호

우리 언론인은 개인 또는 단체의 명예나 신용을 훼손하지 않고 사생활을 침해하지 않을 것을 다짐한다.

제6조 반론권과 독자의 권리 존중

우리 언론인은 개인 또는 단체의 권리를 존중하고 독자에게 반론 등 의견 개진의 기회를 주며 이를 기사에 반영하도록 노력한다.

제7조 언론인의 품위

우리 언론인은 사회적 기대에 조응하는 높은 도덕성과 긍지, 품위를 지녀야 한다. 우리는 전문성과 소명의식을 갖추고 언론 본연의 역할에 충실해야 한다. 또한 바르고 고운 언어생활을 이끌어 품격 있는 사회를 구현하는 데 앞장서야 한다.

신문윤리실천요강

　우리 언론인은 한국신문협회, 한국신문방송편집인협회, 한국기자협회가 채택한 신문윤리강령을 구체적으로 시행하기 위하여 다음과 같은 신문윤리실천요강을 채택하고 이를 준수할 것을 다짐한다. 또한 우리는 이 신문윤리실천요강을 한국신문윤리위원회의 준칙으로 삼을 것을 결의한다.

제1조　언론의 자유·책임·독립
　언론인은 자유롭고 책임 있는 언론을 실현하기 위해 부당한 억제와 압력을 거부해야 하며 편집의 자유와 독립을 지켜야 한다.
① (정치권력으로부터의 자유) 정권, 정당 및 정파 등의 정치권력이 언론에 가하는 부당한 압력과 청탁을 거부해야 한다.
② (사회·경제 세력으로부터의 독립) 단체, 종파 등 사회 세력이나 기업 등 경제 세력의 부당한 압력, 또는 금전적 유혹이나 청탁을 거부해야 한다.
③ (사회적 책임) 개인의 권리 보호에 최선을 다하며, 다양한 여론형성과 공공복지 향상을 위하여 사회의 공공문제를 적극적으로 다뤄야 한다.
④ (차별과 편견 금지) 지역, 계층, 성별, 인종, 종교 간 갈등이나 혐오를 부추기는 보도를 해서는 안 되며, 이에 근거해 개인이나 단체를 차별해서도 안 된다.
⑤ (사회적 약자 보호) 장애인·노약자·성 소수자 등 사회적 약자의 권리 보호에 적극 나서야 하며, 이들에 대해 편견을 갖지 말아야 한다.

제2조　취재준칙
　언론인은 취재를 위해 개인 또는 단체와 접촉할 때 필요한 예의를 지켜야 하며, 비윤리적이거나 불법적인 방법을 사용해서는 안 된다. 또한 취재원을 위협하거나 괴롭혀서도 안 된다.
① (신분 사칭·위장 금지) 신분을 위장하거나 사칭하여 취재해서는 안 된다.
② (자료 무단 이용 금지) 문서, 자료, 사진, 영상, 그림, 음악, 인터넷 게시물과 댓글 등의 콘텐츠는 공익을 위해 불가피하지 않은 한 소유주나 관리자의 승인 없이 검색하거나 사용해서는 안 된다.

③ (재난 및 사고 취재) 재난이나 사고를 취재할 때 인간의 존엄성을 침해하거나 피해자의 치료를 방해해서는 안 되며, 희생자와 피해자 및 그 가족에게 예의를 갖춰야 한다. 재난 등의 수습 및 구조 활동에 지장을 초래해서도 안 된다.

④ (전화 및 디지털 기기 활용 취재) 취재원과 대면하지 않고 전화나 디지털 기기 등으로 취재할 때 신분을 밝혀야 하며, 상대방에게 예의를 갖춰야 한다.

⑤ (도청 및 비밀촬영 금지) 전화 도청이나 비밀촬영 등의 방법으로 취재해서는 안 된다.

⑥ (부당한 금전 제공 금지) 금전을 제공하는 등 비윤리적 방법으로 취재하거나 자료를 취득해서는 안 된다.

제3조 보도준칙

언론인은 보도기사(해설기사 포함)를 작성할 때 사안의 전모를 충실하게 전달함을 원칙으로 하며, 출처 및 내용을 정확히 확인해야 한다. 또한 사회정의와 공익을 실현하기 위해 진실을 적극적으로 추적, 보도해야 한다.

① (보도기사의 사실과 의견 구분) 보도기사는 사실과 의견을 명확히 구분하여 작성해야 한다. 또한 편견이나 이기적 동기로 보도기사를 고르거나 작성해서는 안 된다.

② (공정보도) 경합 중인 사안을 보도할 때 한 쪽의 주장을 편파적으로 보도하지 않는다. 여론조사 등을 바탕으로 보도할 때는 조사의 신뢰성을 확인할 수 있는 근거를 분명히 밝혀야 하며, 통계를 왜곡해서는 안 된다.

③ (반론의 기회) 보도기사에 개인이나 단체를 비판하거나 비방하는 내용이 포함될 때는 상대방에게 해명의 기회를 주고 그 내용을 반영해야 한다.

④ (미확인보도 명시 원칙) 출처가 분명하지 않거나 확인되지 않은 사실을 부득이 보도할 때는 그 사유를 분명히 밝혀야 한다.

⑤ (보도자료 검증) 취재원이 제공하는 구두발표와 보도자료는 사실 검증을 거쳐 보도하는 것을 원칙으로 한다.

⑥ (선정보도 금지) 범죄·폭력·동물학대 등 위법적이거나 비윤리적 행위를 보도할 때 선정적이거나 자극적인 표현을 사용해서는 안 되며 저속하게 다뤄서도 안 된다.

⑦ (재난보도의 신중) 재난이나 대형 사건 등을 보도할 때 흥미 위주의 보도를 지양하고, 자극적이거나 불필요한 공포심을 일으킬 수 있는 표현을 사용하지 않는다. 재난 및 사고의 피해자, 희생자 및 그 가족의 명예나 사생활 등 인권을 침해하는 일이 없도록 각별히 유의해야 한다.

⑧ (자살보도의 주의) 자살보도는 사회에 미치는 영향을 고려하여 신중해야 한다. 자살의 원인과 방법 등을 구체적으로 묘사하여 대중의 호기심을 자극하는 보도를 해서는 안 된다. 특히 표제에는 '자살'이라는 표현을 삼간다.

⑨ (피의사실 보도) 경찰이나 검찰 등 수사기관이 제공하는 피의사실은 진실 여부를 확인하기

위해 노력해야 한다. 또한 피의자 측에게 해명의 기회를 주기 위해 최선을 다해야 한다.

⑩ (표준어 사용) 보도기사를 작성할 때는 표준어 사용을 원칙으로 하며, 저급한 비속어 사용 등으로 독자에게 불쾌감을 주지 않도록 한다.

제4조   사법보도준칙

언론인은 사법기관의 독립성을 부당하게 훼손하는 취재 · 보도 · 평론을 해서는 안 된다.

① (재판 부당 영향 금지) 재판에 부당한 영향을 끼치는 취재 · 보도 · 평론을 해서는 안 된다.

② (판결문 등의 사전보도 금지) 판결문, 결정문 및 기타 사법문서를 판결이나 결정 전에 보도 · 논평해서는 안 된다. 다만 관련 취재원이 사법문서에 포함된 내용을 제공할 때는 예외로 한다.

제5조   취재원의 명시와 보호

언론인은 보도기사를 작성할 때 취재원이나 출처를 밝혀야 하며, 추상적이거나 일반적인 취재원을 빙자하여 보도해서는 안 된다.

① (취재원 보호) 취재원의 안전이 위태롭거나 부당하게 불이익을 받을 위험이 있다면 그의 신원을 밝혀서는 안 된다.

② (취재원 명시와 익명 조건) 보도기사를 작성할 때는 취재원을 원칙적으로 익명이나 가명으로 표현해서는 안 된다. 다만 공익을 위해 부득이하거나 보도 가치가 우선하는 경우 취재원의 익명 요청을 받아들일 수 있지만, 소속 기관과 일반적 지위를 밝히도록 노력해야 한다.

③ (제3자 비방과 익명보도 금지) 취재원이 제공한 불특정 출처나 일방적 주장에 근거하여 제3자를 비판, 비방, 공격하는 경우 익명 요청을 원칙적으로 받아들여서는 안 된다.

④ (취재원과의 비보도 약속) 취재원의 신원이나 내용의 비보도 요청에 동의했을 때는 공익을 위해 불가피하지 않은 한 보도해서는 안 된다.

제6조   보도유예 시한

언론인은 취재원이 요청하는 보도유예 시한이 합리적이고 타당한지 판단하여 수용 여부를 결정해야 한다.

① (보도유예 시한 연장 금지) 자의적인 협의로 보도유예 시한을 정하거나 연장해서는 안 된다.

② (보도유예 시한의 효력 상실) 보도유예 시한은 이를 정한 목적에 위배되는 사정이 발생할 경우 효력을 상실한다.

제7조   범죄보도와 인권존중

언론인은 유죄가 확정되기 전의 형사사건 피의자 및 피고인의 인권을 존중해야 한다. 특히 피해자 및 범죄와 무관한 가족들의 인권을 보호해야 한다.

① (피의자 및 피고인의 명예 존중) 형사사건의 피의자 및 피고인은 무죄로 추정된다는 점에 유의하여 그의 명예와 인격권을 존중해야 한다.

② (피의자·피고인·참고인 등 촬영 신중) 형사사건의 피의자, 피고인, 참고인 및 증인을 촬영하거나 사진 또는 영상을 보도할 때는 인격권을 존중하되 최대한 공익을 고려해야 한다.

③ (범죄와 무관한 가족 보호) 범죄사건을 보도할 때는 범죄와 관련이 없는 가족의 신원을 밝혀서는 안 된다.

④ (성범죄 등의 2차 피해 방지) 성범죄 사건 등을 보도할 때는 피해자와 가족, 주변인에게 2차 피해가 발생하지 않도록 유의해야 한다.

⑤ (미성년 피의자 신원 보호) 피의자 또는 피고인이 미성년(18세 이하)일 경우 이름·사진 등의 신원을 밝혀서는 안 된다.

제8조 저작물의 전재와 인용

언론사와 언론인은 타인의 저작권을 침해해서는 안 되며, 저작물을 전재 또는 인용할 때는 출처를 구체적으로 밝혀야 한다.

① (통신기사의 출처 명시) 통신기사를 전재할 때는 출처를 밝혀야 하며, 사소한 내용을 변경하여 자사 기사로 바꿔서는 안 된다.

② (타 언론사 보도 등의 표절 금지) 타 언론사의 보도와 논평을 표절해서는 안 되며, 출처를 명시하지 않고 실체적 내용을 인용해서도 안 된다. 다만 출처가 여럿일 경우 이를 포괄적으로 명시할 수 있다.

③ (출판물 등의 표절 금지) 정기간행물이나 출판물 등의 내용을 표절해서는 안 되며, 발췌 인용할 때는 출처를 밝혀야 한다.

④ (사진, 영상 등의 저작권 보호) 개인이나 단체의 사진, 영상, 그림, 음악, 인터넷 게시물과 댓글 등의 저작권을 보호해야 하며, 보도나 평론에 사용할 때는 출처를 밝혀야 한다.

제9조 평론의 원칙

사설과 평론은 사실을 근거로 의견을 공정하고 바르게 표명하되 균형과 절제를 잃지 말아야 하며, 특히 편파와 왜곡을 경계해야 한다. 또한 평론은 정치적 입장을 자유로이 표현할 수 있으며, 논쟁적 문제에 대해 공중의 의견을 폭넓게 수용하여 다양한 여론형성을 위해 노력해야 한다.

① (사설의 정론성) 사설은 소속 언론사의 정론적 입장을 대변해야 하며, 특히 언론사의 상업적 이익이나 특정 정당·단체·종파의 이권을 대변해서는 안 된다.

② (평론의 자유) 사설 등 평론은 실정법을 위반하지 않는 한 특정 정당 또는 특정인에 대한 지지 또는 반대 등 정치적 입장을 자유롭게 표현할 수 있다.

제10조 편집지침

언론인은 신문을 편집할 때 사내외의 압력이나 억제로부터 자유로워야 하며, 공개된 기준에 따라 독립적으로 편집해야 한다.

① (제목의 원칙) 제목은 기사의 요약된 내용이나 핵심 내용을 대표해야 하며, 기사 내용을 과장하거나 왜곡해서는 안 된다.

② (편집 변경 금지) 사내외의 부당한 요구에 따라 기사를 없애거나 기사의 크기·배치 등을 바꿔서는 안 된다.

③ (기고문 변경 금지) 사외 기고문은 기고자의 동의 없이 실체적 내용을 변경해서는 안 된다.

④ (기사 정정) 보도기사의 오류를 발견하거나 정정 요구를 받았을 때는 확인을 거쳐 그 내용을 신속하고 뚜렷하게 게재해야 한다.

⑤ (관련사진 게재) 보도사진은 기사의 실체적 내용과 직접적으로 관련돼 있어야 한다. 다만 부득이 기사와 간접적으로 관련된 사진을 사용할 때는 그 사실을 밝혀야 한다.

⑥ (사진 및 영상 조작 금지) 보도사진이나 영상의 실체적 내용을 삭제, 첨가, 변형하는 등 조작해서는 안 된다. 다만 편집의 기술적 편의를 위해 부득이한 경우 최소한의 조작기법을 사용할 수 있으나 그 사실을 밝혀야 한다.

⑦ (기사와 광고의 구분) 독자들이 기사와 광고를 명확하게 구분할 수 있도록 편집해야 한다. 광고를 기사와 같은 지면이나 공간에 배치할 때는 독자가 명백하게 광고로 인식할 수 있도록 표시해야 한다.

⑧ (이용자의 권리 보호) 홈페이지 운영자는 이용자들의 참여와 편익을 최대한 보장하고, 콘텐츠에 오류가 없도록 수시로 점검, 관리하며, 특히 청소년이 유해물에 노출되지 않도록 유의해야 한다.

⑨ (부당한 재전송 금지) 부당한 목적으로 제목과 기사의 일부를 바꾸는 등의 방법으로 같거나 비슷한 기사를 반복적으로 게재해서는 안 된다.

제11조 명예와 신용존중

언론인은 개인과 단체의 명예나 신용을 훼손하는 보도나 평론을 해서는 안 된다.

① (명예·신용 훼손 금지) 오보, 부정확한 보도, 왜곡보도, 공익과 무관한 보도, 저속한 표현 등으로 개인이나 단체의 인격권이나 명예·신용을 훼손해서는 안 된다.

② (사자의 명예 존중) 보도와 평론을 할 때 사자의 명예를 부당하게 훼손해서는 안 된다.

제12조 사생활 보호

언론인은 공익을 위해 부득이 필요한 경우를 제외하고는 개인의 사생활을 보도·평론해서는 안 된다.

① (사생활 침해 금지) 개인의 사생활 영역에 허락 없이 침입해서는 안 된다.

② (개인정보 무단 검색 등 금지) 디지털 기기 등에 입력된 개인정보를 소유주나 관리자의 승인 없이 검색하거나 사용해서는 안 된다.

③ (사생활 등의 촬영 및 보도 금지) 개인의 사생활, 사유물을 동의 없이 촬영하거나 취재, 보도해서는 안 된다. 다만 공인의 경우 예외로 할 수 있다.

④ (공인의 사생활 보도) 공익을 위해 공인의 사생활을 보도·평론하는 때에도 절제를 잃지 않도록 경계해야 한다.

제13조　청소년과 어린이 보호

　언론인은 청소년과 어린이의 건전한 인격 형성과 정서 함양을 위해 노력해야 하며, 특히 음란하거나 폭력적, 퇴폐적인 유해환경으로부터 이들을 보호해야 한다.

① (청소년과 어린이 취재 보도) 부모나 보호자의 승인 없이 청소년(19세 미만)이나 어린이(13세 미만)와 접촉하거나 촬영·보도해서는 안 된다.

② (범죄 보도와 청소년, 어린이 보호) 청소년이나 어린이, 그의 가족이 범죄에 연루된 경우 그 청소년이나 어린이의 신원을 밝혀서는 안 된다.

③ (유해환경으로부터의 보호) 폭력·음란·약물사용·도박 등을 미화하거나 지나치게 상세히 보도하여 청소년과 어린이가 유해환경에 노출되지 않도록 경계해야 한다.

④ (유괴·납치 보도제한 협조) 어린이나 청소년이 유괴·납치된 경우 안전을 위해 수사기관 등의 보도제한 요청에 협조해야 한다.

제14조　정보의 부당이용금지

　언론인은 취재과정 등에서 얻은 정보를 본인, 친인척 및 이해 관계자의 이익을 위해 사용하거나 다른 개인이나 기관에 넘겨서는 안 된다.

① (소유 주식 등에 관한 보도 제한) 언론인 본인, 친인척 또는 이해 관계자가 소유한 주식·전자화폐 등의 거래에 영향을 미칠 수 있는 보도를 해서는 안 된다.

② (주식·부동산 등의 부당 거래 금지) 취재 및 기타 언론활동에서 얻은 정보를 주식·부동산 거래 또는 사사로운 이익을 위해 이용해서는 안 된다.

제15조　언론인의 품위

　언론인은 언론이 사회적 공기임을 인식하고 그에 합당한 공인으로서의 품위를 지켜야 한다.

① (금품수수 및 향응, 청탁 금지) 취재·보도·평론·편집과 관련하여 이해 당사자로부터 금품, 향응 등 유무형의 경제적 이익을 취해서는 안 되며, 이를 요구해서도 안 된다.

② (부당한 집단 영향력 행사 금지) 공동취재나 친목 또는 직업적 공동이익을 위한 목적 이외에

단체를 구성하거나 활동해서는 안 되며, 취재원에 집단적 영향력을 행사해서도 안 된다.
③ (광고·판매 등 영업행위 금지) 언론사는 언론인에게 취재·편집 등에 영향을 미칠 수 있는 부당한 광고·판매 등의 영업행위를 요구해서는 안 되며, 언론인도 그런 요구를 받아들여서는 안 된다.

제16조 공익의 정의
신문윤리실천요강에 규정된 공익을 위해 필요한 경우에는 다음과 같은 사항이 포함된다.
① (국가 안전 등) 국가의 안전 보장, 사회질서 유지, 공공복리를 위해 부득이한 경우
② (공중 안녕) 공중의 보건과 안전, 환경 보존을 위해 부득이한 경우
③ (범죄의 폭로) 반사회적 범죄 또는 중대한 비윤리적 행위를 방지하기 위해 부득이한 경우
④ (공중의 오도 방지) 개인이나 단체의 주장 또는 행동으로 공중이 오도되는 것을 막기 위해 부득이한 경우

한국신문협회, 한국신문방송편집인협회, 한국기자협회는 개정된 신문윤리강령 및 실천요강을 승인, 준칙으로 삼는다.

1957년 4월 7일　　제정
1996년 4월 8일　전면개정
2009년 3월 4일　부분개정
2016년 4월 6일　부분개정
2021년 4월 6일　　개정

한 국 신 문 협 회
한국신문방송편집인협회
한 국 기 자 협 회

신문광고윤리강령

제1조 진실성

신문광고는 진실하여야 하며 모호하거나 과대한 표현으로 독자를 현혹해서는 안 된다.

제2조 신뢰성

신문광고는 독자의 합리적인 소비생활에 편익을 주고 신뢰받을 수 있어야 한다.

제3조 법규 준수

신문광고는 관계법규를 위반해서는 안 된다.

제4조 사회적 책임

신문광고는 공공질서와 미풍양속을 해쳐서는 안 되며, 신문의 품위를 손상해서도 안 된다.

신문광고윤리실천요강

제1조 허위·과장 금지
신문광고는 불확실하거나 허위·과장된 표현 또는 기만적인 내용으로 독자를 현혹해서는 안 된다.

제2조 광고주 표시
신문광고는 상호, 상품명, 소재지, 인터넷 주소 등을 통해 광고의 주체(광고주)를 밝히는 것을 원칙으로 한다.

제3조 자료인용 근거 제시
신문광고는 상품 등과 관련한 자료를 인용할 경우 그 근거를 밝혀야 하며, 사회적으로 공인되지 않은 것을 게재해서는 안 된다.

제4조 추천·보증의 진실성
신문광고에 포함된 추천이나 보증 등은 진실되어야 한다.

제5조 미신·비과학 금지
신문광고는 미신이나 비과학적 생활태도를 조장해서는 안 된다.

제6조 투기·사행심 조장 금지
신문광고는 투기나 사행심을 부추겨서는 안 된다.

제7조 비교·비방 등 주의
신문광고는 다른 기업이나 상품을 부당하게 비교·비방하는 등 공정한 거래질서를 저해해서는 안 된다.

제8조 위법행위 금지

신문광고는 국민건강을 위해 식품, 건강기능식품, 의약품 등에 관한 법규를 준수해야 하며, 공정한 거래를 위해 표시광고법 등을 위반해서는 안 된다.

제9조 명예·신용 훼손 금지

신문광고는 공익을 위함이 아니면서 개인이나 단체의 명예나 신용을 훼손하거나 업무를 방해해서는 안 된다.

제10조 개인정보 사용 동의

신문광고는 개인의 이름이나 초상 등 개인정보를 동의 없이 사용해서는 안 된다.

제11조 저작권 준수

신문광고는 표절, 모방 또는 기타 방법으로 타인의 저작권을 침해해서는 안 된다.

제12조 선정·폭력 표현 금지

신문광고는 사회 통념상 용납할 수 없는 저속한 표현 또는 선정적이거나 폭력적인 내용을 게재해서는 안 된다.

제13조 청소년과 어린이 보호

신문광고는 음란, 잔인하거나 혐오감을 불러일으키는 내용으로 청소년과 어린이의 정서를 해쳐서는 안 된다.

제14조 차별과 편견 조장 금지

신문광고는 지역, 계층, 성별, 인종, 종교 간 갈등이나 혐오를 부추기거나 차별과 편견을 조장해서는 안 된다.

제15조 바른 언어 사용

신문광고는 바른 언어 사용을 원칙으로 하며 저급한 표현을 해서는 안 된다.

제16조 국가 존엄성 모독 금지

신문광고는 국가적 존엄성을 상징하는 국기, 애국가, 성현, 위인, 애국선열 등을 모독해서는 안 된다.

제17조 국가 기밀 게재 금지

신문광고는 국가안보에 영향을 주는 군사, 외교 등 국가 기밀에 해당하는 내용을 게재해서는 안 된다.

제18조 광고와 기사의 구분

신문광고는 기사와 혼동되기 쉬운 표현 또는 편집체제를 사용해서는 안 되며, 광고임을 표기해야 한다.

제19조 가독성 저해 금지

신문광고는 부당하게 기사를 가리거나 독자의 이용을 방해해서는 안 된다.

1976년 10월 7일　한국신문윤리위원회
1976년 11월 3일　한국신문협회
1996년　4월 8일　한국신문협회
한국신문윤리위원회
2021년 5월 25일　한국신문협회
한국신문윤리위원회

SNS 등 저작물 출처 표기 가이드라인

1. 목적

　사회관계망서비스(SNS)의 이용이 활발해짐에 따라 언론의 사진·동영상 인용보도가 크게 늘어나고 있음에도 출처표기가 없거나 제각기 달라 통일된 표기방식의 필요성이 대두되고 있다. 저작권 보호와 언론의 신뢰성 담보를 위해서는 요건에 맞게 출처를 표기해야 한다.
－ 신문윤리실천요강 제8조「저작물의 전재와 인용」전문은 '언론사와 언론인은 타인의 저작물을 침해해서는 안 되며, 저작물을 전재 또는 인용할 때는 출처를 구체적으로 밝혀야 한다'고 규정하고 있다.
－ 또「저작권법」제37조는 출처 명시의 방법으로 '저작물의 이용상황에 따른 합리적으로 인정되는 방법으로 출처를 인용해야 한다'고 규정하고 있다.
　이에 따라 한국신문윤리위원회는 가이드라인을 마련하고 신문윤리강령 준수를 서약한 모든 언론사가 SNS 등 사진·동영상 인용 보도시 이를 지켜주기를 권고한다.

2. 적용대상

　주요 적용대상은 다음과 같다.
　가. 페이스북, 인스타그램, X(구 트위터) 등 SNS
　나. 카카오톡, 라인, 텔레그램 등 메신저서비스
　다. 유튜브 등 동영상서비스

3. 출처 표기방식

　가. 원칙

　출처는 계정 또는 채널까지 밝혀야 한다. 계정과 채널의 정식명칭 또는 계정의 운영 주체를 알 수 있는 방식으로 표기한다. [SNS 갈무리], [SNS 캡처], [유튜브 캡처] 등과 같이 뭉뚱그려 표시한 것은 출처를 표기한 것으로 볼 수 없다.

나. 출처 표기의 예외

① 명예훼손 또는 사생활 및 개인정보 침해가 우려되는 경우

② 출처 표기가 영리목적에 활용될 우려가 있는 경우

③ 범죄의 표적이 되는 등 피해 발생의 우려가 있는 경우

④ 사진이나 동영상에서 워터마크 등 원 소스의 출처를 확인할 수 있는 경우

⑤ 그 밖에 위 각호에 준하여 출처 표기가 부적절한 경우

2024년 9월

한국신문윤리위원회

한국신문윤리위원회 위원장과 윤리위원 명단
(2020년–2024년)

* 이 책자는 한국신문윤리위원회가 2020년부터 2024년까지 한 심의결정을 수록하고 있는데, 이 기간 동안 심의결정
  에 참여한 윤리위원 명단은 다음과 같습니다.

1. 2020년

위 원 장 박 재 윤 (변호사·전 대법관)
윤리위원 한 기 봉 (독자불만처리위원)
　　　　　 장 명 국 (내일신문 발행인)
　　　　　 이 동 현 (경향신문 발행인)
　　　　　 이 상 언 (중앙일보 논설위원)
　　　　　 고 미 석 (동아일보 논설위원)
　　　　　 서 영 아 (동아일보 논설위원)
　　　　　 안 재 승 (한겨레 논설위원실장)
　　　　　 강　　희 (경인일보 지역사회부장)
　　　　　 김 봉 철 (아주경제 정치부 차장)
　　　　　 이 천 종 (세계일보 경제부장)
　　　　　 김 영 주 (국회의원·더불어민주당)
　　　　　 염 동 열 (국회의원·자유한국당)
　　　　　 하 윤 수 (한국교원단체총연합회 회장)
　　　　　 정 선 구 (한국신문협회 광고협의회장)
　　　　　 이 선 기 (전자신문인터넷 대표)
　　　　　 신 미 희 (전 한국YWCA연합회 홍보출판부장)
　　　　　 신 미 자 (소비자시민모임 부회장)

2. 2021년

위 원 장 박 재 윤 (변호사·전 대법관)
　　　　　 김 소 영 (변호사·전 대법관)
윤리위원 한 기 봉 (독자불만처리위원)
　　　　　 황 진 선 (독자불만처리위원)
　　　　　 장 명 국 (내일신문 발행인)
　　　　　 김 석 종 (경향신문 발행인)
　　　　　 서 영 아 (동아일보 논설위원)
　　　　　 안 재 승 (한겨레 논설위원실장)

　　　　　 황 수 정 (서울신문 편집국장)
　　　　　 김 봉 철 (아주경제 정치부 차장)
　　　　　 이 천 종 (세계일보 경제부장)
　　　　　 남궁창성 (강원도민일보 서울본부장)
　　　　　 하 윤 수 (한국교원단체총연합회 회장)
　　　　　 정 선 구 (한국신문협회 광고협의회장)
　　　　　 이 선 기 (전자신문인터넷 대표)
　　　　　 하 영 춘 (한경닷컴 대표)
　　　　　 신 미 자 (소비자시민모임 부회장)

3. 2022년

위 원 장 김 소 영 (변호사·전 대법관)
윤리위원 황 진 선 (독자불만처리위원)
　　　　　 장 명 국 (내일신문 발행인)
　　　　　 김 석 종 (경향신문 발행인)
　　　　　 문 진 헌 (내일신문 발행인)
　　　　　 우 병 현 (아시아경제 발행인)
　　　　　 안 재 승 (한겨레 논설위원실장)
　　　　　 황 수 정 (서울신문 편집국장)
　　　　　 김 영 희 (한겨레 논설위원실장)
　　　　　 이 천 종 (세계일보 경제부장)
　　　　　 남궁창성 (강원도민일보 서울본부장)
　　　　　 이 재 성 (한겨레 경제에디터)
　　　　　 김 승 원 (국회의원·더불어민주당)
　　　　　 하 윤 수 (한국교원단체총연합회 회장)
　　　　　 김 도 진 (대전보건대 교수)
　　　　　 정 선 구 (한국신문협회 광고협의회장)
　　　　　 하 영 춘 (한경닷컴 대표)
　　　　　 신 미 자 (소비자시민모임 부회장)
　　　　　 김　　영 (시인·전라북도문학관장)
　　　　　 윤 호 영 (이화여대 커뮤니케이션미디어학
　　　　　　　　　　 부 교수)

4. 2023년

위 원 장　김 소 영 (변호사·전 대법관)
　　　　　김 재 형 (서울대 법학전문대학원 교수·전
　　　　　　대법관)

윤리위원　황 진 선 (독자불만처리위원)
　　　　　이 상 기 (독자불만처리위원)
　　　　　문 진 헌 (내일신문 발행인)
　　　　　우 병 현 (아시아경제 발행인)
　　　　　황 수 정 (서울신문 편집국장)
　　　　　김 영 희 (한겨레 편집인)
　　　　　남궁창성 (강원도민일보 서울본부장)
　　　　　김 명 수 (매일경제 논설실장)
　　　　　이 재 성 (한겨레 논설위원)
　　　　　김 진 수 (광주매일 서울취재본부장)
　　　　　김 승 원 (국회의원·더불어민주당)
　　　　　김 도 진 (대전보건대 교수)
　　　　　손 용 석 (한국신문협회 광고협의회장)
　　　　　하 영 춘 (한경닷컴 대표)
　　　　　고 규 대 (이데일리 디지털미디어센터장)
　　　　　김　　영 (시인·전라북도문학관장)
　　　　　윤 호 영 (이화여대 커뮤니케이션미디어학
　　　　　　부 교수)

5. 2024년

위 원 장　김 재 형 (서울대 법학전문대학원 교수·전
　　　　　　대법관)

윤리위원　이 상 기 (독자불만처리위원)
　　　　　우 병 현 (아시아경제 발행인)
　　　　　문 진 헌 (내일신문 발행인)
　　　　　김 영 희 (한겨레 편집인)
　　　　　김 명 수 (매경닷컴 대표이사)
　　　　　황 재 훈 (연합뉴스 디지털융합 담당 상무)
　　　　　이 재 성 (한겨레 논설위원)
　　　　　김 진 수 (광주매일 서울취재본부장)
　　　　　이 영 미 (국민일보 뉴미디어영상센터장)
　　　　　김 승 원 (국회의원·더불어민주당)
　　　　　양 문 석 (국회의원·더불어민주당)
　　　　　정 연 욱 (국회의원·국민의힘)
　　　　　김 도 진 (대전보건대학교 교수)
　　　　　손 용 석 (한국신문협회 광고협의회장)
　　　　　고 규 대 (이데일리 디지털미디어센터장)
　　　　　김　　영 (시인, 전라북도문학관 관장)
　　　　　민 혜 경 (서울YWCA 국장)
　　　　　윤 호 영 (이화여대 커뮤니케이션미디어학
　　　　　　부 교수)
　　　　　이 재 국 (성균관대 미디어커뮤니케이션학
　　　　　　과 교수)

사단법인 한국신문윤리위원회

이사회

이사장 서 창 훈 (전북일보 회장)
이 사 김 재 형 (위원장)
　　　　　정 희 택 (세계일보 사장)
　　　　　고 영 진 (경남일보 회장)
　　　　　이 후 혁 (대구일보 사장)
　　　　　김 원 식 (중도일보 회장)
　　　　　이 태 규 (한국신문방송편집인협회 회장)
　　　　　이 성 철 (한국일보 대표이사)
　　　　　박 종 현 (한국기자협회 회장)
　　　　　김 종 필 (내일신문 편집국장)
감 사 박 진 오 (강원일보 사장)
　　　　　한 인 섭 (중부매일 사장)

윤리위원회

위 원 장 김 재 형 (서울대 법학전문대학원 교수 · 전
　　　　　　대법관)
윤리위원 이 상 기 (독자불만처리위원)
　　　　　　문 진 헌 (내일신문 발행인)
　　　　　　우 병 현 (아시아경제 발행인)
　　　　　　김 명 수 (매경닷컴 대표이사)
　　　　　　황 재 훈 (연합뉴스 디지털융합 담당 상무)
　　　　　　김 진 수 (광주매일 서울취재본부장)
　　　　　　이 영 미 (국민일보 뉴미디어영상센터장)
　　　　　　양 문 석 (국회의원 · 더불어민주당)
　　　　　　정 연 욱 (국회의원 · 국민의힘)
　　　　　　김 도 진 (대전보건대학교 교수)
　　　　　　손 용 석 (한국신문협회 광고협의회장 · 한
　　　　　　　국일보 마케팅본부장)
　　　　　　고 규 대 (이데일리 디지털미디어센터장)
　　　　　　민 혜 경 (서울YWCA 국장)
　　　　　　이 재 국 (성균관대 미디어커뮤니케이션학
　　　　　　　과 교수)

독자불만처리위원

위 원 이 상 기 (전 한국기자협회 회장)
심의위원 강 방 준

심의실

심의실장 현 창 국
심의위원 윤 양 섭 (온라인총괄)
　　　　　　서 배 원
　　　　　　김 기 홍
　　　　　　홍 병 기
　　　　　　박 선 호
전문위원 고 강 훈
　　　　　　김 용 백
　　　　　　김 재 동
　　　　　　지 일 우
　　　　　　김 의 구

사무국

사무국장 박 상 욱
총무부장 유 지 은

편집대표

김재형
한국신문윤리위원회 위원장
서울대학교 법학전문대학원 교수
전 대법관

기사 속 윤리: 언론이 놓친 것

초판 발행	2024년 11월 29일
편저자	한국신문윤리위원회 Korea Press Ethics Commission
펴낸이	안종만·안상준
편 집	이수연
기획/마케팅	조성호
표지디자인	BEN STORY
제 작	고철민·김원표
펴낸곳	(주)**박영사** 서울특별시 금천구 가산디지털2로 53, 210호(가산동, 한라시그마밸리) 등록 1959. 3. 11. 제300-1959-1호(倫)
전 화	02)733-6771
f a x	02)736-4818
e-mail	pys@pybook.co.kr
homepage	www.pybook.co.kr
ISBN	979-11-303-2194-3 93070

정 가   12,000원